# O pequeno LIVRO da grande HISTÓRIA

IAN CROFTON E JEREMY BLACK

# O pequeno LIVRO da grande HISTÓRIA

A origem do mundo, a história da humanidade e tudo mais

*Tradução*
Petê Rissatti

Benvirá

Copyright © Ian Crofton e Michael O'Mara Books Limited, 2016
Publicado originalmente na Grã-Bretanha em 2016 pela Michael O'Mara Books Limited

**Preparação** Wanda Brant
**Revisão e índice remissivo** Mauricio Katayama
**Diagramação** Eduardo Amaral
**Capa** Deborah Mattos
**Imagem de capa** Em sentido horário, a partir da coroa: iStock/Getty Images Plus/ Chereliss; iStock/Getty Images Plus/vadimmmus; iStock/Getty Images Plus/ PandaVecto; iStock/Getty Images Plus/Artis777; Stock/Getty Images Plus/AleksM; iStock/Getty Images Plus/Yuliia_Hrozian; iStock/Getty Images Plus/domi8nic; iStock/ Getty Images Plus/missbobbit; iStock/Getty Images Plus/filborg
**Impressão e acabamento** Bartira Gráfica

---

**Dados Internacionais de Catalogação na Publicação (CIP)**
**Angélica Ilacqua CRB-8/7057**

Crofton, Ian, 1955-
O pequeno livro da grande história : a origem do mundo, a história da humanidade e tudo mais / Ian Crofton e Jeremy Black; tradução de Petê Rissatti. -- São Paulo : Benvirá, 2019.
304 p. : il.

ISBN 978-85-5717-224-1
Título original: *The little book of big history*

1. História universal 2. Civilização - História 3. Cosmologia 4. Ecologia humana 5. Ciência - História I. Título II. Black, Jeremy III. Rissatti, Petê

| | CDD 909 |
|---|---|
| 18-2027 | CDU 94(100) |

Índices para catálogo sistemático:
1. História universal

---

1ª edição, fevereiro de 2019

Nenhuma parte desta publicação poderá ser reproduzida por qualquer meio ou forma sem a prévia autorização da Saraiva Educação. A violação dos direitos autorais é crime estabelecido na lei nº 9.610/98 e punido pelo artigo 184 do Código Penal.

Todos os direitos reservados à Benvirá, um selo da Saraiva Educação, parte do grupo Somos Educação.
Av. das Nações Unidas, 7221, 1º Andar, Setor B
Pinheiros – São Paulo – SP – CEP: 05425-902

**SAC** | **0800-0117875**
De 2ª a 6ª, das 8h às 18h
**www.editorasaraiva.com.br/contato**

CÓDIGO DA OBRA 625451    CL 670807    CAE 641474

# SUMÁRIO

**PARTE 1** | Preparando o cenário ........................ 9

*Linha do tempo* ........................ 10

No início ........................ 11

O nascimento e a morte das estrelas ........................ 13

A zona Cachinhos Dourados ........................ 15

Terra inquieta ........................ 17

Formando a superfície ........................ 20

O que é a vida? ........................ 22

De onde vem a energia? ........................ 24

A vida fica mais complexa ........................ 27

Como a vida continua ........................ 29

A origem das espécies ........................ 31

O protótipo da vida ........................ 33

**PARTE 2** | Mundo animal ........................ 37

*Linha do tempo* ........................ 38

Os primeiros animais ........................ 40

A vida chega à terra firme ........................ 42

A era dos dinossauros ........................ 45

Extinções em massa ........................ 47

A chegada dos mamíferos ........................ 50

De onde viemos? ........................ 52

**PARTE 3** | Os humanos começam a dominar ........................ 55

*Linha do tempo* ........................ 56

Humanos: passado e presente ........................ 57

O que torna os seres humanos humanos? ........................ 59

Cultura ........................ 61

Como os seres humanos povoaram o mundo ........................ 64

O impacto do gelo ........................................... 67
De carniceiros a caçadores ............................ 69
Fogo ................................................................ 72
As tecnologias dos caçadores-coletores ...... 73
Linguagem ..................................................... 76
Parentesco ..................................................... 78
As primeiras religiões ................................... 80
O início da arte ............................................. 83
Abrigo ............................................................ 85
Roupas ........................................................... 87
Cerâmica ........................................................ 89
Os primeiros agricultores ............................. 91
A domesticação de animais .......................... 94
Animais a serviço do homem ....................... 96
A roda ............................................................ 99
Nômades ...................................................... 101
Da pedra ao bronze .................................... 103
Do bronze ao ferro ..................................... 107

## PARTE 4 | Civilização ........................ 111

*Linha do tempo* ............................................ 112

As primeiras rotas comerciais .................... 114
O nascimento das cidades .......................... 117
Transporte ................................................... 121
Do escambo ao dinheiro ............................ 123
Papel-moeda ............................................... 127
Crédito, débito e investimento .................. 129
Escrita ......................................................... 132
Leis .............................................................. 134
Impérios antigos ......................................... 136
Por que impérios declinam ........................ 139
Politeísmo e monoteísmo .......................... 141
Epopeias ...................................................... 143
A história da escrita .................................... 146
A natureza da realidade .............................. 148
O que é a vida boa? .................................... 150

Os primórdios da ciência ...... 152

Pandemias ...... 155

Europa em transição ...... 157

Terra, trabalho e poder ...... 159

Embates de civilizações ...... 163

## PARTE 5 | A ascensão do Ocidente ...... 167

*Linha do tempo* ...... 168

Renascimento e Reforma ...... 170

A longa estrada rumo à tolerância ...... 172

Invenção da imprensa ...... 175

A Revolução Científica ...... 177

A expansão da Europa ...... 179

O Iluminismo ...... 184

A Revolução Industrial ...... 186

A Revolução Agrícola ...... 188

O contrato social ...... 191

Do mercantilismo ao capitalismo de livre mercado ...... 194

O nacionalismo e a nação ...... 197

Urbanização ...... 202

Expandindo horizontes ...... 204

O ápice do imperialismo ...... 206

Sindicato, socialismo e comunismo ...... 209

## PARTE 6 | O mundo moderno ...... 213

*Linha do tempo* ...... 214

O modernismo nas artes ...... 216

Rumo à igualdade de gênero ...... 219

Revoluções na ciência ...... 223

O combate às doenças ...... 225

O caminho para a guerra mundial ...... 228

Massacre industrializado ...... 230

Versalhes e seus resultados ...... 233

Revoluções ...... 235

O colapso econômico mundial ...... 238

Totalitarismo ...... 241

A guerra total ......................................................... 244
Genocídio ............................................................. 247
A era nuclear ........................................................ 249
A Guerra Fria ....................................................... 253
A vida após a Guerra Fria ...................................... 257
A revolução da informação ..................................... 260
As promessas da biociência ..................................... 263
Internacionalismo, globalização e o
futuro do Estado-nação ...................................... 267
População ............................................................. 271
Migração .............................................................. 274
Avanços econômicos .............................................. 276
Problemas ambientais ............................................ 279
O futuro da humanidade ......................................... 284
O destino do universo ............................................ 288

Créditos das imagens ............................................ 290
Índice remissivo .................................................... 291

# *Parte 1*
# PREPARANDO O CENÁRIO

Como chegamos ao estágio em que estamos agora? A história que vem antes dos registros da humanidade é longa. Não haveria história humana sem um lugar para ela se desenrolar. Então, para nos compreendermos de verdade, precisamos entender como o Universo surgiu, como as estrelas e os planetas se formaram, por que nosso planeta desenvolveu as condições certas para o surgimento da vida. E também temos que entender como os seres vivos funcionam, como evoluíram e como acabamos sendo nós mesmos.

# LINHA DO TEMPO

**13,8 bilhões de anos atrás:** O Big Bang faz surgir o Universo.

**4,6 bilhões de anos atrás:** Nosso sistema solar se forma, incluindo o Sol, a Terra e os outros planetas.

**4,5 bilhões de anos atrás:** Surge a Lua, provavelmente como resultado de uma colisão entre a Terra e um planeta do tamanho de Marte.

**4,2 bilhões de anos atrás:** Os oceanos podem ter começado a se formar.

**4,1-3,8 bilhões de anos atrás:** A Terra e outros planetas do sistema solar sofrem inúmeros impactos de asteroides.

**4 bilhões de anos atrás:** Formam-se as rochas mais antigas ainda presentes na Terra. Possível aparecimento nos oceanos de moléculas autorreplicantes, como o DNA.

**3,7 bilhões de anos atrás:** A mais antiga prova indireta de vida na Terra sugere que organismos semelhantes a bactérias se alimentavam de moléculas orgânicas.

**3,4 bilhões de anos atrás:** Surgem as cianobactérias (algas azul-esverdeadas), que extraem energia da fotossíntese.

**2,45 bilhões de anos atrás:** Começo da formação do oxigênio livre na atmosfera da Terra, como subproduto da fotossíntese.

# NO INÍCIO

Antes do advento da ciência moderna, havia uma série de crenças sobre a idade da Terra e do Universo. Alguns cristãos acreditavam que Deus havia criado os dois há apenas 6 mil anos. Textos hindus antigos, ao contrário, falam de um ciclo infinito de criação e destruição.

Por volta do fim do século 18, geólogos começaram a perceber que a Terra devia ser mais antiga do que se pensava (ao menos, na Europa) – talvez tivesse milhões, se não bilhões de anos. No início do século 20, chegou-se a um consenso científico: o Universo em si era eterno e estava em um "estado estacionário". As estrelas podiam nascer e morrer, mas as dimensões do Universo eram fixas e imutáveis.

Houve uma ruptura nessa teoria nos anos 1920, quando o astrônomo americano Edwin Hubble observou que, quanto mais distante de nós fica uma galáxia, mais rápido ela se afasta. Concluiu que o Universo está se expandindo, e que essa expansão teve início em uma única grande explosão, que ficou conhecida como "Big Bang".

As discussões continuaram entre os proponentes do estado estacionário e os do Big Bang. Então, em 1964, Arno Penzias e Robert Wilson, dois radioastrônomos que trabalhavam em Nova Jersey, observaram que seu receptor de micro-ondas sensível estava sofrendo uma interferência constante, a mesma em todas as direções, com um comprimento de onda que representava uma temperatura 2,7 graus acima do zero absoluto. No início, pensaram que o fenômeno podia estar sendo causado pela proximidade com a cidade de Nova York ou pelos pombos que defecavam em seu instrumento. Por fim, perceberam que o que seu receptor estava captando era um eco do Big Bang. Se ajustarmos nosso rádio, parte do "ruído branco" que ouvimos entre as estações é o mesmo eco do início dos tempos.

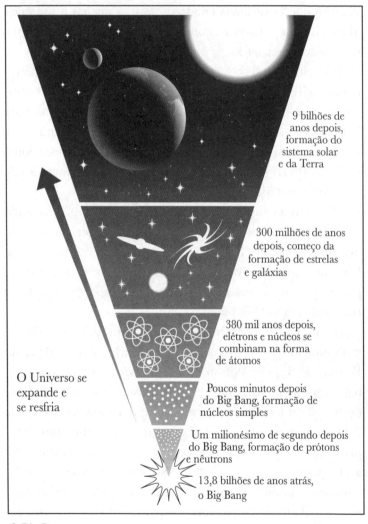

*O Big Bang*

Cosmólogos atualmente sugerem um cronograma que posiciona o Big Bang mais ou menos 13,8 bilhões de anos atrás, em um único momento ocorrido com uma densidade e temperatura infinitas. Assim que a expansão começou, ela ocorreu a uma velocidade inimaginável. Entre $10^{-36}$ e $10^{-32}$ segundos, o volume do Universo se expandiu pelo menos $10^{78}$ mais.* Nesse estágio, a única matéria era formada de partículas elementares, como quarks e glúons. Em aproximadamente $10^{-6}$ segundos, quando a expansão reduziu sua velocidade e as temperaturas caíram, quarks e glúons se juntaram para formar prótons e nêutrons. Alguns minutos depois, a temperatura se resfriou ainda mais, para cerca de 1 bilhão de graus, e os prótons e nêutrons se combinaram para formar os núcleos de deutério e hélio, embora a maioria dos prótons tenha permanecido solta como núcleos de hidrogênio. Por fim, os núcleos carregados positivamente atraíram os elétrons negativamente carregados para criar os primeiros átomos. Esses átomos simples se transformariam nos materiais que constituem as estrelas.

**"Por que o Universo se dá ao trabalho de existir?"**

Stephen Hawking, *Uma breve história do tempo* (1988)

## O NASCIMENTO E A MORTE DAS ESTRELAS

Quando o Universo inicial se expandiu, a matéria foi distribuída uniformemente pelo espaço. Mas, quando começaram a aparecer mínimas irregularidades na densidade, a gravidade entrou em

---

\*   $10^{-36}$ = um dividido por dez 36 vezes. $10^{78}$ = um multiplicado por dez 78 vezes.

cena, com regiões mais densas atraindo cada vez mais matéria. Dessa forma, se formaram nuvens de gás, em grande parte compostas de hidrogênio e hélio. Foram nessas nebulosas, como são conhecidas, que as estrelas nasceram – e continuam a nascer. Dentro de uma nebulosa, áreas mais densas podem começar a se desintegrar por conta da gravidade, e essas áreas podem acabar ficando densas e quentes o bastante a ponto de dar início a uma fusão nuclear, ou seja, uma reação na qual o hidrogênio se converte em hélio, produzindo grande quantidade de calor e luz. Esse processo faz com que as estrelas – inclusive o Sol – brilhem com muita intensidade.

Assim como a gravidade junta áreas mais densas de gás para formar estrelas, ela reúne estrelas para formar galáxias. Nossa galáxia, a Via Láctea, contém entre 100-400 bilhões de estrelas e tem um diâmetro de aproximadamente 100 mil anos-luz, o que significa que a luz, viajando a uma velocidade de 300 mil quilômetros por segundo, leva 100 mil anos para atravessá-la. Nosso Sol fica em um dos braços da espiral de nossa galáxia, a cerca de 30 mil anos-luz do centro. A estrela mais próxima do Sol é Proxima Centauri, que fica a apenas 4,24 anos-luz de distância dele. A Via Láctea é uma das 100 bilhões de galáxias que existem no Universo. Não se sabe o tamanho exato do Universo, mas a parte dele que conseguimos observar tem 93 bilhões de anos-luz de diâmetro.

**"O mistério não é o fato de o campo das estrelas ser tão vasto, mas sim que o homem o tenha medido."**
Anatole France, *O jardim de Epicuro* (1894)

Diferentes tamanhos de estrelas podem passar por progressões específicas durante seu tempo de duração. Aquelas com tamanho semelhante ao Sol ardem a cerca de 6 mil graus na superfície (o núcleo é muito mais quente) por no mínimo 10 bilhões de anos antes de seu hidrogênio acabar. Nesse estágio, o núcleo se contrai, e a temperatura aumenta para 100 milhões de graus, permitindo que a fusão do hélio comece. A estrela se expande e se torna uma gigante vermelha, cerca de cem vezes maior que em sua juventude, antes de encolher e se tornar uma anã branca, cem vezes menor que a original.

Estrelas maiores têm vidas mais curtas. Por exemplo, uma estrela dez vezes maior que o Sol vai se transformar em uma gigante vermelha depois de apenas 20 milhões de anos. Quando a temperatura aumenta, a estrela começa a sintetizar elementos cada vez mais pesados até o ferro ser criado a 700 milhões de graus. O processo é a origem de muitos elementos que formam planetas como a Terra – não apenas o ferro, mas também o carbono, o oxigênio e o silício. Nesse ponto, a estrela estoura em uma explosão gigantesca denominada supernova, uma nuvem de gás e poeira de rápida expansão. Em seu centro fica um objeto chamado de estrela de nêutrons, com um diâmetro de apenas 10 a 20 quilômetros, mas tão densa que 1 centímetro cúbico de seu material tem uma massa de 250 milhões de toneladas. Mesmo estrelas maiores podem chegar ao fim como um buraco negro, uma área espacial tão densa que nem mesmo a luz consegue escapar de sua imensa atração gravitacional. Pode haver um buraco negro supergigante no centro de nossa própria galáxia.

## A ZONA CACHINHOS DOURADOS

O sistema solar – o Sol e seus planetas – formou-se cerca de 4,6 bilhões de anos atrás a partir de uma nebulosa, uma nuvem giratória de poeira e gás. As partes mais densas de poeira atraíram, por força da gravidade, cada vez mais material, e então os planetas foram formados. Todos eles ainda giram na mesma direção. A Terra tem menos que um décimo do tamanho do maior planeta do sistema solar, Júpiter, e Júpiter tem apenas um décimo do tamanho do Sol. A Terra está a 149,6 milhões de quilômetros do Sol, Júpiter está cinco vezes mais distante, e o maior planeta externo, Netuno, 30 vezes mais longe. Mercúrio, Vênus, Terra e Marte – os chamados planetas internos (mais próximos do Sol) – são relativamente pequenos e rochosos em sua composição, enquanto os planetas externos gigantes – Júpiter, Saturno, Urano e Netuno – são formados predominantemente de gases que cercam um pequeno núcleo rochoso.

A vida como a conhecemos baseia-se na célula, e, para as células funcionarem, a água precisa existir em estado líquido. Mercúrio e Vênus estão próximos demais do Sol para que isso aconteça. É possível que, no passado, tenham existido condições de vida em Marte, e rovers da Nasa estão explorando a superfície do planeta para confirmar essa possibilidade. Já os planetas externos são frios demais para comportar vida, embora a água em estado líquido possa existir sob a superfície de algumas de suas luas.

Porém, pelo que sabemos, a Terra é o único planeta no sistema solar que abriga vida. Diz-se que a Terra está na "zona habitável" também chamada de "zona Cachinhos Dourados", a região ao redor de uma estrela onde as condições são perfeitas para o surgimento da vida. No conto "Cachinhos Dourados e os três ursos", a personagem Cachinhos Dourados pega o mingau que não está nem quente demais nem frio demais, a cadeira que não é nem pequena demais nem grande demais e a cama que não é nem dura demais nem macia demais. A Terra não está próxima demais nem longe demais do Sol (e, portanto, não é quente demais nem fria demais) para a água existir em estado líquido. É grande o bastante para gerar um forte campo gravitacional capaz de manter uma atmosfera, e, portanto, tem pressão atmosférica suficiente para permitir que, na superfície, a água se mantenha líquida.

### ESTAMOS SOZINHOS NO UNIVERSO?

Observações detalhadas recentes de nossa galáxia sugerem que ela pode conter até 11 bilhões de planetas do tamanho da Terra em volta de estrelas parecidas com o Sol dentro da zona Cachinhos Dourados. Acredita-se que, desses planetas, o mais próximo fique a 12 anos-luz de distância, ou seja, levaria 12 anos para um sinal de rádio da Terra chegar até lá. Mas um planeta com essas condições mínimas não necessariamente tem vida, muito menos uma forma suficientemente evoluída para nos enviar um sinal de rádio. De fato, embora radiotelescópios ao redor do mundo venham monitorando ondas aéreas há décadas, nenhum sinal de vida extraterrestre inteligente foi detectado.

## TERRA INQUIETA

Nosso planeta é uma esfera irregular, com camadas que parecem uma cebola. Seu núcleo central é composto por ferro sólido. Ao redor dele fica a primeira camada externa, de ferro fundido, e depois o manto, formado por rocha fundida, denominada magma. Flutuando sobre o manto há uma fina crosta de rocha sólida. Vivemos na superfície da crosta. Embora os humanos tenham ido à Lua, nenhum deles conseguiu ir além de 4 quilômetros abaixo da superfície, que é a profundidade da mina mais profunda que o Homem já cavou.

A Terra tem mais uma camada, uma pele gasosa. É a atmosfera. Mais de três quartos dela são de nitrogênio e um quinto é de oxigênio, essencial para a maioria das formas de vida. Há pequenas quantidades de outros gases, como o dióxido de carbono e o metano – chamados de gases do efeito estufa –, que exercem uma influência crucial na vida na Terra (veja a p. 279). E há também o vapor d'água, componente essencial em todos os sistemas climáticos. Com a altitude, a densidade da atmosfera fica mais reduzida e aos poucos desaparece no espaço.

Assim como os gases na atmosfera estão em constante movimento, o mesmo acontece com as placas rochosas que formam a crosta. Antigamente os cientistas acreditavam que os continentes e os mares sempre estiveram nas mesmas posições. Então, em 1915, o meteorologista alemão Alfred Wegener sugeriu que, em vez de serem estáticos, os continentes se deslocaram com o tempo. Ele observou que as rochas e os fósseis ao longo da costa leste da América do Sul eram semelhantes àqueles da costa oeste da África, e que certas plantas extintas foram descobertas não apenas nesses dois locais, mas também em Madagascar, na Índia e na Austrália.

Com o passar dos anos, surgiram cada vez mais provas para corroborar a teoria da deriva continental de Wegener. Ficou claro que esse processo tivera um impacto crucial na distribuição e dispersão de diferentes espécies de plantas e animais ao redor do mundo. Geólogos concordam agora que dois enormes continentes – a Laurásia no Norte e Gonduana no Sul – juntaram-se há cerca de 300 milhões de anos para formar um supercontinente ainda maior, a Pangeia. Por sua vez, ele começou a se romper há cerca de 200 milhões ou 180 milhões de anos, primeiro em seus dois continentes originais, e, em seguida, acabou formando os diversos continentes separados de hoje.

18   O pequeno livro da grande história

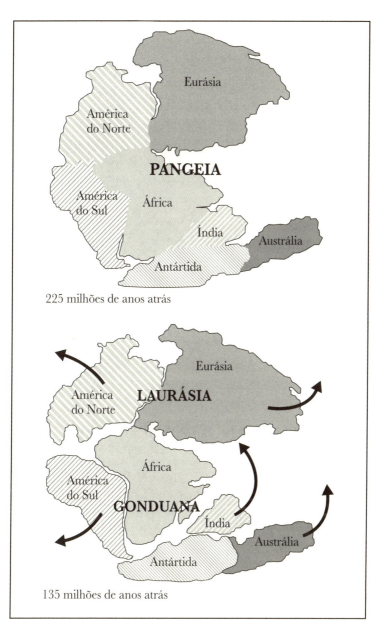

*Deriva continental*

Preparando o cenário 19

Mas foi somente nos anos 1960 que os cientistas identificaram o mecanismo pelo qual ocorre a deriva continental, chamado de tectônica das placas. A crosta da Terra é feita de placas que flutuam no topo do manto líquido e, assim, conseguem se mover.

## INVERNO VULCÂNICO

É justamente ao longo das fronteiras de placas ativas do mundo que a maioria dos terremotos e erupções vulcânicas acontecem – eventos que podem ter um impacto devastador sobre a vida na Terra, inclusive extinções em massa (veja a p. 47). A maior erupção vulcânica de que se tem registro na história foi a do Monte Tambora, na Indonésia, em 1815, que lançou tantas cinzas na atmosfera terrestre que durante muitos meses a luz do Sol ficou bloqueada, e 1816 ficou conhecido como "o ano sem verão". As safras não vingaram e o gado morreu, resultando em uma fome disseminada na Europa e na América do Norte.

## FORMANDO A SUPERFÍCIE

As formas e características da superfície da Terra tiveram um papel fundamental na maneira como a vida evoluiu. Organismos adaptaram-se a todos os tipos de ambientes físicos – mares, costas, rios, lagos, colinas, planícies –, até mesmo aos céus. Essas características também afetaram a história humana, desde os efeitos da separação de oceanos e cadeias montanhosas até as possibilidades agrícolas e comerciais oferecidas por grandes rios.

O material constitutivo fundamental da superfície da Terra é a rocha. Nossa percepção sobre ela é de solidez e resistência, mas, com o passar das eras, ela pode ser destruída e recriada. Esses processos são chamados de ciclo das rochas e são impulsionados em parte pelo Sol e em parte pelo calor sob a crosta da Terra.

O calor do Sol faz com que a água evapore, o que forma nuvens, que se precipitam como chuva ou neve. A água provoca erosão na rocha, o gelo faz com que ela se parta e a neve forma geleiras que trituram a rocha quando despencam colina abaixo. Rios levam o material erodido, que se deposita em outro lugar na forma de argila ou areia, em geral no fundo dos mares. Quando as camadas desses sedimentos crescem, são comprimidas até virar rocha. Algumas rochas sedimentares profundas recebem tanta pressão de cima e tanto calor de baixo que, durante longos períodos, se transformam em tipos totalmente diferentes de rocha. Quartzito, por exemplo, se metamorfoseia em arenito. O terceiro tipo de rocha, além da sedimentar e da metamórfica, é a magmática. Ela é formada quando o magma embaixo da crosta sobe em direção à superfície. Às vezes, o magma fica preso embaixo da superfície, formando rochas como o granito. Outras vezes, encontra seu caminho até a superfície da Terra via vulcões e fissuras, onde se solidifica em rochas como o basalto.

O movimento das placas tectônicas da Terra também desempenha um papel nesse processo. Quando uma placa é empurrada profundamente para baixo de outra, suas rochas são absorvidas pelo manto derretido abaixo. Quando duas placas são separadas uma da outra, como acontece no meio dos oceanos, a rocha derretida chega à superfície para formar as grandes cordilheiras oceânicas. Uma atividade vulcânica como essa também criou – e destruiu – montanhas em outros lugares. Cadeias montanhosas também podem ser formadas por uma placa que faz pressão contra outra e cinge as camadas sedimentares anteriormente horizontais. Dessa forma, a colisão da Índia com o restante da Ásia formou os Himalaias, que ainda estão crescendo cerca de 1 centímetro por ano. O formato da paisagem pode ser alterado por outros processos. Tanto rios quanto geleiras esculpem vales, e os rios podem criar novas áreas de terra costeira como deltas, formados por sedimentos. Correntes oceânicas e a ação das ondas também alteram as linhas costeiras, erodindo material e depositando-o em outro lugar. Essas mudanças podem exercer importantes impactos nos humanos. A criação de um delta traz um solo rico para a agricultura, por exemplo, enquanto aqueles que dependem do mar para sua sobrevivência podem ser deixados a ver navios por uma linha costeira retrocedida.

# O QUE É A VIDA?

Todos os seres vivos reagem a estímulos, se alimentam, crescem, se reproduzem, se renovam e morrem. Alguns desses atributos, porém, também são encontrados em objetos inanimados – cristais "alimentam-se" de sais dissolvidos em água e, portanto, crescem; robôs podem reagir a estímulos. Então, o que diferencia os seres vivos?

A resposta é a célula, a unidade básica da vida como a conhecemos. Uma célula individual é minúscula – seu diâmetro é a menor fração de 1 milímetro. Mas as células estão entre os mecanismos mais complexos conhecidos pela ciência. Algumas são organismos vivos independentes (veja a p. 27), enquanto outras desempenham papéis específicos em organismos multicelulares mais complexos (veja a p. 28). É possível que haja até 37 trilhões de células em um corpo humano.

22  O pequeno livro da grande história

As células têm a capacidade de absorver uma ampla gama de matéria-prima de seu ambiente e alterá-la quimicamente dentro de si para criar compostos mais complexos. É essa capacidade que possibilita que elas reparem danos e se reproduzam por divisão. Quatro grupos de substâncias químicas são essenciais para a estrutura e o funcionamento de uma célula. Ácidos nucleicos (DNA e RNA) codificam as informações genéticas e transmitem as instruções incorporadas nesse código (veja a p. 28). O segundo grupo consiste em proteínas, algumas estruturais e outras compostas por enzimas – catalisadores que ajudam a provocar reações químicas. As proteínas são feitas de elementos mais simples, os aminoácidos. O terceiro grupo é o de carboidratos, sendo alguns materiais constitutivos enquanto outros armazenam energia. O carboidrato mais simples é a glicose, produzida pelas plantas durante a fotossíntese. Quase todos os animais extraem das plantas os carboidratos de que necessitam. O quarto e último grupo é o dos lipídios, os componentes-chave da membrana da célula (veja a p. 28).

Todas essas moléculas complexas são formadas por uma série relativamente pequena de moléculas mais simples, sobretudo água e carbono. A água contribui com oxigênio e hidrogênio para muitos outros compostos. Além disso, dois terços de uma célula viva são feitos de água em estado líquido, na qual compostos mais complexos são dissolvidos e transportados. O carbono tem a capacidade de combinar-se com outros elementos para criar uma variedade gigantesca de compostos orgânicos, muitos dos quais solúveis em água.

### A ORIGEM DA VIDA?

Como moléculas simples como água e carbono vieram a formar os compostos mais complexos necessários à vida? ▶

Preparando o cenário   23

▶ A atmosfera do início da Terra consistia em gases emitidos durante erupções vulcânicas, como vapor d'água ($H_2O$), hidrogênio ($H_2$), nitrogênio ($N_2$), dióxido de carbono ($CO_2$) e monóxido de carbono (CO). Quando esses gases esfriaram, o hidrogênio se combinou com o nitrogênio para formar amônia ($NH_3$), e o dióxido de carbono e o monóxido de carbono formaram o metano ($CH_4$). Na presença da luz ultravioleta (como a emitida pelo Sol) e de uma faísca elétrica (por exemplo, um lampejo de relâmpago), a amônia e o metano podem se combinar com a água e o dióxido de carbono para formar aminoácidos simples, que, se aquecidos, podem se juntar para formar proteínas. Reações semelhantes podem resultar na criação dos componentes do DNA. Por outro lado, há algumas provas de que não apenas os componentes do DNA, mas também os aminoácidos podem ter sido trazidos à Terra por meteoritos.

Quando a Terra esfriou, o vapor d'água na atmosfera se condensou para formar os primeiros oceanos, nos quais muitos minerais e gases diferentes se dissolveram. É possível que nessa grande sopa química, há cerca de 4 bilhões de anos, tenham surgido as primeiras moléculas autorreplicantes, como o DNA.

## DE ONDE VEM A ENERGIA?

Praticamente toda a energia necessária para a vida na Terra e, em última análise, grande parte da energia que os humanos usam nas sociedades industriais modernas vêm do Sol.

24   O pequeno livro da grande história

O principal processo da natureza é a fotossíntese, uma série de reações químicas por meio das quais a energia da luz solar é usada para converter água e dióxido de carbono em glicose, um carboidrato simples que organismos vivos conseguem usar como fonte de energia.

### VIDA SEM SOL?

Nem toda vida na Terra depende da energia do Sol. Parte da energia vem da camada de rocha derretida embaixo da crosta terrestre, via fendas vulcânicas. Em pontos no fundo dos oceanos, as famosas fendas hidrotermais liberam água quente cheia de ácido sulfídrico. Esse gás é venenoso para a maioria dos organismos, mas é fonte de energia para determinadas bactérias. Elas constituem a base de comunidades peculiares, que incluem moluscos, lapas (tipo de craca), camarões e vermes tubulares gigantes.

Os organismos que conseguem produzir a própria comida por meio da fotossíntese são conhecidos como produtores primários. Na superfície terrestre, a maior parte da produção primária é realizada por plantas verdes. Nos oceanos, os organismos responsáveis pela maior parte da produção primária são os fitoplânctons – organismos microscópicos unicelulares, como algas e diatomáceas.

Esses organismos fotossintetizantes estão na base de todas as cadeias alimentares. Produtores primários servem de alimento para os consumidores primários: os herbívoros. Por sua vez, eles são alimento dos consumidores secundários: os carnívoros. Às vezes, até mesmo os carnívoros podem ser presas de consumidores terciários: por exemplo, um pequeno pássaro comedor de insetos serve de alimento para um falcão.

Como as leis da física ditam que as transferências de energia sempre são dissipadoras, a tendência é que, a cada nível que se sobe na cadeia alimentar, haja menos seres. Um herbívoro, em geral, obtém apenas cerca de 10% da energia disponível na planta que come. O restante é desperdiçado como material não digerido e na perda de calor por meio da respiração. Os estágios finais no trajeto da energia envolvem os detritívoros e os decompositores. Os detritívoros, como os tatuzinhos e os piolhos-de-cobra, alimentam-se de fezes e restos mortais de plantas e animais. Os decompositores, como certos fungos e bactérias, completam o processo usando qualquer energia que reste nas últimas partes da matéria morta.

Os seres humanos adequaram-se a cadeias alimentares de maneiras diversas. Algumas comunidades eram principalmente herbívoras, colhendo sementes, castanhas e frutos ou cultivando-os. Outras eram essencialmente carnívoras, caçando, alimentando-se de matéria morta ou criando gado. Mas a maioria das comunidades, tanto do passado quanto do presente, tende a ser onívora, comendo tanto matéria animal quanto vegetal. Embora possamos pensar em nós mesmos como o topo da cadeia alimentar, em alguns ecossistemas descobriremos que estamos no cardápio de carnívoros ainda maiores e mais poderosos.

Como nossa energia precisa de mais do que comida, no passado dependíamos completamente do Sol. A lenha é matéria vegetal, e os combustíveis fósseis – carvão, petróleo e gás natural – derivam todos de matéria vegetal. A força que podemos extrair da água corrente, das ondas e do vento vem de sistemas na atmosfera impulsionados pelo Sol. A força da maré é bem diferente, pois depende da atração gravitacional da Lua, e muito pouco da exercida pelo Sol. A energia geotermal explora o calor das profundezas da superfície terrestre, enquanto a força nuclear põe em ação a energia presa no núcleo do átomo.

## A VIDA FICA MAIS COMPLEXA

Cerca de 4 bilhões de anos atrás, na opulenta sopa química dos primeiros oceanos, é possível que a vida tenha começado a evoluir. O momento-chave, assim acreditam os cientistas, teria sido o surgimento de moléculas orgânicas complexas (como o DNA) capazes de se replicar.

Naquele momento da história da Terra, não havia camada de ozônio na atmosfera superior para segurar a intensa radiação ultravioleta do Sol. Enquanto aquelas moléculas complexas se replicavam, a radiação solar provavelmente causava mutações frequentes. Algumas delas talvez tenham gerado moléculas mais bem-adaptadas ao ambiente que outras. É possível que a seleção natural tenha começado assim.

Por exemplo, moléculas que se replicavam com mais frequência e precisão teriam uma vantagem, como a de poderem usar outras moléculas para formar uma camada protetora. Experimentos mostram que, em condições semelhantes àquelas encontradas em períodos de atividade vulcânica intensa, seguidos de rápido resfriamento por água fria, os aminoácidos conseguem se transformar em estruturas envolvidas por uma membrana. As primeiras células podem ter nascido dessa maneira.

Essas células primitivas eram organismos simples, semelhantes a bactérias, conhecidos como "procariotas", que consistiam em uma membrana externa que encerrava o protoplasma, um material parecido com um gel que continha uma série de moléculas pequenas e grandes. O DNA está localizado em uma área específica do protoplasma, mas, tirando isso, há pouca coisa em termos de estrutura. As células procarióticas se reproduzem pela divisão em duas novas células. Esses primeiros micro-organismos alimentavam-se da rica sopa de moléculas orgânicas encontrada nos primeiros oceanos.

Há aproximadamente 3,4 bilhões de anos, quando a oferta de moléculas orgânicas começou a diminuir, um novo grupo de micro-organismos procarióticos evoluiu. Trata-se das cianobactérias, que tinham uma maneira alternativa de se alimentar: a fotossíntese. A fotossíntese usa a energia da luz solar para converter dióxido de carbono e água em glicose (um açúcar simples), tendo o oxigênio como subproduto. Antes disso, o oxigênio era venenoso para seres vivos. Mas, quando o oxigênio se formou na atmosfera, muitas formas de vida começaram a depender dele para sobreviver.

O outro grande salto veio 1,8 bilhão de anos atrás, quando células maiores e mais complexas apareceram. Essas células, conhecidas como eucarióticas, contêm o DNA dentro de uma estrutura central, o núcleo. Existem também várias outras estruturas específicas com funções particulares, chamadas de organelas. O fato de algumas delas terem DNA próprio, juntamente com a semelhança entre certas organelas e determinadas bactérias, levou a bióloga americana Lynn Margulis a concluir, no final dos anos 1960, que as células eucarióticas começaram como associações simbióticas (mutuamente benéficas) entre vários tipos de células procarióticas. Hoje em dia, essa teoria é amplamente aceita pelos cientistas.

**"Longe de termos deixado para trás os micro-organismos em uma 'escada' evolucionária, somos cercados e compostos por eles."**

Lynn Margulis e Dorion Sagan, *Microcosmos* (1986)

Embora nossas células e as de todos os outros organismos multicelulares sejam eucarióticas, as primeiras células desse tipo eram micro-organismos unicelulares semelhantes a muitos tipos que ainda existem, como os protozoários (que têm algumas características parecidas com as dos animais) e certas algas (que, como as plantas, realizam a fotossíntese). Talvez a inovação mais significativa que acompanhou as células eucarióticas tenha sido o início do sexo (veja a p. 30). A reprodução sexuada, na qual alguns elementos genéticos vêm de um progenitor e alguns do outro, leva a uma variação muito maior; o que, por sua vez, acelerou o ritmo da evolução, pois uma maior variação permite uma adaptação mais rápida à mudança ambiental.

## COMO A VIDA CONTINUA

Uma das características que definem os organismos vivos é a sua capacidade de se reproduzir. Todos os seres, vivos ou inanimados, estão sujeitos à deterioração, e a reprodução oferece um meio para que a vida possa se perpetuar. É o mais próximo que conseguimos chegar da imortalidade.

Organismos simples unicelulares como bactérias reproduzem-se pela divisão ao meio: uma célula "mãe" se torna duas células "filhas". Essa é a reprodução assexuada. Salvo por mutações aleatórias, as células mãe e filha são geneticamente idênticas.

Preparando o cenário    29

As células que formam nosso corpo se reproduzem dessa forma também, o que nos permite reparar danos e crescer. Organismos multicelulares, inclusive plantas e alguns animais, também podem se reproduzir de forma assexuada. Na reprodução vegetativa, uma nova planta, geneticamente idêntica à sua planta "progenitora", pode crescer de um pedaço de raiz, de um broto, de uma folha ou de um galho. Alguns animais invertebrados, como as anêmonas-do-mar, as esponjas e muitos vermes marinhos, podem se reproduzir assexuadamente por "germinação", quando uma pequena parte do corpo do progenitor cresce e então se separa para formar um novo organismo.

Na reprodução sexuada, o material genético de duas células sexuais específicas (esperma do pai, óvulo da mãe) combina-se para formar uma nova célula única que herda as características genéticas dos dois. Essa nova célula divide-se várias vezes e, por fim, desenvolve um novo indivíduo com uma constituição genética nova e única.

Embora as plantas possam se reproduzir assexuadamente, também podem se reproduzir de forma sexuada. Em plantas floríferas, as células sexuais masculinas estão no pólen, e ele é transferido de uma flor para outra pelo vento ou por animais, como as abelhas. Assim que o pólen aterrissa em outra flor, a célula sexual feminina pode ser fertilizada e se tornar uma semente, da qual um novo organismo poderá crescer. Basicamente o mesmo processo ocorre em animais, embora os animais usem uma variedade de métodos para alcançar a fertilização. Em peixes, por exemplo, a fêmea bota os ovos na água, e o macho esguicha o esperma nos ovos. Em mamíferos placentários, o macho insere o pênis na vagina da fêmea e ejacula seu esperma, que segue seu caminho até o óvulo. O embrião resultante desenvolve-se no ventre da mãe até o nascimento.

Diferentes animais adotam diferentes estratégias de cuidados com a prole. Muitas criaturas aquáticas, como peixes, botam um número enorme de ovos, mas, depois disso, não cuidam de seus filhotes. O resultado é que a maioria é comida por predadores muito antes de conseguirem se reproduzir, mas um ou dois talvez sobrevivam. Na outra ponta do espectro, os primatas (inclusive humanos) em geral têm apenas um ou dois rebentos em um nascimento único, e passam muitos anos criando seus filhos, que precisam de cuidados até a fase adulta.

## A ORIGEM DAS ESPÉCIES

Os segredos da evolução da vida na Terra ficaram por muito tempo trancados nas rochas do planeta. Durante séculos, valendo-se da história da criação na Bíblia, as pessoas pensaram não só que a Terra era muito jovem, mas que todas as espécies tinham permanecido inalteradas desde o início.

Então, no fim do século 18, o geólogo escocês James Hutton demonstrou que foram necessários milhões de anos para que processos naturais como o calor e a erosão formassem a paisagem geológica que conhecemos hoje. Em seguida, também constatou que, se as rochas eram tão velhas, também o eram os fósseis que elas continham.

Alguns desses fósseis eram completamente distintos de qualquer criatura que conhecemos hoje, enquanto outros eram parecidos, mas diferentes. No início do século 19, os chamados naturalistas começaram a identificar o que acreditavam ser uma progressão hierárquica das formas de vida bem simples encontradas nas rochas antigas até as formas mais complexas de nossos tempos. É possível chamar essa progressão de "evolução", mas ninguém conseguia explicar por que formas de vida mais simples, como as bactérias e as esponjas, ainda estão vivas hoje, nem por que há uma variedade tão grande de espécies povoando o mundo. Se houve evolução, como ela se deu? Descobriu-se que ela se dava às cegas, sem objetivo ou direção. Foi necessária a genialidade de Charles Darwin para identificar isso e descobrir o mecanismo-chave: a seleção natural. O jovem Darwin dos anos 1830 fez uma longa viagem de descobertas a bordo do navio HMS Beagle, durante a qual observou as semelhanças entre criaturas que viviam em diferentes continentes, como a ema sul-americana, incapaz de voar, e o avestruz africano. Também observou como, por exemplo, diferentes tentilhões nas ilhas Galápagos tinham bicos distintos, o que lhes possibilitava explorar diferentes fontes de alimento. Parecia possível que a ema e o avestruz tivessem um ancestral em comum, o que também valia para os tentilhões de Galápagos.

Darwin sabia que sua teoria ia de encontro à ortodoxia cristã. Os seres humanos não estavam mais separados de outros animais. Em vez de terem sido criados à imagem de Deus, eram descendentes de ancestrais primatas. Então, Darwin esperou o momento certo e acumulou provas antes de finalmente publicar *A origem das espécies*, em 1859.

Darwin propôs que as espécies evoluem com o tempo, porque, de vez em quando, aleatoriamente, um indivíduo aparece com uma característica que o equipa melhor para sobreviver e se reproduzir do que outras criaturas semelhantes. Com o passar das gerações, esses indivíduos são mais propensos a sobreviver com a característica favorável do que sem ela e, assim, passam adiante essa característica à sua prole. Portanto, as espécies mudam e se tornam mais capazes de se adaptar a novos ambientes. Esse processo foi posteriormente intitulado "a sobrevivência do mais apto".

**"O homem, com todas as suas nobres qualidades, ainda carrega em sua compleição a marca indelével de sua origem inferior."**
Charles Darwin, *A origem do homem* (1871)

Alguns aspectos da teoria de Darwin foram modificados ao longo dos anos, mas cada vez mais provas se acumularam e tornaram a seleção natural incontestável, inclusive as semelhanças na estrutura física e no desenvolvimento embrionário entre as espécies. A existência de estruturas vestigiais, como o cóccix humano (um vestígio da cauda de nossos ancestrais), e, acima de tudo, toda a evidência do DNA nos permitem comparar nosso genoma com o de animais completamente diferentes e rastrear o que compartilhamos ou não com eles. Foi a compreensão da genética e o papel desempenhado nela pelo DNA que explicou, pela primeira vez, como características surgem e são repassadas à geração seguinte.

## O PROTÓTIPO DA VIDA

A teoria de Darwin sobre a seleção natural explicou como novas espécies surgem, mas Darwin não sabia como os pais passam suas características à prole. Tampouco sabia como novas características aparecem. Agora nós já temos muitas dessas respostas.

As unidades de hereditariedade são os genes, que determinam tudo, desde a cor dos olhos até o risco maior de sofrer de certas doenças. Algumas características herdadas (como a cor dos ratos) são determinadas por um único gene, mas a maioria (como a altura, o peso e a cor dos olhos humanos) é determinada por um número de genes diferentes. Os genes ficam em longas tiras de moléculas chamadas de cromossomos, e em todas as células, exceto as células sexuais, existem dois conjuntos de cromossomos.

O que não se sabia era como as instruções para replicar qualquer traço na prole eram codificadas dentro do gene. Nos anos 1940, cientistas começaram a suspeitar que uma molécula muito grande e complexa chamada ácido desoxirribonucleico (DNA) estava envolvida nisso. Então, em 1953, o americano James Watson e o inglês Francis Crick, que trabalhavam na Universidade de Cambridge, anunciaram que haviam descoberto como o DNA codificava as informações genéticas.

**"Uma estrutura bonita como essa simplesmente tinha de existir."**

James Watson, *A dupla hélice* (1968), sobre a molécula do DNA

Eles demonstraram que o código genético está incorporado à estrutura do DNA. A molécula do DNA é uma dupla hélice: duas fitas que se espiralam uma ao redor da outra. Cada fita é uma estrutura de açúcar-fosfato, e cada uma se liga à outra por sequências de pares de apenas quatro componentes químicos chamados de bases de nucleotídeos. Cada base une-se apenas com uma das outras três bases. Essa estrutura explica como o DNA consegue se replicar pela separação das duas fitas e, assim, passar as informações genéticas à prole.

A estrutura do DNA também explica como o código está embutido. Cada sequência de três bases de nucleotídeos (um códon)

contém as instruções para a criação de um aminoácido específico. Os aminoácidos são os elementos constitutivos das proteínas, componentes cruciais de todas as células (veja a p. 23). Um gene consiste em uma sequência de códons que codificam uma proteína única, seguida por um códon de parada. Algumas partes do DNA não codificam aminoácidos sozinhas, mas são centros de controle para ligar ou desligar genes ou grupos de genes.

A maneira como o DNA funciona também explica como a mutação leva a novas características – a força principal por trás da seleção natural. Uma mutação é uma mudança na sequência de base de nucleotídeos quando o DNA se replica. Isso ocorre naturalmente, mas a exposição a produtos químicos ou à radiação pode acelerar o ritmo de mutação. Apenas as mutações que ocorrem em óvulos e espermatozoides são passadas à prole, e somente elas importam para a evolução. Muitas mutações são neutras, mas algumas podem danificar a prole, enquanto umas poucas podem ser benéficas. Mutações em genes de controle podem ter um efeito especialmente significativo no organismo. Trata-se de mutações benéficas que equipam melhor um organismo para seu ambiente, e são estas as mais prováveis de serem repassadas às futuras gerações.

# Parte 2
# MUNDO ANIMAL

Os primeiros animais simples apareceram na Terra há meio bilhão de anos. Por centenas de milhões de anos, uma grande variedade de criaturas adotou uma série de estruturas físicas e estilos de vida. Alguns dos primeiros animais, como as estrelas-do-mar e os ouriços--do-mar, comprovaram seu êxito e sobreviveram. Outros, como os dinossauros, dominaram a vida na Terra por 165 milhões de anos até serem extintos. Os seres huma-nos modernos surgiram há apenas 200 mil anos, e domi-naram o planeta somente por uma fração desse período.

# LINHA DO TEMPO

**600 milhões de anos atrás:** Surgem os primeiros organismos multicelulares.

**542-488 milhões de anos atrás:** Período Cambriano. A evolução de esqueletos externos leva a uma grande diversidade de estruturas físicas dos animais, entre eles os trilobitas e os braquiópodes. Surgem os primeiros vertebrados dotados de notocórdio, precursor da coluna vertebral.

**488-444 milhões de anos atrás:** Período Ordoviciano. Grande diversificação de trilobitas, conchas de lapas, gastrópodes e graptólitos. Surgem os ouriços--do-mar, as estrelas-do-mar e as amonites. O fim do período acompanha a primeira evidência de plantas terrestres e a extinção em massa de muitas espécies.

**444-416 milhões de anos atrás:** Período Siluriano. Novas formas de vida marinha substituem as que foram extintas em massa, inclusive animais semelhantes aos escorpiões e peixes com mandíbulas (no início cartilaginosas, mais tarde ósseas). Os primeiros invertebrados, escorpiões e insetos sem asas aparecem na terra, bem como plantas vasculares, como o pé-de-lobo (*Lycopodiumclavatum*).

**416-359 milhões de anos atrás:** Período Devoniano. Imensos recifes de coral. Surgem as primeiras samambaias. Aparecem também os anfíbios primitivos, primeiros animais quadrúpedes, que começam a colonizar a terra firme.

**359-299 milhões de anos atrás:** Período Carbonífero. Primeiros insetos voadores e primeiros répteis. Grande proliferação de plantas terrestres, inclusive coníferas, que, ao longo do tempo, formam extensos depósitos de carvão.

**299-251 milhões de anos atrás:** Período Permiano. Os répteis se diversificam. O período termina com a extinção em massa de muitos grupos de animais marinhos, inclusive trilobitas. Muitos grupos terrestres também são exterminados, abrindo caminho para os dinossauros.

**251-200 milhões de anos atrás:** Período Triássico. Surgem os dinossauros terrestres. Os primeiros pequenos mamíferos também aparecem.

**200-145 milhões de anos atrás:** Período Jurássico. Grande diversificação de dinossauros, tartarugas e crocodilos. Florestas tropicais. Um dos primeiros fósseis de pássaro, *Archeopteryx*, aparece no fim do período.

**145-66 milhões de anos atrás:** Período Cretáceo. Plantas floríferas surgem e começam a dominar o solo. Aparecem gramíneas. O fim do período marca a repentina extinção em massa não só dos dinossauros, mas também das amonites, dos ictiossauros e dos pterossauros. Aves (descendentes de um grupo de dinossauros) e mamíferos sobrevivem.

**66-56 milhões de anos atrás:** Paleoceno. Muitos novos grupos de mamíferos aparecem, inclusive os primeiros primatas.

**56-34 milhões de anos atrás:** Eoceno. Disseminação dos mamíferos, inclusive elefantes, baleias, roedores, carnívoros e mamíferos com cascos.

**34-23 milhões de anos atrás:** Oligoceno. Disseminação de savanas e a primeira aparição de macacos.

**23-5,3 milhões de anos atrás:** Mioceno. Disseminação de cavalos, primeira aparição de primatas. Muitos animais, como sapos, cobras e ratos, são bem semelhantes àqueles de hoje.

**7 milhões de anos atrás:** Divisão entre nossos ancestrais e os ancestrais dos chimpanzés e bonobos.

**6 milhões de anos atrás:** Os primeiros humanos começam a caminhar por algum tempo sobre as pernas traseiras.

**5,3-2,6 milhões de anos atrás:** Plioceno. Origem dos mamutes. Caminhar de forma ereta se torna usual para os primeiros humanos.

**2,6 milhões de anos atrás:** Mais antiga prova de uso de ferramentas por humanos.

**2,6 milhões-11.700 anos atrás:** Pleistoceno. Época das eras do gelo e de períodos interglaciais mais quentes.

**2,4 milhões de anos atrás:** Aparecimento do *Homo habilis*.

**1,9 milhão-143 mil anos atrás:** Dominância do *Homo erectus*.

**200 mil anos atrás:** Surge o *Homo sapiens* (humanos modernos) na África, onde permanecem por outros 100 mil anos ou mais.

**11.700 anos atrás até o presente:** Holoceno. Depois do fim da última era do gelo, muitos animais terrestres grandes, como mamutes, são extintos. Os seres humanos dominam o planeta.

# OS PRIMEIROS ANIMAIS

Ao longo de eras, embora os oceanos da Terra fervilhassem de vida, não era possível ver um único organismo individual, pois durante bilhões de anos os seres vivos eram compostos por apenas uma simples célula.

É possível que algumas células tenham se aglomerado em colônias, mas a primeira evidência fóssil delas só aparece 600 milhões de anos atrás. Essas colônias provavelmente eram como esponjas, o animal mais "primitivo" ainda existente, encontradas em muitas partes dos oceanos. Nas esponjas, cada célula pode viver de forma independente, mas também pode atuar junto com outras células. Se uma esponja viva se rompe em fragmentos, eles se juntam no momento certo para formar uma nova colônia. Esponjas fixam-se nas rochas e se alimentam de partículas minúsculas na água. Existe alguma coordenação entre as células, mas não um sistema nervoso real.

Por volta de 590 milhões de anos atrás, surgiu toda uma série de animais maiores, com uma estrutura física mais claramente definida e um sistema nervoso identificável. Essas criaturas ainda estavam confinadas aos oceanos e incluíam os celenterados (como as águas-vivas e as anêmonas-do-mar), os vermes anelídeos e os artrópodes. As principais características dos artrópodes incluem simetria bilateral, corpos segmentados, múltiplas pernas, olhos e um exoesqueleto – uma camada externa dura que protege os órgãos internos. Todos os artrópodes de hoje – incluindo crustáceos, aranhas, escorpiões e insetos – descendem de algumas dessas primeiras criaturas. Outros grupos de artrópodes, como os trilobitas, foram extintos há muito tempo.

Os trilobitas apareceram durante o período Cambriano (542--488 milhões de anos atrás), que testemunhou uma "explosão" de novos tipos de animais, incluindo a maioria dos invertebrados conhecidos hoje. Foram sugeridas várias explicações possíveis para essa "explosão" cambriana. O aumento dos organismos fotossintetizantes gerou mais oxigênio na atmosfera. Na época, a camada de ozônio se formou, protegendo a vida na Terra dos raios ultravioleta do Sol. Houve também um aumento repentino de cálcio nos oceanos (um componente essencial das partes duras do corpo, como exoesqueletos) devido à grande atividade vulcânica ao longo das cordilheiras oceânicas. Explicações ecológicas e evolucionistas sugerem que uma acelerada corrida armamentista entre predador e presa, talvez iniciada pelo desenvolvimento dos primeiros olhos primitivos, possa ter permitido que a presa fosse detectada por um predador à distância – e vice-versa.

Outro evento importante foi o aparecimento dos primeiros autênticos vertebrados. Vertebrados são criaturas com esqueletos internos, inclusive uma espinha formada de vértebras ligadas que protegem uma medula espinhal, o componente central dos sistemas nervosos mais avançados. Algumas criaturas pouco conhecidas que vivem hoje têm medula espinhal, mas não uma espinha, e acredita-se que seus ancestrais tenham surgido no Cambriano. Porém, os primeiros verdadeiros vertebrados, os peixes sem mandíbula (semelhantes às modernas lampreias), apareceram por volta de 500 milhões de anos atrás.

Nesses primeiros peixes, o esqueleto interno era feito de cartilagem, não de osso. Ainda é o caso de muitos peixes atualmente, como tubarões e arraias, cujos ancestrais foram os primeiros a desenvolver mandíbulas, por volta de 410 milhões de anos atrás. Mandíbulas são, hoje, uma característica de quase todos os grupos vertebrados.

## Protótipos

Durante a explosão cambriana, surgiram diversos grupos que não lembram nenhum animal que conhecemos hoje. Entre as formas bizarras encontradas no famoso Folhelho de Burgess, um sítio fossilífero no Canadá, havia o *Opabinia*, um predador com cinco olhos e um bico como um aspirador de pó. Outro predador era o *Anomalocaris*, com 60 centímetros de comprimento, que se movia com nadadeiras laterais e tinha uma boca que lembrava uma fatia de abacaxi. Muitos dos animais do Folhelho eram apenas celebridades transitórias do Cambriano – mas o *Pikaia*, uma criatura em forma de enguia com cerca de 4 centímetros de comprimento, é considerado um ancestral dos vertebrados, membros do filo *Cordata*, que inclui os seres humanos.

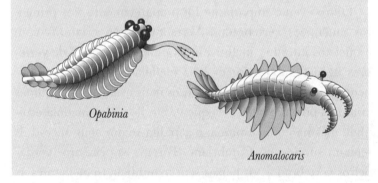

*Opabinia*

*Anomalocaris*

## A VIDA CHEGA À TERRA FIRME

Mesmo depois do aparecimento de grandes e multicelulares animais e plantas, a vida permaneceu por muito tempo confinada aos oceanos. Um dos grupos de animais mais diversos era o dos peixes. Eles tinham uma estrutura altamente específica:

guelras para extrair oxigênio da água e nadadeiras para servir de propulsor em seu habitat.

Guelras e nadadeiras não funcionam na terra firme; então, quando e como os vertebrados rastejaram para a costa dos antigos continentes? Durante o período Siluriano (444-416 milhões de anos atrás), os primeiros invertebrados – escorpiões e insetos sem asas – chegaram à terra. Eles ofereciam uma fonte potencialmente rica de alimento para predadores maiores, e isso talvez tenha atraído o primeiro vertebrado, um anfíbio, até a terra firme, há aproximadamente 370 milhões de anos. Os anfíbios são quadrúpedes (animais de quatro membros), uma forma corporal que compartilham com répteis, aves e mamíferos. O que se debate é exatamente quando os quadrúpedes começaram a evoluir e a que grupo pertenciam. Alguns cientistas acreditam que remontam aos peixes com nadadeiras lobadas, há cerca de 395 milhões de anos, outros os relacionam aos peixes pulmonados. Tanto os peixes de nadadeiras lobadas (que hoje sobrevivem apenas como duas espécies de coelacanto) quanto os pulmonados (dipnoicos) parecem "caminhar" sobre as fortes nadadeiras ósseas embaixo da água. Sua capacidade de respirar fora d'água possibilita que sobrevivam à seca estação tropical, quando se enterram na lama e entram em um período de hibernação.

Os anfíbios (que hoje em dia incluem rãs, sapos, tritões e salamandras) dividem seu tempo entre a terra e a água. Seus estágios iniciais – como ovos e depois girinos – são inteiramente aquáticos. Os girinos têm guelras, mas, quando amadurecem, surgem pulmões, que lhes possibilitam respirar fora d'água. Os primeiros anfíbios provavelmente passavam a maior parte do tempo na água, mas, quando desenvolveram um esqueleto mais forte, pulmões mais eficientes e pele menos sujeita à desidratação, começaram a passar mais tempo em terra firme.

Durante milhões de anos, grandes anfíbios de vários metros de comprimento foram os predadores terrestres no topo da cadeia alimentar, ocupando um nicho ecológico semelhante ao dos modernos crocodilos. Porém, com o aparecimento dos primeiros répteis, mais bem adaptados à vida em terra firme, seus dias de mandachuvas estavam contados.

## AS PRIMEIRAS PLANTAS TERRESTRES

Plantas primitivas como as algas (inclusive as marinhas) prosperaram nos oceanos ao longo de centenas de milhões de anos. No ambiente favorável dos oceanos, todas as partes de sua superfície podiam ser envolvidas na troca gasosa exigida pela fotossíntese. A principal característica da maioria dos grupos de plantas terrestres – um sistema vascular para circular água, nutrientes e substâncias vitais – apareceu no final do período Siluriano, há 416 milhões de anos. Esse sistema também dá um suporte estrutural, essencial na concorrência para crescerem mais que as vizinhas e, assim, tomarem o máximo de luz solar. As plantas mais antigas acumularam-se como madeira e, durante o período Carbonífero (359-299 milhões de anos atrás), florestas de fetos, pés-de-lobo e cavalinhas cresciam até alcançarem a altura das árvores modernas. Todas as plantas mais antigas reproduziam-se por meio de esporos. As primeiras plantas com sementes, como as coníferas, apareceram no fim do período Carbonífero. Sementes, diferente dos esporos, fornecem às jovens plantas alimento, água e proteção. Logo as plantas com sementes dominaram a terra firme.

# A ERA DOS DINOSSAUROS

Os anfíbios nunca se adaptaram inteiramente à vida em terra firme. A dependência que eles têm da água limitou o alcance dos habitats que poderiam explorar. Foi apenas com a evolução dos répteis que os primeiros vertebrados realmente terrestres apareceram.

Dois fatores explicam o sucesso dos répteis, que incluem crocodilos, tartarugas, cobras, lagartos e os extintos dinossauros. O primeiro é a capacidade de conservar água dentro do corpo. O segundo é a natureza do ovo reptiliano, ou seja, o fato de que os ovos não precisam ser botados na água.

Dentro do ovo de um réptil, o embrião vive em um ambiente aquático cercado por uma membrana. A gema fornece comida para o embrião, enquanto uma membrana adicional permite a respiração e a excreção de dejetos. A albumina, ou clara, oferece não só um amortecimento extra como também água e proteínas. Tudo isso cercado por outra membrana protetora e pela casca.

Os primeiros répteis apareceram há cerca de 340 milhões de anos, durante o período Carbonífero: pequenas criaturas de apenas 20 centímetros de comprimento que viviam nos pântanos de vegetação exuberante do período, o habitat perfeito para os anfíbios. Mas, quando o clima ficou mais quente e seco, os anfíbios descobriram que não poderiam se adaptar. Assim teve início a dominação dos répteis, culminando na era dos dinossauros, que durou 165 milhões de anos. Para dar uma ideia do que significa esse espaço de tempo, nossa espécie existe há ¼ de milhão de anos.

Os ancestrais dos dinossauros eram os tecodontes ("dentes em alvéolo"), criaturas que lembram os crocodilos modernos. Tinham caudas poderosas para nadar e patas traseiras fortes

*Um braquiossauro, um dos maiores dinossauros de que se tem notícia, ao lado de um ser humano, na mesma escala para efeitos de comparação.*

para dar o bote na presa. Quando alguns deles iam para a terra firme, caminhavam com essas poderosas patas traseiras, usando a cauda grande para contrabalançar.

Os primeiros verdadeiros dinossauros (palavra que vem do grego e significa "lagarto terrível") apareceram no período Triássico, cerca de 230 milhões de anos atrás. Os dinossauros foram um dos grupos de animais mais bem-sucedidos e diversificados que já existiu. Alguns eram carnívoros e outros, herbívoros; alguns habitavam pântanos e outros, planícies; havia aqueles solitários e outros que viviam em manadas. Em termos de tamanho, havia tanto criaturas pequenas pouco maiores que uma galinha quanto monstros gigantescos, que pesavam mais de cem toneladas, tinham mais de 30 metros de comprimento e chegavam à altura de um prédio de quatro andares.

Outros grupos de répteis, os plesiossauros e os ictiossauros, dominavam os mares, enquanto o céu era o reino dos pterossauros, répteis voadores com envergadura de asa de até 10 metros de comprimento. Mas outras criaturas estavam conquistando o ar, criaturas com penas. Eram os ancestrais das aves modernas, derivados de um grupo de dinossauros de sangue quente. Um dos primeiros "elos perdidos" é o fóssil de *Archaeopteryx*, uma criatura alada que remonta a 154 milhões de anos atrás. Tinha características dos répteis, como os dentes, e características das aves, como penas realmente com função de voo. Então, pode-se dizer que, em vez de terem sido totalmente extintos há 66 milhões de anos, alguns dinossauros vivem na forma de aves.

## SANGUE QUENTE E SANGUE FRIO

Muitos dinossauros, como os répteis modernos, os peixes e os anfíbios, eram pecilotérmicos ("animais de sangue frio"). Criaturas de sangue frio precisam controlar a temperatura do corpo por meios externos – por exemplo, aquecendo-se ao sol antes das atividades logo após um período de repouso noturno.

Isso significa que não conseguem se adaptar a uma variação tão ampla de condições climáticas quanto os animais homeotérmicos ("de sangue quente"), como alguns grupos de dinossauros, juntamente com as aves e os mamíferos. Animais de sangue quente podem se aquecer por meio de atividades (por exemplo, agitando o corpo) e perder calor por meio do suor e da respiração ofegante.

# EXTINÇÕES EM MASSA

O desaparecimento repentino dos dinossauros há 66 milhões de anos é apenas uma entre as muitas extinções em massa que ocorreram na história da vida na Terra. Espécies são extintas a toda hora – é a natureza da evolução. Mas, em certos momentos, houve grandes picos na taxa de extinção.

Mundo animal   47

Se definirmos a extinção em massa como a perda repentina de 50% ou mais de espécies animais, então houve cinco extinções em massa nos últimos 540 milhões de anos. Muitos outros eventos significativos de extinção ficaram abaixo dessa taxa.

Essas extinções em massa foram identificadas via fósseis de organismos multicelulares e, portanto, é possível que tenha havido casos anteriores envolvendo organismos unicelulares, que deixam poucos rastros fósseis. Sabemos que aproximadamente há 2,4 bilhões de anos o acúmulo de oxigênio na atmosfera – liberado cada vez mais por micro-organismos fotossintetizantes – mostrou-se fatal para imensas quantidades de outros micro--organismos para os quais o gás era venenoso.

As causas das extinções em massa mais recentes nem sempre ficam tão claras. Qualquer explicação plausível deve considerar o fato de que, embora muitos grupos de animais desapareçam, muitos outros sobrevivem. Embora um evento catastrófico possa de fato dar o golpe final, é possível que tenha sido precedido por uma longa escalada de pressões ambientais sobre certos grupos de animais. É o modelo conhecido como "pressão-pulsação".

Três tipos diferentes de catástrofe, ou "pulsações", são considerados os candidatos mais prováveis para explicar extinções em massa como a dos dinossauros. Sabemos que, no passado, houve períodos de enorme atividade vulcânica, que preenchiam a atmosfera com poeira durante anos a fio, bloqueando a luz do Sol, inibindo a fotossíntese e prejudicando, assim, a oferta de alimentos na base de quase todas as cadeias alimentares. A erupção vulcânica também lança quantidades gigantescas de dióxido de enxofre e dióxido de carbono na atmosfera. O dióxido de enxofre cria uma chuva ácida venenosa, e o dióxido de carbono colabora com o aquecimento global.

O segundo candidato é a queda nos níveis do mar, mais provavelmente como resultado do resfriamento global, como acontece durante as eras do gelo, quando mais água dos oceanos fica presa nas calotas polares. Níveis marítimos em queda reduzem a área das plataformas continentais, a zona mais produtiva dos oceanos, e também podem interferir nos padrões climáticos.

O último candidato é o mais drástico. Nesse cenário, um grande asteroide ou cometa se choca com a Terra. A explosão gigantesca teria criado uma onda de choque imensamente destrutiva e, possivelmente, megatsunamis e incêndios florestais extensos. Como no cenário vulcânico, a atmosfera teria se enchido de fumaça e poeira, barrando a luz do Sol e, assim, atrapalhando as cadeias alimentares. Se o objeto tiver atingido rochas ricas em enxofre, talvez tenha trazido chuva ácida em grande escala. Hoje é amplamente aceito que um grande asteroide atingiu a Terra há cerca de 66 milhões de anos, mas continua o debate se ele foi a única causa da extinção dos dinossauros.

As extinções em massa dão uma acelerada na evolução, deixando muitos nichos ecológicos vazios. Com a extinção dos dinossauros, um grupo de animais que tinham passado 150 milhões de anos despercebidos aproveitou a oportunidade de prosperar e de se diversificar e se espalhou no planeta. Trata-se dos mamíferos.

### A CAUSA DEFINITIVA?

Talvez estejamos no meio de outra extinção em massa. Alguns cientistas estimam que até 140 mil espécies (muitas delas plantas e invertebrados ainda não registrados) entram em extinção todo ano. A causa? A atividade humana.

# A CHEGADA DOS MAMÍFEROS

Os primeiros autênticos mamíferos só apareceram 10 milhões de anos depois dos dinossauros. No entanto, durante todo o longo reinado dos répteis gigantes, esses primeiros mamíferos eram semelhantes aos ratos e musaranhos em matéria de tamanho e estilo de vida. O sangue quente – que não era comum entre os dinossauros – possibilitou que eles atuassem à noite, explorando fontes de comida indisponíveis para os dinossauros. Talvez tenha sido o seu tamanho reduzido, e a consequente necessidade de menos comida, que fez com que sobrevivessem ao cataclismo que extinguiu os dinossauros.

A palavra "mamífero" vem do latim *mamma*, a "mama", lembrando o fato de que filhotes de mamíferos se alimentam do leite produzido nas glândulas mamárias da mãe. Outra característica comum a quase todos os mamíferos são os pelos. Uma terceira é o tamanho relativamente grande – se comparado a outros vertebrados – do córtex cerebral, a parte do cérebro associada à inteligência.

Os três principais grupos de mamíferos são os monotremados, os marsupiais e os mamíferos placentários. Os monotremados estão hoje confinados à Australásia e contam apenas com o ornitorrinco e duas espécies de equidnas. Eles não têm tetas externas, seu leite vaza da abertura das glândulas mamárias e os filhotes lambem os pelos da mãe. Os monotremados têm duas características que são compartilhadas com seus ancestrais répteis: têm apenas um orifício para excreção e reprodução, além de botarem ovos. Os ovos são chocados durante aproximadamente dez dias, e os filhotes passam três ou quatro meses sendo amamentados pela mãe até se desenvolverem. Os primeiros mamíferos podem ter sido monotremados.

As crias dos marsupiais não nascem de ovos, mas, como os filhotes monotremados, também são pouco desenvolvidas quando vêm ao mundo. Os marsupiais recém-nascidos desenvolvem-se em grande parte na bolsa da mãe, na qual eles têm acesso às tetas. Os marsupiais hoje – inclusive os cangurus, coalas, vombates e gambás – estão confinados à Australásia e às Américas. No passado, eram muito mais disseminados e diversificados, inclusive grandes predadores como *Thylacosmilus* (um grande felino com dentes de sabre) e o lobo-da-tasmânia, que entrou em extinção no início do século 20.

Atualmente, o grupo mais diverso e disseminado de mamíferos é o dos placentários, chamados assim porque a placenta fornece ao feto nutrição e oxigênio no útero materno. O feto permanece no útero por um tempo relativamente longo em comparação com os marsupiais e, portanto, nasce muito mais desenvolvido. Enquanto em algumas espécies (como a humana) o recém-nascido ainda é indefeso, e seus pais precisam criá-lo durante anos, em outros (como a dos antílopes) os recém-nascidos já conseguem ficar em pé, prontos para correr ao lado da mãe.

**"Os humanos surgiram (...) como resultado fortuito e acidental de milhares de eventos interligados, e qualquer um deles poderia ter ocorrido de outra maneira e ter posto a história em um caminho diferente."**

Stephen Jay Gould, "The Evolution of Life on Earth", *Scientific American* (out. 1994)

Os mamíferos placentários adaptaram-se a todo tipo de habitat, desde altas montanhas até densas florestas, e do Ártico aos trópicos. Alguns, como as baleias, retornaram aos oceanos,

Mundo animal 51

enquanto outros, como os morcegos, dominaram os ares. Mas há apenas um mamífero que conseguiu se adaptar praticamente a qualquer clima ou habitat, porque não depende dos pelos, mas de roupas adequadas às diferentes condições climáticas; e depende de fogueiras, abrigos e do uso de ferramentas, e não de garras e dentes para capturar e matar a sua presa.

## DE ONDE VIEMOS?

Humanos são primatas, uma ordem de mamíferos que também inclui lêmures, lóris e macacos. Na verdade, os humanos *são* macacos. Partilhamos mais de 98% de nosso DNA com chimpanzés e seus parentes próximos, os bonobos. Os primatas têm mãos altamente hábeis e muitos também têm pés ágeis. Em sua maioria, o polegar costuma ser oposto a outros dedos, possibilitando que peguem e manipulem objetos, um pré-requisito para o uso de ferramentas. Seus olhos são grandes e voltados para a frente, dando-lhes visão binocular – essencial para avaliar distâncias. O cérebro dos primatas é relativamente grande se comparado ao de outros animais, e isso lhes dá uma grande capacidade de aprender e de se adaptar. A prole fica com as mães por mais tempo que a prole de muitos outros animais e leva um longo período para adquirir habilidades e costumes. Muitos primatas vivem em grupos sociais complexos.

As primeiras criaturas semelhantes aos primatas surgiram por volta da época da extinção dos dinossauros, há 66 milhões de anos. Eram como os esquilos ou musaranhos no que se refere ao tamanho e à aparência. Os primeiros autênticos primatas apareceram 10 milhões de anos depois. Semelhantes aos lêmures e aos lóris, eles se espalharam em muitas

52   O pequeno livro da grande história

partes do mundo, mas, quando os macacos surgiram, há 34 milhões de anos, foram em grande parte superados competitivamente. Hoje em dia, os lêmures estão restritos à ilha de Madagascar, onde os macacos nunca chegaram. Os primeiros primatas antropoides (sem cauda) apareceram há 23 milhões de anos, mas a separação entre os nossos ancestrais e os ancestrais dos chimpanzés e bonobos só aconteceu há cerca de 7 milhões de anos.

Naquela época, grandes áreas de floresta tropical foram substituídas por bosques mais abertos e savanas. Com a mudança ambiental, houve a necessidade de se adaptar a um estilo de vida baseado mais no solo do que nas árvores. Por volta de 6 milhões de anos atrás, os primeiros humanos começaram a caminhar por algum tempo com as pernas traseiras. Essa capacidade, chamada de bipedalismo, fez com que pudessem olhar sobre o mato alto e enxergar predadores e presas. Ela reduziu também a área de superfície da pele exposta à luz do Sol e alongou a passada; assim, os humanos puderam cobrir distâncias maiores. O efeito foi não só um aumento do limite da área onde podiam caçar e colher alimentos, como também a possibilidade de migração das populações para territórios totalmente diversos.

### Nossos parentes mais próximos

Compartilhamos 98,7% de nosso DNA com chimpanzés e bonobos, mas essas duas espécies têm comportamentos diferentes. Os chimpanzés são dominados pelos machos, caçam em grupos, são agressivamente territoriais e podem matar outros chimpanzés. Apenas machos de hierarquia elevada acasalam. Os chimpanzés usam uma variedade de ferramentas,

Mundo animal    53

por exemplo, para abrir castanhas ou caçar formigas. O uso de ferramentas só foi observado entre os bonobos em cativeiro.

Os grupos de bonobos são dominados pelas fêmeas (que têm laços fortes entre si), embora haja muito menos diferenciação sexual do que entre os chimpanzés. Os territórios de diferentes grupos de bonobos sobrepõem-se, e eles não foram observados caçando em grupos. O sexo é frequente entre machos e fêmeas e com membros do mesmo sexo. Sexo é importante para os laços sociais e a resolução de conflitos, não apenas para a reprodução, o que tem sido descrito como "sexo pela paz".

A alegação de que um comportamento é geneticamente determinado sempre vai se mostrar controversa. Mas sem dúvida é possível enxergar alguns aspectos do comportamento humano como reflexo do comportamento dos chimpanzés, embora outros aspectos se assemelhem mais ao dos bonobos.

# Parte 3

# OS HUMANOS COMEÇAM A DOMINAR

Desde a primeira aparição dos humanos na África, a história de como o *Homo sapiens*, nossa própria espécie, veio a dominar o planeta é complexa. A maior capacidade cerebral dos primeiros seres humanos foi crucial para a sua maior adaptação ao ambiente, sobretudo devido à sua habilidade de fazer ferramentas e controlar o fogo. Essa adaptabilidade permitiu que determinadas espécies humanas, especialmente o *Homo sapiens*, sobrevivessem e prosperassem em uma grande variedade de climas e terrenos, dos trópicos aos desertos, das estepes às montanhas, e em alguns dos ambientes mais frios e quentes do planeta.

# LINHA DO TEMPO

**200.000 anos atrás:** Primeira evidência do *Homo sapiens* na África.

**150.000-50.000 anos atrás:** Desenvolvimento da linguagem.

**100.000 anos atrás:** O *Homo sapiens* começa a sair da África; tem início a prática dos espólios funerários.

**75.000 anos atrás:** Primeiros registros de colares de conchas furadas.

**45.000 anos atrás:** Primeiros humanos totalmente modernos na Europa.

**42.000 anos atrás:** Flautas de madeira e osso aparecem na Europa.

**40.000-35.000 anos atrás:** Humanos, animais e figuras de animais com forma humana são retratados na Europa, esculpidos em pedra e marfim.

**38.000-35.000 anos atrás:** Arte rupestre já altamente desenvolvida.

**22.000 anos atrás:** Pico da última era do gelo.

**19.000 anos atrás:** Evidência de colheita de cereais selvagens no Oriente Médio.

**14.000 anos atrás:** Evidências de cães domesticados a partir dos lobos, embora isso possa ter acontecido antes. Primeiro uso de pedras de amolar no Oriente Médio.

**13.000 anos atrás:** Primeiro objeto de arte portátil conhecido, na China – chifre de cervo esculpido, encontrado na caverna de Longyn.

**12.000 anos atrás:** Geleiras recuam na Europa.

**8.000 anos atrás:** Cultivo de trigo e cevada se estende do Oriente Médio para o Vale do Nilo.

**7.000 anos atrás:** Vilarejos de caça e pesca no delta do Rio Yangtzé, na China, começam a cultivar arroz. Vilarejos produtores de cereais se estabelecem na Europa Ocidental.

**4.500 anos atrás:** Evidência de comércio de longa distância em toda a América do Sul.

# HUMANOS: PASSADO E PRESENTE

Descobertas de fósseis nas últimas décadas revelam uma série impressionante de espécies humanas primordiais, muitas surgidas inicialmente na África. Apenas algumas dessas espécies eram nossos ancestrais diretos. As outras simplesmente extinguiram-se. Estamos na ponta de apenas um dos ramos de uma intrincada árvore genealógica.

Os primeiros seres humanos passavam cada vez mais tempo no chão, e não nas árvores, e assim, há aproximadamente 4 milhões de anos, o bipedalismo – caminhar com os dois pés em vez de usar os quatro – tornou-se a norma. Os primeiros seres humanos desenvolveram diversas adaptações anatômicas a partir de sua nova maneira de andar. Por exemplo, as pernas ficaram mais longas e fortes que os braços para aguentar o peso completo do corpo. Como não eram mais necessárias para a caminhada, as mãos ficaram mais hábeis para segurar e manipular itens, desde comida até ferramentas e armas.

A evidência mais antiga do uso de ferramentas remonta a 2,6 milhões de anos e, nos 2 milhões de anos seguintes, os seres humanos usaram simples lascas e pedaços de pedra (e, mais tarde, ferramentas feitas de osso) para cortar, bater e esmagar. Essas ferramentas permitiram que eles explorassem uma nova gama de alimentos e cortassem carne de animais maiores.

O primeiro integrante conhecido de nosso gênero, *Homo*, apareceu há 2,4 milhões de anos: foi o *Homo habilis* ("homem hábil"), assim chamado porque, quando seus fósseis foram descobertos na Garganta de Olduvai, na Tanzânia, em 1964, imaginou-se que essa espécie fora a primeira a usar ferramentas. O *Homo habilis* durou aproximadamente 1 milhão de anos, mas não evoluiu depois.

Não se sabe ao certo quando os primeiros seres humanos saíram da África, mas há evidências de que, por volta de 1,6 milhão de anos atrás, outra espécie, o *Homo erectus*, chegou ao Sudeste Asiático, até a Indonésia e a China, tendo aparecido primeiro na África cerca de 300 mil anos antes. O *Homo erectus* foi extremamente bem-sucedido e sobreviveu até 143 mil anos atrás. Foi a primeira espécie a usar o fogo e a cozinhar carne, e há provas de que cuidavam dos velhos e dos fracos.

Aproximadamente há 700 mil anos, um ramo do *Homo erectus* começou a desenvolver um cérebro maior: era o *Homo heidelbergensis*, o primeiro ser humano a se abrigar nas áreas mais frias da Europa, embora algumas populações tenham permanecido na África. O *Homo heidelbergensis* fazia lascas de pedra sofisticadas e usava lanças de madeira para caçar animais grandes. Seus descendentes na Europa foram os homens de Neandertal (*Homo neanderthalensis*), embora a população que ficou na África tenha se desenvolvido para se tornar os seres humanos modernos (*Homo sapiens*). As duas espécies apareceram há aproximadamente 200 mil anos, mas os seres humanos modernos só deixaram a África 100 mil anos depois.

### Os neandertais: rivais ou ancestrais?

Os neandertais, em geral, eram menores e mais troncudos que os seres humanos modernos, mas, fora isso, eram semelhantes, e o cérebro deles na verdade era maior. Enterravam seus mortos, adornavam-se com itens como colares de contas e foram os primeiros humanos a usar roupas – essenciais nas condições climáticas frias que prevaleciam na Europa. Também é provável que tenham desenvolvido uma linguagem.

Segundo os registros, os neandertais desapareceram entre 40 mil e 30 mil anos atrás. Antigamente pensava-se que o seu fim começou após os seres humanos modernos mudarem-se para a Europa, há mais ou menos 45 mil anos, e que assim os neandertais foram superados ou exterminados. Mas estudos recentes mostram que 2% do DNA de muitas populações humanas modernas, exceto as da África, é compartilhado com o DNA dos neandertais. A conclusão inevitável é que ao longo de milhares de anos as duas espécies conviveram e se cruzaram, e que muitos de nós temos alguns ancestrais neandertais.

## O QUE TORNA OS SERES HUMANOS HUMANOS?

O que, de fato, torna os seres humanos diferentes de outros animais? Ao longo de séculos, se não de milênios, os seres humanos nunca duvidaram de sua superioridade e insistiram que as diferenças são de espécie, não exatamente de grau. Embora algumas culturas humanas vejam as pessoas como parte da natureza, a visão judaico-cristã – segundo a qual Deus criou os seres humanos à sua imagem e semelhança e lhes deu o domínio sobre a Terra – acabou prevalecendo. Sabemos, agora, que os seres humanos evoluíram dos mesmos ancestrais que deram origem a outros primatas vivos, de lêmures a chimpanzés. Não há um momento na história evolutiva que possamos identificar como o momento em que os seres humanos se tornaram diferentes em gênero de outros animais.

Ainda assim, continuamos a nos ater a essa noção de nossa excepcionalidade. Tem-se alegado que várias características são unicamente humanas, desde a consciência, a mente e o livre-arbítrio até a linguagem, a tecnologia e a cultura. Porém, a ciência mostra cada vez mais que nenhuma dessas afirmações se sustenta. A consciência é nossa percepção não apenas do que nos cerca, mas de nós mesmos. É, por definição, subjetiva – um estado interno conhecido apenas por seu dono. Mas cientistas encontraram correlações objetivas da consciência, na forma do comportamento observado e da atividade cerebral, não apenas em humanos, mas também em mamíferos, aves e até mesmo em polvos. Aspectos de consciência como comportamento intencional, tomada de decisões e o autorreconhecimento foram amplamente observados em animais não humanos. Um teste simples utiliza um espelho para ver se o animal em questão sabe que está olhando para si mesmo e não para outro indivíduo. Vários primatas diferentes passaram no teste, bem como elefantes asiáticos, golfinhos comuns, orcas e uma ave conhecida como pega-rabilonga.

Também se demonstrou que o uso de ferramentas não é unicamente humano. Chimpanzés usam galhos para "pescar" formigas, lontras-marinhas usam pedras para remover e abrir crustáceos, e uma espécie de corvo da Nova Caledônia afia galhos até virarem ganchos para extrair comida de fendas inacessíveis.

## "O homem é uma invenção recente."

Michel Foucault, *As palavras e as coisas* (1966)

Nem sempre é possível avaliar se esses comportamentos são instintivos ou aprendidos. Se são aprendidos, então podemos falar de espécies que adquiriram uma cultura (veja a p. 61). Um exemplo bem conhecido de cultura animal é o de um grupo de macacos japoneses. Um deles começou a lavar batatas-doces no mar antes de comê-las em vez de apenas tirar a areia, como seus companheiros faziam. Outros começaram a copiá-lo, e esse comportamento foi repassado para as gerações seguintes. As vocalizações de várias espécies de baleias e golfinhos mudam de grupo para grupo, e, assim, cada "canção" parece reforçar a identidade de determinado grupo. As canções também mudam com o passar do tempo. Não sabemos se elas contêm informações suficientes a ponto de serem consideradas uma linguagem – ninguém comprovou ainda se elas têm "significado". A mesma incerteza recai em outras vocalizações animais. Embora os chimpanzés consigam aprender a linguagem de sinais, os céticos apontaram que o fato de eles não conseguirem usar essa linguagem para fazer perguntas sugere que esse traço é específico dos seres humanos. No entanto, durante 30 anos, a psicóloga de animais Irene Pepperberg ensinou a Alex, um papagaio-cinzento africano, um pouco de inglês básico e também a distinguir diversas cores, formatos e tamanhos. Alex acabou perguntando de que cor ele era. Depois de ouvir seis vezes a resposta, ele aprendeu que era "cinza". Esse é o único exemplo de um ser não humano fazendo uma pergunta existencial. De qualquer forma, é difícil definir a distinção entre o humano e o não humano.

## CULTURA

Para antropólogos e historiadores, o termo "cultura" compreende todos aqueles componentes de comportamento que não são instintivos, mas desenvolvidos de forma consciente e passados adiante. Então, qualquer comportamento que é aprendido é cultural.

Comportamentos instintivos são aqueles geneticamente programados e, portanto, comuns a todos os membros de uma espécie. Tartarugas recém-saídas do ovo na praia automaticamente tomam o rumo do mar; aranhas não precisam aprender como fiar teias intrincadas. Instintos em seres humanos – compartilhados com outros animais – incluem a iniciativa de comer, dormir, se reproduzir e alimentar a prole.

## MEMES

O biólogo Richard Dawkins cunhou o termo "meme" como equivalente cultural de gene. Um meme é qualquer ideia, comportamento, estilo ou tecnologia transmissível. Alguns memes, como as tabuletas de argila para escrita, prosperaram durante um tempo até serem substituídos por algo melhor. Outros, como o conceito de Deus, mostraram ser mais persistentes.

Embora a maior parte dos comportamentos em outros animais seja instintivo, nem todos o são; por exemplo, a capacidade de chimpanzés, corvos e outros animais para fazerem e usarem ferramentas. O que dá aos humanos uma vantagem é a simples complexidade de nossas culturas. O acúmulo de habilidades e tecnologias tem permitido que os seres humanos se adaptem a uma gama de habitats mais ampla que qualquer outro animal. Em climas frios, não desenvolveram pelos mais grossos e camadas de gordura, mas, em vez disso, inventaram e transmitiram roupas, abrigos, ferramentas, técnicas de caça e assim por diante. A evolução cultural reduziu o impacto da seleção natural em nossa espécie, pois indivíduos mais fracos estão mais propensos a sobreviver e procriar, reduzindo assim a velocidade da evolução física.

A cultura concedeu aos seres humanos uma vantagem competitiva enorme. No final da última era do gelo, talvez houvesse 10 milhões de seres humanos vivendo na Terra. Hoje, apenas 10 mil anos depois, a população global passa dos 7 bilhões. A taxa de evolução cultural humana se acelera constantemente, sobretudo nos últimos 10 mil anos, começando com o início da agricultura (veja a p. 91).

## CULTURA E SELEÇÃO NATURAL

Às vezes, uma inovação cultural pode atuar como um propulsor da evolução física. Cerca de 7.500 anos atrás, surgiu, entre os pastores de gado que viviam no centro e no sudeste da Europa, uma mutação que acabou com a intolerância à lactose em adultos. Antes disso, nenhum ser humano conseguia digerir leite e seus derivados depois do desmame. Dessa forma, indivíduos tolerantes à lactose puderam explorar outra fonte de alimento, e tomar leite tornou-se uma nova prática cultural disseminada que conferiu a esses indivíduos uma vantagem competitiva. O gene tolerante à lactose espalhou-se com sucesso, e agora é encontrado em muitas populações em todo o mundo, mas não entre culturas que não criam gado ou outros animais produtores de leite.

Outro exemplo é o gene que causa a anemia falciforme, uma doença que provoca dores e danos aos órgãos. Porém, o mesmo gene oferece proteção maior contra uma doença ainda mais perigosa, a malária. Por isso, a anemia falciforme é relativamente comum na África, sobretudo entre os criadores de inhame. Para cultivar o inhame, os agricultores limpam a floresta, e isso aumenta a quantidade de água parada, condição ideal para os mosquitos procriarem.

Com o surgimento da agricultura, foram desenvolvidos sistemas mais complexos e mais hierárquicos de organização social e política. O excedente agrícola permitiu que algumas pessoas vivessem em cidades e desenvolvessem especialidades e trabalhos que não tinham ligação direta com a produção de alimentos. Por sua vez, isso permitiu que a taxa de desenvolvimento tecnológico e intelectual aumentasse, um processo que continua até os dias de hoje. O resultado foi uma onda gigantesca de mudanças num piscar de olhos do processo evolutivo, cujos efeitos a longo prazo são impossíveis de avaliar no meio dessa onda. No passado, cada membro de uma comunidade humana – digamos, de um bando de caçadores-coletores ou de um vilarejo – podia conhecer e tocar o outro. Hoje em dia, há cidades com dezenas de milhões de pessoas, nações de bilhões, empresas presentes no mundo inteiro.

## COMO OS SERES HUMANOS POVOARAM O MUNDO

Os seres humanos colonizaram permanentemente todos os continentes, exceto a Antártida. Mas não evoluímos de forma separada em diferentes partes do mundo. Todos nós, que estamos vivos hoje, membros da espécie *Homo sapiens*, podemos rastrear nossa ancestralidade até a África. Então, quando – e como – nos espalhamos pelo mundo inteiro?

Ainda não se sabe ao certo quando os seres humanos modernos começaram a migrar para fora da África, mas isso provavelmente aconteceu entre 100 mil e 75 mil anos atrás. Eles conseguiram se espalhar de forma tão eficaz porque suas tecnologias – ferramentas, roupas, linguagem, cooperação de caça disciplinada, uso do fogo e abrigos – eram mais sofisticadas e eficientes do que as dos primeiros seres humanos; assim, estavam mais bem equipados para se adaptar a uma gama de diferentes habitats.

Não se sabe também se houve uma única migração para fora da África ou várias ondas, mas parece mais provável que os humanos tenham se movido lentamente, talvez 1 quilômetro ou 2 por ano, ao longo das costas do sul da Ásia. Restos fósseis mostram que, por volta de 50 mil anos atrás, eles chegaram à Austrália. Foi durante a última era do gelo, quando uma porção de água ficou presa nas calotas polares. A queda no nível dos mares deixou uma ponte natural entre a Nova Guiné e a Austrália, tornando essa parte da jornada fácil. Mas como esses humanos cruzaram o mar até a Nova Guiné continua sendo assunto de especulação – nenhum resto de embarcação marítima sobreviveu a um período tão antigo.

**'"*Ex Africa semper aliquid novi.*' – Sempre há algo novo vindo da África."**

Plínio, o Velho, *História natural*, VIII (século 1º)

Embora houvesse espécies humanas anteriores vivendo na Europa, como os neandertais, os humanos modernos só se estabeleceram lá aproximadamente há 45 mil anos, talvez desencorajados por conta do clima frio. O último dos continentes a ser alcançado foi o americano, onde nenhuma espécie humana havia se estabelecido. A evidência mais antiga de habitação humana, encontrada em uma caverna no estado do Oregon, nos Estados Unidos, teve sua datação por carbono definida recentemente: 14.300 anos atrás. Especula-se que os seres humanos saíram do nordeste da Sibéria e atravessaram uma ponte natural situada onde fica hoje o Estreito de Bering, mas há cada vez mais provas de que os primeiros

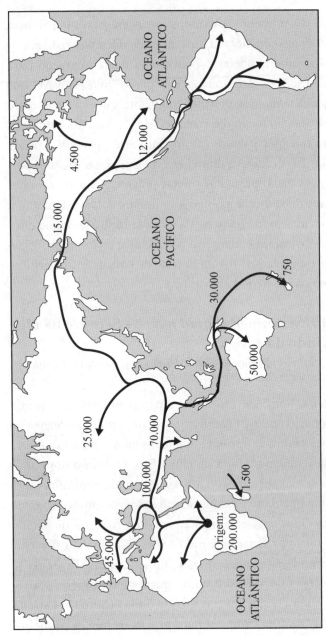

*Primeiras migrações dos seres humanos modernos com indicação do período em que aconteceram*

colonizadores vieram pelo mar, inicialmente estabelecendo-se na costa noroeste.

As últimas partes do mundo colonizadas foram as ilhas do Pacífico. Embora os polinésios tenham chegado à Samoa por volta de 800 a.c., as ilhas do Havaí e da Nova Zelândia foram ocupadas há menos de mil anos. Os polinésios navegaram vastas distâncias em canoas a remo de casco duplo, carregadas de famílias, gado e plantas. Em alguns casos, as ilhas que ocuparam teriam sido visitadas anteriormente por pescadores, mas outras são tão remotas que, ao zarpar, os navegadores polinésios não tinham meios certos de saber se veriam terra firme de novo.

## O IMPACTO DO GELO

Cerca de 2,6 milhões de anos atrás, a Terra entrou em um longo período de resfriamento. Houve várias eras do gelo, separadas por períodos interglaciais mais quentes. Esse período, a época pleistocena, testemunhou a evolução de todos os membros conhecidos de nosso gênero, *Homo*. Talvez tenham sido as condições climáticas desafiadoras que estimularam esses desenvolvimentos evolutivos, bem como a inovação cultural e tecnológica.

A glaciação do Pleistoceno é apenas a mais recente de várias na longa história da Terra. Cientistas desconhecem o que as causa. Irregularidades na órbita da Terra, placas tectônicas em movimento, alterações nas correntes oceânicas, mudanças na atmosfera, tudo isso foi sugerido.

Durante as fases mais frias do Pleistoceno, as temperaturas globais caíam aproximadamente 5 °C, enquanto a temperatura durante os períodos interglaciais era muito parecida com a de hoje. De fato, talvez estejamos hoje em um período interglacial, com início no final da última era do gelo, há 12 mil anos. Alguns cientistas acreditam que uma nova era do gelo já devia ter chegado há tempos, mas isso provavelmente ainda não aconteceu por causa do aquecimento global gerado pelo ser humano.

Durante os períodos frios, as calotas polares avançaram dos polos e de montanhas elevadas. Cobriram grande parte da América do Norte, o norte da Europa e da Ásia, enquanto no sul dessas áreas havia tundra e pergelissolo. Com tanta água presa nas calotas polares, que chegavam a ter 3 quilômetros de espessura, os níveis do mar caíram e deixaram pontes entre enormes áreas de terra agora separadas pelo mar – como a Sibéria e o Alasca, ou as Ilhas Britânicas e o continente europeu –, permitindo a migração de animais, inclusive de seres humanos, até novos territórios. As condições secas expandiram desertos, como o do Saara e o de Gobi.

O mundo mais hostil levou muitos animais à extinção. Diversos mamíferos adaptaram-se com o crescimento de grossas camadas de pelo e desenvolveram corpos mais parrudos, melhores para reter calor. Essa "megafauna" incluía mamutes, mastodontes, ursos-das-cavernas, preguiças-gigantes, tigres-dentes-de-sabre e rinocerontes lanosos, bem como espécies ainda existentes, como o lobo, o boi-almiscarado e a rena. Algumas espécies humanas também ficaram maiores e mais robustas. Outras, inclusive nossos ancestrais, adaptaram-se ao ambiente mais exigente, desenvolvendo um cérebro maior e aprendendo a viver com a inteligência em vez de com a força.

Nossos primos neandertais – cujo cérebro era maior que o nosso – eram bem-adaptados às condições de pergelissolo predominantes na Europa da era do gelo. Uma dessas adaptações ao clima frio foi o grande nariz do homem de Neandertal, que aquecia e umedecia o ar frio que respiravam. Eles criaram ferramentas

68    O pequeno livro da grande história

e armas avançadas com pedras e devem ter caçado em equipes para derrubar presas grandes como mamutes. Controlavam o fogo e cozinhavam carne e vegetais. Alguns viviam em cavernas, outros em abrigos mais temporários. Um sítio arqueológico na Ucrânia revelou abrigos feitos de ossos e presas de mamute. Os primeiros humanos modernos chegaram à Europa há mais ou menos 45 mil anos. Também caçavam mamutes e aos poucos substituíram os neandertais (veja a p. 58). Mas, mesmo no final da última era do gelo, a Europa inteira provavelmente não tinha mais que 30 mil humanos, enquanto o povoamento das Américas mal havia começado.

**A EXTINÇÃO DA MEGAFAUNA**

No final da última era do gelo, grande parte da megafauna – inclusive os mamutes e os rinocerontes lanosos – desapareceu. Várias explicações foram sugeridas: caça excessiva por humanos, mudança climática, doença e até mesmo um choque de cometa ou asteroide. A especulação persiste, e pode ser que mais de um desses fatores estejam envolvidos.

## DE CARNICEIROS A CAÇADORES

Até começarem a agricultura, os seres humanos sobreviviam daquilo que conseguiam encontrar e caçar em seu ambiente. As fontes de alimento em qualquer região tendiam a ser sazonais e limitadas, de modo que a maioria de nossos ancestrais deve ter levado um estilo de vida nômade.

Nossos ancestrais humanos mais antigos eram detritívoros, e não caçadores. Pegavam alimentos em plantas e árvores e devoravam animais que haviam morrido de causas naturais ou restos de animais que haviam sido mortos por outros predadores. O desenvolvimento de simples ferramentas de pedra, cerca de 2,6 milhões de anos atrás, permitiu aos seres humanos explorarem de forma mais eficiente carcaças que eles encontravam. Essas primeiras ferramentas consistiam em uma pequena pedra, como um cascalho de rio, que o humano batia em outra pedra para criar uma cunha e, às vezes, uma ponta afiada. Usando essas ferramentas, os primeiros humanos podiam desmembrar a carcaça rapidamente e levar os pedaços para serem consumidos em um lugar mais seguro. Podiam também quebrar ossos para extrair o tutano nutritivo e quebrar matéria vegetal dura, como bulbos.

A evidência mais antiga de caça vem de um sítio arqueológico na Alemanha, onde cavalos foram empalados e comidos; esse evento remonta a 400 mil anos atrás, mas recentes estudos de restos de gnus, antílopes e gazelas em um grande local de abate na Garganta de Olduvai, na Tanzânia, sugerem que humanos antigos (provavelmente o *Homo habilis*) começaram a caçar muito antes, talvez há 2 milhões de anos. Conjecturou-se que eles se sentassem em árvores até um rebanho passar e, então, cravassem neles afiadas varas de madeira. Alguns caçadores corriam atrás da presa até ela ficar exausta – uma técnica usada por alguns grupos de caçadores-coletores até hoje.

Depois que o *Homo erectus* entrou em cena, houve uma melhoria nas ferramentas de pedra, principalmente o machado de mão. Os primeiros machados do *Homo erectus* foram criados usando cerca de 25 talhadas, enquanto os mais recentes exigiram cerca de 65. O *Homo erectus* também usava fogo para endurecer a ponta de suas lanças de madeira.

## MATANÇA E COOPERAÇÃO

As maneiras pelas quais os seres humanos aprenderam a obter comida estão intimamente ligadas não apenas ao desenvolvimento de ferramentas, mas também ao desenvolvimento de relações sociais.

No início do século 20, os antropólogos tendiam a acreditar que os seres humanos tinham um instinto de caça e matança, e que isso os estimulou a desenvolver ferramentas como lanças. Acreditavam que o domínio dessas ferramentas explicava o aumento no tamanho do cérebro humano.

Hoje, os antropólogos estão mais propensos a argumentar que foram os benefícios causados pela cooperação mútua que levaram a esse aumento no tamanho do cérebro. Com um cérebro maior, veio a linguagem e sociedades mais complexas. A caça bem-sucedida com frequência exigia que os indivíduos cooperassem uns com os outros, ao mesmo tempo que a decisão de quem deveria fazer a caça e de quem deveria coletar é uma forma primeva da divisão de trabalho.

A caça ativa proporcionou uma parcela significativamente maior de carne na dieta do que a procura de carniça. A carne é uma grande fonte de energia e rica em proteína, e um aumento de seu consumo fez com que os humanos não precisassem mais de tratos gastrointestinais longos para digerir vegetais e frutas crus. Os recursos alimentícios podiam ser usados cada vez mais para abastecer o órgão mais importante, o cérebro. E, quando o *Homo erectus* aprendeu a usar o fogo para cozinhar, foi possível converter comida em energia de forma ainda mais eficaz, sem ter que passar horas mastigando-a.

# FOGO

O fogo é a reação do oxigênio com qualquer material combustível – sólido, líquido ou gasoso. Ele destrói o material combustível e libera calor e luz. Na natureza, os incêndios florestais são causados em sua maioria por raios e, mais raramente, por erupções vulcânicas. Várias espécies de ecossistemas evoluíram para lidar com incêndios habituais. Por exemplo, as sementes de certas árvores só germinam se forem submetidas ao fogo, que racha a cobertura dura da semente. O fogo também limpa o solo de arbustos, deixando espaço e luz para as mudas germinadas.

Para todos os animais, o fogo é aterrorizante e perigoso. Mas o fogo também é essencial à vida humana na Terra. Ele oferece calor, luz e defesa contra predadores. Também pode ser uma maneira de limpar áreas florestais para a agricultura e de preparar comida. A capacidade de domar e usar o fogo foi um dos avanços tecnológicos mais significativos feitos pelos primeiros seres humanos. Não sabemos quando nossos ancestrais o fizeram pela primeira vez, mas há provas de que aconteceu na África do Sul, há 1 milhão de anos. No entanto, apenas há 100 mil anos descobrimos o uso disseminado do fogo pelos humanos.

Iniciar uma fogueira é algo muito trabalhoso. É preciso bater duas pedras uma contra a outra para criar uma fagulha, ou esfregar dois gravetos até a fricção gerar calor suficiente para atear fogo ao mato seco. Técnicas mais sofisticadas envolvem inserir um graveto em um pedaço oco de madeira e usar as duas mãos ou um arco para girar o graveto muito rápido. Tudo isso leva tempo e necessita de esforço, então os caçadores-coletores nômades criaram várias maneiras de carregar brasas ardentes com eles para que novas fogueiras pudessem ser iniciadas com mais facilidade.

**"O fogo é um bom servo, mas um mestre ruim."**

Provérbio inglês (início do século 17)

O calor das fogueiras permitiu que os humanos colonizassem as partes mais frias do mundo. O fogo também deu início ao ato de cozinhar. Talvez a primeira refeição cozida tenha sido produzida quando um pedaço de carne crua caiu na fogueira. Cientistas acreditam que foi o *Homo erectus* que primeiro consumiu comida cozida, o que se baseia no tamanho relativamente pequeno de seus molares se comparado ao de outros primatas. Isso sugere que talvez passassem menos de duas horas por dia mastigando a comida, diferentemente dos chimpanzés, que passavam um terço do dia se alimentando. Esses primeiros seres humanos extraíam mais calorias da comida se ela estivesse cozida, e cozinhar também permitia que consumissem uma série de novos alimentos que de outra forma não seriam comestíveis ou digeríveis.

Mais tarde, o fogo se tornou uma peça-chave de uma série de tecnologias humanas, desde a olaria e o trabalho com metal até a energia a vapor, a geração de eletricidade e o motor de combustão interna. Também adquiriu uma série de significados simbólicos: era usado no sacrifício animal e na cremação, como instrumento de punição eterna ou como corporificação da pureza, da verdade e do amor, da paixão e da inspiração.

## AS TECNOLOGIAS DOS CAÇADORES-COLETORES

Durante centenas de milhares de anos, os seres humanos dependeram de ferramentas simples, como machados de mão e lanças de madeira. O grande avanço veio quando aprenderam

Os humanos começam a dominar  73

a criar instrumentos e armas mais complexos e eficazes, possibilitando a caça de uma série maior de presas. Por fim, tendo se adaptado aos mais diversos ambientes, os seres humanos começaram a reverter o processo, adaptando seu ambiente para que este se adequasse a eles.

Golpes com lanças feitas inteiramente de madeira talvez estejam em voga desde o início da caça (veja a p. 70). Eles exigiam dos caçadores uma proximidade grande com sua presa, o que, no caso de animais maiores, podia ser perigoso. Armas com projéteis, que podiam ser lançados de uma certa distância, reduziam o risco para o caçador e, além disso, aumentavam o leque de espécies para caça. Uma lança arremessada também tinha um impacto maior, especialmente se tivesse uma ponta de pedra mais pesada fixada no seu cabo de madeira.

As pontas de pedra fabricadas para as lanças apareceram no sul da África há aproximadamente 500 mil anos, em locais ocupados pelo ancestral comum do *Homo sapiens* e dos neandertais, o *Homo heidelbergensis*; lanças como essas podem ter sido de arremesso. Acreditava-se que apenas os *Homo sapiens*, os seres humanos modernos, eram inteligentes o suficiente para criar essas armas, mas a análise de artefatos pontudos feitos de obsidiana (vidro vulcânico) encontrados na Etiópia e datados de quase 280 mil anos atrás sugerem que se tratava de pontas de lanças de arremesso, mais uma vez obra do *Homo heidelbergensis*.

Foi somente com o surgimento dos seres humanos modernos na África, há cerca de 200 mil anos, que nossos ancestrais começaram a adotar uma estratégia mais ampla de subsistência. A grande variedade de instrumentos que deixaram sugere que caçavam animais de maior tamanho do que os primeiros seres humanos. Também pescavam. A maneira como essas ferramentas eram fabricadas foi ficando cada vez mais complexa:

facas de pedra feitas na Europa por volta de 30 mil anos atrás envolviam nove etapas diferentes e um total de 250 talhadas para serem produzidas. Nessa época, os seres humanos modernos estavam fazendo muitas ferramentas, como ganchos para pesca e arpões farpados feitos de ossos. Também começaram a fazer redes, não apenas para pescar, mas também para prender pequenos animais. Agulhas de osso para costura vêm da Dinamarca, há cerca de 11 mil anos, mas algumas pontas de pedra para armas do período magdaleniano, há aproximadamente 20 mil anos, são tão pequenas e leves que podem ter sido feitas para flechas.

A carne era uma parte importante da dieta, mas ainda havia uma dependência da coleta de matéria vegetal comestível, como raízes, folhas, castanhas e bagas, e itens como ovos. Seres humanos modernos que viviam nas áreas costeiras também começaram a explorar os crustáceos. Caçadores-coletores contemporâneos usam mais da metade do tempo na aquisição de comida para a caça, mais de um quarto na busca de alimentos e o restante para processar a comida. Até a chegada da agricultura, o processamento de comida se restringia a métodos simples como moer, bater, ralar, tostar e assar. Durante a última era do gelo (veja a p. 67), nossos ancestrais também aprenderam a armazenar alimentos vegetais para consumo nos invernos inclementes.

## MODIFICANDO O AMBIENTE

Mesmo depois do início da agricultura como a conhecemos, os seres humanos começaram a modificar seu ambiente para aumentar a produção de comida. Em regiões temperadas, eles queimavam florestas para incentivar o cultivo de pastos,

▶

Os humanos começam a dominar 75

que podiam alimentar rebanhos maiores de presas. Em regiões tropicais, as pessoas praticavam a "jardinagem florestal", protegendo as espécies mais valiosas de alimento e eliminando as não comestíveis.

## LINGUAGEM

Talvez nenhum outro componente da cultura humana, exceto o uso de ferramentas, seja tão importante quanto a linguagem. Ser capaz de comunicar informações complexas é essencial na coordenação de todos os tipos de atividades em grupo, desde a caça até a construção de uma aeronave. A linguagem também é a principal forma de se transmitir outros aspectos da cultura – ideias, tecnologias, comportamentos – por meio do ensino e do aprendizado.

Até o nascimento da escrita (veja a p. 132), a linguagem era restrita à fala e aos sinais. Uma fala de qualquer complexidade envolve uma série de diferentes sons que pedem um aparato vocal complexo. Os seres humanos modernos e os neandertais pareciam tê-lo desde o início, mas evidências fósseis sugerem que nosso ancestral comum não o tinha.

Não sabemos como a linguagem surgiu. Alguns sugerem que talvez tenha aparecido como uma maneira mais eficaz de forjar laços sociais do que os cuidados mútuos encontrados em outros primatas. As palavras também podem ter surgido por imitação, como quando uma criança se refere às vacas como "mu-mu". A palavra "mãe" em muitos idiomas é semelhante a "mama"; os movimentos dos lábios envolvem a mímica de um bebê buscando o mamilo da mãe. Atividades em grupo

76  O pequeno livro da grande história

exigiriam ruídos convencionais para indicar o que era preciso ser feito; o equivalente a expressões como "Psiu!" ou "Ugh" (barulho para levantar coisas pesadas), por exemplo.

**"Não posso duvidar de que a linguagem deva sua origem à imitação e à modificação, auxiliadas pelos sinais e gestos, de vários sons naturais, das vozes de outros animais e dos próprios gritos instintivos do homem."**

Charles Darwin, *A origem do homem* (1871)

Nos anos 1960, o linguista Noam Chomsky observou a facilidade com que uma criança adquiria a língua materna e sugeriu que os seres humanos têm um "instinto de linguagem". Segundo ele, os princípios estruturais da gramática de qualquer idioma são universais e gravados em nossos genes.

Sem dúvida, temos o hardware: não apenas um aparato vocal flexível, mas também um cérebro equipado para a memorização e a aprendizagem associativa. Mas, como Chomsky sugere, será que nascemos com um software instalado? A resposta parece ser não. Crianças "selvagens" (aquelas criadas por animais ou em completo isolamento) não conseguem adquirir linguagem, o que indica que as crianças precisam ouvir muito um idioma até poderem falá-lo. E, se de fato existe uma gramática universal inata que perfaz todos os idiomas, análises detalhadas de nossa infinidade de línguas diferentes não a detectaram. As diversas línguas do mundo funcionam de inúmeras maneiras. Algumas usam apenas 11 sons diferentes, outras até 144. As regras que regem a ordem das palavras variam bastante. Alguns idiomas dispensam totalmente a ordem, criando, em vez disso, palavras compostas para indicar, por exemplo, quem está fazendo algo para quem.

Os humanos começam a dominar    77

Mas a multiplicidade de idiomas e as relações de uns com os outros podem nos contar muito sobre como os seres humanos se espalharam pelo mundo. Por exemplo, estudos de algumas línguas siberianas e norte-americanas apontam um ancestral comum. Idiomas formam árvores genealógicas e, com frequência, elas espelham árvores genealógicas genéticas, embora o idioma seja culturalmente transmitido. A variedade de diferenças linguísticas, juntamente com o fato de alguns idiomas, como o basco, não terem semelhança com nenhuma outra língua conhecida, sugerem que a linguagem talvez tenha surgido de forma independente em diversos lugares.

## PARENTESCO

Não conseguimos saber ao certo como os primeiros grupos de seres humanos se organizavam ou como os indivíduos se viam no que diz respeito às suas relações dentro do grupo. Antropólogos usam o termo "parentesco" para denotar essa rede de relações sociais.

O conceito de parentesco varia demais entre as diferentes sociedades, indicando que se trata de um construto cultural, e não de algo biologicamente determinado. Embora haja, por exemplo, bons motivos evolutivos para evitar o incesto, os tabus que regem quem pode casar com quem variam bastante e, com frequência, têm menos a ver com a genética do que com economia, ideias de gênero e dinâmica interna de poder dos grupos de parentesco.

O menor grupo de parentesco é a família, mas o que constitui uma família varia muito de cultura para cultura. Em algumas, o termo se refere à família nuclear (pais e filhos biológicos); em outras, trata-se de um grupo que inclui diversos parentes

78 O pequeno livro da grande história

que vivem juntos ou nas vizinhanças, como avós, tias, tios, primos e assim por diante. Em algumas culturas, o casamento é monogâmico, em outras, poligâmico: um homem tem várias esposas, ou uma mulher vários maridos. Poligamia em série (na qual indivíduos assumem uma sucessão de parceiros) tornou-se uma característica de sociedades ocidentais, assim como parceiros do mesmo sexo. A biotecnologia trouxe novas variações: fecundação *in vitro*, doação de esperma e de óvulos, gravidez de aluguel. Os seres humanos também consideram membros da família alguns indivíduos com quem não têm nenhuma relação biológica, como acontece na adoção. Em algumas culturas – por exemplo, entre o povo inupiat, do Alasca –, os filhos podem escolher quem são seus pais. Em algumas partes da Malásia, se você come arroz com uma pessoa, ela se torna parente sua.

Caçadores-coletores modernos vivem em bandos de poucas famílias, totalizando não mais que uma dezena de indivíduos. As diferentes famílias são ligadas via casamento, amizade, ascendência comum e interesses comuns. Os bandos são igualitários e não hierárquicos, embora determinados indivíduos possam ter uma situação superior devido ao gênero ou à idade. É provável que nossos ancestrais caçadores-coletores tivessem sistemas semelhantes de parentesco.

Quando as sociedades ficam mais complexas, surge uma variedade maior de sistemas de parentesco. A ideia de ascendência, por exemplo, tende a uma variação enorme. Algumas sociedades definem sua ancestralidade por meio da mãe (descendência matrilinear), algumas por meio do pai (patrilinear), algumas por ambos, enquanto em outras o indivíduo pode optar por definir-se como sendo de linhagem paterna ou materna. Grupos maiores em que cada indivíduo alega o mesmo ancestral comum são conhecidos como clãs (do gaélico *clann*, "progênie").

Às vezes, não é um ancestral comum que une o clã, mas um sentido de parentesco comum com um totem, um ser espiritual associado a uma planta ou animal específico. Em algumas partes do mundo, membros de um clã não podem se casar entre si. Os clãs são considerados tribos ou, com mais frequência, subgrupos de tribos. As tribos eram os maiores grupos sociais antes do desenvolvimento dos Estados, e, mesmo hoje (por exemplo, em partes da África), elas se identificam como independentes ou não pertencentes ao Estado. O que as une são as relações de parentesco e, às vezes, uma noção de ancestralidade comum. Em geral, são enraizadas em um lugar específico (mesmo se forem nômades) e, com frequência, possuem um idioma ou dialeto próprio.

**STATUS**

Embora os bandos de caçadores-coletores sejam tipicamente igualitários, agrupamentos sociais maiores, em geral, demonstram algum tipo de estratificação social em que certos indivíduos, famílias ou elites têm mais status (poder, prestígio, riqueza) que outros. Clãs e tribos em geral têm chefes, associados, com frequência, ao êxito na caça ou na guerra, mas também honram outros indivíduos importantes, como sacerdotes ou xamãs, e pessoas que dominem um ofício específico.

## AS PRIMEIRAS RELIGIÕES

Nunca saberemos em que nossos ancestrais pré-históricos acreditavam, pois não deixaram nenhum registro escrito. Mas alguns indicadores – como os rituais com o corpo dos mortos, os espólios funerários, as estatuetas e as pinturas rupestres – mostram que o comportamento religioso surgiu há dezenas, se não há centenas de milhares de anos.

É provável que o aumento no tamanho do cérebro dos primeiros humanos, há cerca de meio milhão de anos, tenha lhes concedido a capacidade de pensar de maneira abstrata. Imaginar alguma coisa que não existe ainda é essencial para o desenvolvimento de instrumentos, assim como a compreensão de causa e efeito. Esses são pré-requisitos para a crença religiosa, mas obviamente não constituem a própria crença. É bem pouco provável que a religião tenha aparecido com alguma forma reconhecível antes do surgimento da comunicação simbólica, particularmente do discurso complexo – e isso só ocorreu com o aparecimento dos neandertais e dos seres humanos modernos.

Há evidências de que os neandertais seguiam um ritual para lidar com o corpo dos mortos. Restos mortais de neandertais datados de 65 mil a 35 mil anos atrás, encontrados nas cavernas de Shanidar, no Curdistão iraquiano, incluem o corpo de um homem que pode ter sido enterrado em um leito de flores. Em outros lugares, cadáveres parecem ter sido pintados com ocre vermelho. Uma prova mais clara surge com o aparecimento dos seres humanos modernos, sobretudo no Paleolítico Médio e Superior (veja a p. 103). Às vezes, os corpos eram enterrados com bens do falecido, indicando uma crença em alguma espécie de vida após a morte, na qual o morto poderia usá-los. Foram encontradas provas de cremação perto do Lago Mungo, na Austrália, datadas de 40 mil anos atrás. Uma das primeiras peças de arte figurativa de que se tem notícia, datada do mesmo período, vem da caverna de Hohlenstein-Stadel, na Alemanha. Esculpida em marfim de mamute, a figura tem um corpo semelhante ao de um ser humano, mas a cabeça de um leão, e talvez represente uma divindade.

A partir de 30 mil anos atrás, estatuetas de "Vênus" começaram a aparecer em sítios arqueológicos do Paleolítico Superior na Europa e na Sibéria: pequenas esculturas de mulheres nuas, com apenas alguns centímetros de altura, esculpidas em materiais que incluíam pedra, osso e marfim. As figuras têm pernas e cabeça altamente estilizadas, e lhes faltam braços e pés, mas os seios, as nádegas, a barriga e a região púbica são retratadas detalhadamente e numa escala exagerada. Essas características deram origem à teoria de que estão associadas a algum tipo de culto à fertilidade ou que são representações de uma mãe ou de uma deusa criadora.

**"A religião é o sonho da mente humana."**
Ludwig Andreas Feuerbach, *A essência do cristianismo* (1841)

Ao menos algumas das magníficas pinturas rupestres datadas de 30 mil a 10 mil anos atrás, encontradas em cavernas na França e na Espanha, podem ter significado religioso. As de Lascaux incluem feras misteriosas, algumas meio-homem, meio-leão; outras são híbridos de homem e pássaro. Isso sugere que as pessoas que as pintaram talvez tenham praticado alguma forma de xamanismo. No xamanismo – ainda hoje encontrado entre vários grupos de caçadores-coletores –, determinados indivíduos assumem o papel de uma espécie de sacerdote. O xamã entra em transe, às vezes induzido por tambores, às vezes tomando extratos de plantas psicotrópicas. Nesse transe, ele pode assumir a identidade de um animal e partir em uma jornada espiritual para garantir boa caça. Os xamãs podem também reivindicar ter outros poderes sobrenaturais, como a adivinhação e a cura.

## O INÍCIO DA ARTE

A arte, no sentido de criar objetos cujo valor seja puramente estético, é um construto cultural relativamente recente. No passado, as pessoas pensavam em "arte" não como um fim em si, mas como uma atividade manual necessária à produção de objetos com uma função social.

Essa função talvez tenha a ver com um ritual, por exemplo, ou então com uma religião, uma identidade de grupo ou um status pessoal. Isso ainda se mantém em muitas sociedades ao redor do mundo. Hoje em dia, no Ocidente, por exemplo, os objetos de arte são frequentemente colecionados por pessoas abastadas como símbolos de status ou investimentos financeiros.

O momento em que a "arte" começou depende do que queremos dizer com essa palavra. Os primeiros seres humanos criaram objetos tão simples quanto os machados de mão há mais de 2 milhões de anos (veja a p. 70), mas esses objetos provavelmente tinham um objetivo prático, e não havia elemento decorativo nem

*O Homem-Leão de Hohlenstein-Stadel*

indicação de que pudessem se referir a qualquer outra coisa: eram simples ferramentas. Por outro lado, alguns machados de pedra especialmente refinados e meticulosamente polidos do Neolítico não foram feitos para limpar florestas para a agricultura, mas para serem enterrados com seu dono como um símbolo de status.

Por muito tempo acreditou-se que a "arte" mais antiga tinha sido criada pelos seres humanos modernos no Paleolítico Médio e Superior, tendo tido início há cerca de 40 mil anos. Considerava-se que objetos como o Homem-Leão de Hohlenstein-Stadel, as estatuetas de "Vênus" e as pinturas rupestres de animais em Lascaux tinham servido a algum propósito religioso (veja a p. 82). Pinturas de animais do mesmo período foram encontradas em Sulawesi, na Indonésia. Todos esses itens claramente retratam ou referem-se a objetos reconhecíveis. Porém, descobertas recentes mostram que a "arte" não representativa talvez seja muito mais antiga.

Em 2013, arqueólogos encontraram um desenho semelhante a uma grade esculpido na parede da caverna de Gorham, em Gibraltar. O desenho, uma espécie de *hashtag*, remonta a, no mínimo, 39 mil anos atrás. O surpreendente é que foi feito por neandertais. Pesquisadores estabeleceram que o trabalho meticuloso não poderia ter sido decorrente do abate de animais. A única alternativa, acreditam eles, é que fosse simbólico, indicando que os neandertais tinham capacidade para o pensamento abstrato.

Apenas um ano depois da descoberta na caverna de Gorham, o mundo da paleoantropologia estremeceu de novo quando pesquisadores analisaram uma concha de mexilhão encontrada em um sítio em Java e detectaram um leve padrão em zigue-zague. O que surpreendeu foi que esse padrão tinha sido esculpido pelo *Homo erectus* há 500 mil anos. De novo, experimentos indicaram

84　O pequeno livro da grande história

que criar um "desenho" desses era difícil e deliberado. Independentemente do que seu criador pretendia com ele, é um objeto que revoluciona a nossa percepção de quando nossos ancestrais distantes se tornaram capazes de ter pensamentos abstratos.

**"A arte não é um espelho para refletir o mundo, mas um martelo para moldá-lo."**

Frase atribuída ao poeta soviético
Vladimir Mayakovsky

# ABRIGO

Muitas espécies constroem abrigos. Alguns abrigos de animais são rudimentares, como as pilhas de galhos nas quais os pombos fazem seu ninho. Outros são obras extraordinárias de engenharia, desde tocas e diques construídos por castores até as torres enormes erguidas por cupins, com passagens labirínticas, cômodos para abrigar os ovos, jardins e sistemas de ventilação notáveis. Em comparação com essas obras, os primeiros abrigos construídos por nossos ancestrais remotos foram extremamente rústicos. Podem ter sido semelhantes a ninhos que outros primatas, como chimpanzés e gorilas, constroem habitualmente em árvores. Mas quando os primeiros humanos saíram das florestas tropicais e savanas da África e começaram a se espalhar em climas mais frios, sua capacidade de encontrar e/ou construir abrigos mais resistentes ao clima se tornou vital.

As cavernas contêm as provas mais bem preservadas de habitações dos primeiros humanos. Lá os seres humanos acampavam, mas não construíam estruturas formais de moradia. No entanto, havia poucas cavernas para abrigar todos aqueles que viveram durante o período Paleolítico, então é provável que tenham sido construídos muitos abrigos a céu aberto, cujos remanescentes desapareceram.

## AS PRIMEIRAS CIDADES

Por volta do ano 8000 a.c, o assentamento de Jericó, na Palestina, cresceu até virar uma cidadezinha com cerca de 70 moradias, que abrigavam umas cem pessoas. As casas eram redondas e feitas de tijolos. Esse novo material de construção era feito da mistura de palha com argila molhada. Era moldado em forma de blocos com bordas curvas e deixado no sol para secar. Assim que uma parede de tijolos era construída, era revestida de lama. A maioria das casas tinha um único cômodo, mas algumas chegavam a ter até três. O assentamento era cercado por muros, talvez para se defender de inundações, e lá dentro havia uma torre com 3,5 metros de altura e uma escada no seu interior. É o mais antigo exemplo desse tipo de estrutura, cujo objetivo pode ter sido cerimonial. Em Qatal Hoyuk, no sul da Turquia, há uma cidade bem maior, que foi edificada por volta do ano 7000 a.C. e talvez tenha abrigado milhares de pessoas. A planta baixa das casas de tijolos não é redonda, mas retangular. Não havia no chão nenhum caminho entre as casas; o acesso a elas se dava descendo escadas a partir de seus telhados planos. As paredes internas eram cuidadosamente revestidas com argamassa, e a fumaça das lareiras e dos fornos saía pelo acesso do teto.

Um dos primeiros exemplos de abrigos construídos a céu aberto vem de Terra Amata, sítio arqueológico próximo de Nice, no sul da França. Ali foram encontrados vestígios de estacas em buracos, fornecendo evidência de estruturas de cabanas ovais de madeira, algumas com 15 metros de comprimento e 6 metros de largura. Além disso, essas habitações tinham lareiras. Não se sabe ao certo a sua datação; estima-se um período entre 380 mil e 230 mil anos atrás. A maioria dessas cabanas ou tendas tinha estrutura de madeira. Os materiais que as cobriam variavam, desde peles de animal e juncos recobertos com lama até gravetos. A planta baixa padrão era circular. Como as pessoas que as construíram eram caçadores-coletores nômades, esses abrigos provavelmente foram temporários. Foi apenas com a chegada da agricultura (veja a p. 91) que as pessoas começaram a viver em assentamentos permanentes e a construir abrigos mais duradouros: as casas.

## ROUPAS

Assim como as ferramentas, o fogo e os locais de abrigo, as roupas foram essenciais para que os humanos pudessem povoar as áreas mais frias do mundo. Mas os materiais das vestimentas são perecíveis, e por isso as evidências arqueológicas são raras. Alguns dos exemplos mais bem preservados vêm de áreas áridas ou das turfeiras ácidas do norte da Europa.

Há evidências indiretas de que os neandertais, que surgiram há 200 mil anos, faziam roupas. Análises de DNA sugerem que foi durante a era dos neandertais que os piolhos do corpo (que vivem nas roupas) se diferenciaram dos piolhos da cabeça (que vivem no couro cabeludo). Raspadores feitos de pedra datados de aproximadamente 100 mil anos atrás sugerem que os neandertais provavelmente os utilizavam para tirar a pele de animais. Com toda certeza eles eram usuários inteligentes de ferramentas e

Os humanos começam a dominar    87

caçavam grandes animais, como mamutes, cervos e bois-almiscarados. Cortavam as peles para vesti-las, fazendo buracos para a cabeça e os braços. É improvável que pudessem ter sobrevivido na Europa durante uma série de eras do gelo sem desenvolver essas tecnologias.

Os seres humanos modernos parecem ter desenvolvido uma tecnologia ainda maior em relação às vestimentas. Também precisaram se adaptar às condições da última era do gelo nas regiões do norte por onde andavam. Algumas fibras de linho tingidas encontradas em uma caverna na Geórgia foram datadas de 38 mil anos atrás, e pedaços de ossos e de marfim encontrados na Rússia e datados de 32 mil anos atrás podem ter sido utilizados como agulhas. Usavam-se furadores afiados para perfurar a pele dos animais, e depois passavam-se cordões por esses buracos.

A pele animal continuou sendo o principal material para fazer as roupas até o advento da tecelagem. Em 2008, a descoberta de fragmentos de argila com impressões de fibra de lã trouxe provas de que a tecelagem pode ter começado há aproximadamente 27 mil anos.

### A MODA DOS HUMANOS DA ERA DO GELO

Em 1991, um casal de alpinistas que caminhava nos Alpes de Venoste (Ötztal), entre a Itália e a Áustria, encontraram um cadáver semicongelado no gelo, numa passagem 3.200 metros acima do nível do mar. Exames feitos por cientistas revelaram que o corpo semimumificado, batizado de Ötzi, data de aproximadamente 3300 a.C. Surpreendentemente, não só seu corpo estava muito bem preservado, mas também suas roupas, o que nos ajuda a compreender como elas eram feitas e usadas há milhares de anos.

Da cintura para baixo, Ötzi usava perneiras cuidadosamente costuradas, enquanto as virilhas e as nádegas eram cobertas por uma tanga fina de couro. Para se manter aquecido naquela altitude, usava um gorro de pele e um casaco de manga longa com comprimento até a coxa feito de muitas peças de pele. Nos pés, usava botas curtas feitas de pele animal, que ele havia enchido de grama para isolar o frio da neve. Mas não foi o frio que matou Ötzi. Foi um ferimento de flecha encontrado em seu ombro e um golpe na cabeça.

## CERÂMICA

Para conservar ou carregar muitos alimentos – frutas, grãos e outros – as pessoas precisavam usar algum tipo de recipiente. Antes da invenção da cerâmica, elas usavam peles ou cestos feitos de folhas ou gravetos, mas estes não impediam a entrada de insetos e podiam ser danificados pelo fogo e pela água.

Os recipientes feitos de argila, muito fácil de ser encontrada, constituíam uma boa solução durável. Esses recipientes não só são relativamente fortes, como também é possível cobri-los para manter o frescor por dentro e os insetos do lado de fora. Além disso, são à prova d'água, sobretudo se queimados, e assim podem armazenar líquidos. São também à prova de fogo e, por isso, podem ser usados para cozinhar.

Durante um tempo, pensava-se que a cerâmica havia se desenvolvido junto com a agricultura, há aproximadamente 10 mil anos, mas fragmentos encontrados em uma caverna no sul da China revelaram que ela é duas vezes mais antiga. Esses fragmentos pareciam ter marcas de queimado, indicando que os recipientes foram usados por caçadores nômades para cozinhar muito antes do início da agricultura. É bem provável que a cerâmica tenha sido inventada de forma independente – e deixada para trás – em diversos lugares e em períodos diferentes. Os primeiros recipientes de argila tinham, em geral, fundos redondos, já que pontas retas racham mais facilmente. Eram feitos comprimindo ou enrolando longos fios de argila, um processo trabalhoso, simplificado pela invenção da roda de oleiro na Mesopotâmia, aproximadamente há 6.500 anos. Queimar cerâmica altera sua química e estrutura de forma permanente, tornando-a muito mais durável e resistente a temperaturas mais elevadas. O primeiro exemplo conhecido de um recipiente de argila queimado vem da cultura Jamon, do Japão, remontando a 7 mil anos atrás. Talvez ele tenha sido acidentalmente exposto ao fogo, mas depois os recipientes de argila passaram a ser queimados em fossos, a temperaturas superiores a 900 ºC.

## CERÂMICA, ALIMENTOS E BEBIDAS

Até o advento dos recipientes de cerâmica, cozinhar significava tostar os itens sobre a fogueira ou assá-los na brasa. O recipiente de argila à prova de fogo e de água fez com que as pessoas pudessem preparar alimentos por meio da fervura e do cozimento em fogo baixo – técnicas que extraem nutrientes de pedaços mais duros da carcaça de animais que antes eram descartados. A primeira evidência conhecida de um prato cozido dessa forma remonta a 8 mil anos atrás. Foi uma sopa feita com ossos de hipopótamos. Mil anos depois, as pessoas no Irã estavam fermentando grãos em jarras de cerâmica para produzir uma das primeiras cervejas conhecidas.

Nem toda cerâmica serve a objetivos práticos, e tampouco consiste apenas em recipientes. Talvez os primeiros exemplos de cerâmica não funcional sejam as figuras de animais encontradas na Croácia, feitas entre 17.500 e 15 mil anos atrás. Vários milênios depois, as primeiras civilizações – na Mesopotâmia, China e Índia – faziam ladrilhos decorativos, estátuas e joias de cerâmica. Com frequência eram peças coloridas e brilhantes, resultado da combinação da argila com outros minerais e da queima desse material – a vitrificação. Esse método exigiu o desenvolvimento de fornos próprios que pudessem alcançar temperaturas muito mais altas do que aquelas proporcionadas por uma fogueira em fosso.

## OS PRIMEIROS AGRICULTORES

Quando os seres humanos começaram a cultivar alimentos, deram início a uma revolução em relação à forma como vivemos. Antes da agricultura, os humanos eram caçadores-coletores nômades. Com o advento do cultivo, as pessoas começaram a fixar residência permanente em um lugar – como a maioria faz nos dias de hoje.

Com a agricultura, as pessoas puderam não só estocar comida para o inverno e outros períodos de escassez, mas também comercializar o excedente alimentício. A troca desses recursos extras por matérias-primas, produtos manufaturados e trabalho forma a base de uma série de atividades até então sequer sonhadas, desde a construção de templos até a declaração de guerras. O excedente de alimentos também possibilitou que parte da população vivesse em cidades e que algumas dessas pessoas praticassem ofícios e atividades com maior especialização.

Nos trópicos, alguns grupos já vinham praticando a "jardinagem florestal" havia milênios (veja a p. 75-76), e, em outros lugares, os caçadores-coletores tinham começado a coletar e armazenar alimentos não perecíveis, como grãos de cereais. O próximo passo foi perceber que, se semeassem esses grãos no solo, poderiam colher muito mais do que tinham plantado.

Isso parece ter acontecido entre 10000 e 8000 a.C., nas condições climáticas mais quentes que se seguiram à última era do gelo. Naquela época, na região do Oriente Médio chamada de Crescente Fértil, localizada nos vales dos rios Tigre e Eufrates, as pessoas começaram a plantar trigo e cevada e, mais tarde, centeio e vagens – o começo da agricultura arável. Nos vários milhares de anos seguintes, a agricultura arável surgiu de forma independente em várias outras partes do mundo. Milho, abóbora, pimenta e batatas eram cultivados nas regiões mais quentes das Américas; painço, no norte e no centro da China; arroz, no sul da China e no Sudeste Asiático; e uma variedade de safras de cereais e raízes, como o inhame, na África subsaariana.

**"As pessoas adubaram os campos e plantaram cereais. Prenderam os animais selvagens e os transformaram em criações domesticadas."**

*Livro do Mestre do Sul do Rio Huai*, uma compilação chinesa do século 2º a.C.

O próprio processo de cultivo pode produzir variedades de vegetais com resultados melhores. O trigo-selvagem solta seus grãos assim que amadurecem, mas uma mutação aleatória produziu unidades cujos grãos maduros permanecem na planta,

92   O pequeno livro da grande história

deixando-os mais fáceis de serem colhidos. Os primeiros agricultores teriam colhido e semeado grãos seletivamente a partir dessas unidades, ajudando de forma inadvertida a propagar a nova variedade.

Uma série de novos instrumentos e tecnologias tornou a agricultura menos trabalhosa e aumentou a produção. Por volta de 6000 a.c., a rotação básica de safra, alternando a produção de cereais com a de vagens, já era praticada no Crescente Fértil. A pecuária também começou nessa região (veja a p. 94), e os agricultores usavam o estrume dos animais – adubo – para deixar o solo produtivo. Em áreas mais secas, eles escavavam canais de irrigação.

Varas de cavar usadas para preparar (soltar) a terra antes do plantio e se livrar das ervas daninhas abriram caminho para picaretas e enxadas. No entanto, mais importante ainda era o arado – em sua forma mais simples, uma lâmina presa a um cabo longo. O ato de arar traz os nutrientes frescos para a superfície e enterra mato e o que restou da safra anterior, que então apodrece e enriquece o solo. Os primeiros arados eram feitos de madeira e puxados com a mão. Mais tarde, animais de tração, como touros, búfalos e cavalos, foram acoplados aos arados, e as lâminas começaram a ser feitas de um material mais forte e resistente: o ferro (veja a p. 107).

A expansão da agricultura também afetou a maneira como os seres humanos se relacionavam com a terra ao seu redor. Foram definidas fronteiras de terreno e campos, enquanto o povoamento ficou mais permanente. E o conceito de "propriedade" de terra dos seres humanos (em oposição às demandas territoriais em terrenos de caça) tornou-se mais comum entre culturas que adotaram um estilo de vida agrícola.

# A DOMESTICAÇÃO DOS ANIMAIS

Em algumas partes do mundo, os seres humanos praticaram a caça durante milênios antes de começarem a domesticar animais para servirem de alimento. Por exemplo, em algumas áreas temperadas, florestas eram queimadas para dar espaço a prados, onde as espécies caçadas pastavam.

Nunca saberemos exatamente como os seres humanos conseguiram, pela primeira vez, domesticar animais selvagens, mas podemos imaginar que escolheram as espécies que não eram agressivas demais e que tinham instinto de rebanho, o que as tornava mais fáceis de conduzir. Entre os anos 9000 e 8000 a.C., ovelhas, cabras, porcos e gado bovino eram criados em várias partes do mundo, da China até o sul da Ásia, no Oriente Médio e na África do Norte. Outros animais vieram em seguida: o porquinho-da-índia e a lhama na América do Sul, o burro no Egito e no Oriente Médio, o cavalo nas estepes eurasianas e a galinha e o búfalo-d'água na Índia e na China.

Esses animais geravam uma grande variedade de produtos, especialmente carne, lã e pele. Alguns, como os burros, os touros e as lhamas, ofereciam força muscular. Carregavam cargas, puxavam arados, trenós e carroças. Alguns animais, em vez de serem abatidos, eram sangrados regularmente: o sangue é um alimento nutritivo. Uma forma semelhante de criação animal surgiu depois da mutação genética em algumas populações humanas que acabou com a intolerância à lactose em adultos (veja a p. 63). Entre essas populações, gado bovino, ovelhas e cabras foram valorizados tanto por seu leite e pelos produtos que podiam ser feitos com ele quanto por sua carne.

## "O melhor amigo do homem"

Embora em diversas culturas os lobos sejam o epítome da "fera selvagem", eles foram os primeiros animais que os humanos domesticaram. Alguns lobos menos agressivos descobriram que podiam se alimentar dos restos de alimentos próximos às fogueiras dos acampamentos. Por sua vez, os humanos descobriram que esses lobos mais mansos podiam alertá-los de perigos e ajudá-los a caçar, e assim nasceu uma parceria benéfica para ambos os lados. Provavelmente houve muitas tentativas em vão que remontam a 40 mil anos atrás, mas os últimos estudos de DNA indicam que todos os cães descendem de uma única domesticação que ocorreu entre 11 mil e 16 mil anos atrás, enquanto os humanos ainda eram todos caçadores-coletores. Assim que os mais mansos foram adotados, os seres humanos usaram a procriação seletiva para realçar características que eles valorizavam e, por isso, há uma ampla gama de raças hoje.

Nem o leite nem a carne se mantêm frescos por muito tempo, então surgiram diversas técnicas para preservar esses alimentos. Se o leite é transformado em queijo, ele dura muito mais e preserva gorduras e proteínas nutritivas da matéria-prima. Não se sabe quando o queijo foi feito pela primeira vez, mas escorredores com vestígios de gorduras do leite foram encontrados na Polônia e datam de 5500 a.C. Da mesma forma, carne e peixes podem ser preservados por diversos métodos de cura, inclusive a secagem ao ar livre, a defumação e o salgamento. O sal era tão importante que era comercializado e enviado para longas distâncias, passando pela Europa, pelo Mediterrâneo, pela África e pela Ásia.

Embora as colheitas e a criação de gado tenham ajudado a manter uma oferta regular de alimentos, as populações agricultoras perceberam que, em geral, dependiam de uma cultura de carboidrato básica, como milho, arroz ou trigo. Ao comparar os esqueletos desses primeiros agricultores com os de seus ancestrais caçadores-coletores, fica claro que estes últimos, cuja dieta era mais variada e rica em proteína, eram mais saudáveis e resistentes. A agricultura sustentava populações maiores, mas estas não eram necessariamente as mais saudáveis.

## ANIMAIS A SERVIÇO DO HOMEM

Muitos dos primeiros animais domesticados eram criados por conta de produtos como carne, lã, pele e leite. Porém, com o tempo, os seres humanos começaram a valorizar certos animais por sua força e, pela primeira vez, a exploração do ambiente não dependia apenas da força muscular humana.

Bois (machos castrados para se tornarem mais dóceis) foram os primeiros que receberam rédeas e foram postos para trabalhar a partir de 4000 a.C., tanto na Europa quanto no Oriente Médio. No início, puxavam trenós e, mais tarde, arados e carroças com rodas, possibilitando o cultivo de áreas maiores de terra. Seus parentes, os búfalos-d'água, também eram usados no sul e sudeste da Ásia, sendo especialmente adaptados para o ambiente úmido dos campos de arroz.

O cavalo, que se tornou o meio de transporte dominante em muitas partes do mundo ao longo de cinco milênios, foi domesticado pela primeira vez por volta de 3000 a.C., nas estepes nos arredores do Mar Negro e do Mar Cáspio. Cavalos selvagens são relativamente pequenos, mas a procriação seletiva por humanos produziu uma grande variedade de estruturas e tamanhos diferentes, adequados a uma ampla série de atividades, desde puxar carroças pesadas até levar mensagens por longas distâncias; foi apenas com a invenção da locomotiva a vapor que a velocidade do cavalo foi superada.

O asno selvagem foi domesticado mais ou menos na mesma época que o cavalo, no Egito, e tanto cavalos quanto burros foram usados em larga escada pelas primeiras civilizações da Mesopotâmia e do Egito.

## O CAVALO NA GUERRA

No início, os cavalos não foram usados na guerra como cavalaria, em que cada cavalo carrega um cavaleiro armado, e sim para puxar bigas. Em geral, eram carroças leves puxadas por um ou dois cavalos e carregavam um condutor e um único guerreiro, armado com lanças de arremesso ou arco e flechas. No segundo e no primeiro milênio a.C., essas bigas de guerra eram amplamente usadas em toda a Europa, no Oriente Médio e na Ásia central e do sul, bem como na China, mas com o início da era cristã elas foram substituídas pela cavalaria.

Cavaleiros armados se movem com mais facilidade, podem se aglomerar em unidades maiores que as bigas e em terreno mais acidentado. No início, a cavalaria era relativamente leve, pois os cavalos eram pequenos demais para montar cavaleiros fortemente armados. Os cavaleiros em geral se armavam com dardos ou arco e flecha. Com a criação de cavalos mais pesados, com a introdução do estribo e de selas mais estáveis, e com cavaleiros mais fortemente armados usando lanças pesadas contra as fileiras inimigas, a cavalaria ▶

> pôde ser usada como uma tropa de choque. Mais tarde, o desenvolvimento das armas de fogo acabou com a vantagem tática da cavalaria pesada.

O terceiro maior grupo de animais de carga inclui os camelídeos, a família dos camelos. Na América do Sul, o principal camelídeo de trabalho é a lhama, que há muito deixou de existir nas áreas campestres. Embora a lhama tenha sido bastante explorada por sucessivas civilizações na América do Sul como um animal de carga, ela não tem força para puxar um arado ou uma carroça. No Velho Mundo, o dromedário de uma corcova (encontrado desde a África do Norte até a Índia) e o camelo-bactriano de duas corcovas da Ásia Central e da Mongólia são muito maiores e usados como animais de tração e também como montaria. Os camelos são bem adaptados às condições desérticas e podem sobreviver a longos trajetos sem água (embora possam beber cem litros de água em questão de minutos). A gordura em suas corcovas armazena energia em tempos de escassez. Os camelos foram domesticados inicialmente na Arábia, e, por volta do ano 1000 a.C., caravanas de camelos carregavam produtos preciosos até a costa ocidental da Arábia, oferecendo um elo comercial entre a Índia no leste e a Mesopotâmia e o Mediterrâneo no oeste.

O último grande grupo de animais trabalhadores é o dos elefantes. Em 3500 a.C. o elefante-indiano (antigamente encontrado até no oeste da Síria) já era usado como animal de carga no vale do Rio Indo e, desde então, tem sido empregado na agricultura e na silvicultura. Também foi utilizado em guerras para carregar tropas armadas. Os elefantes-africanos são muito menos dóceis que seus primos indianos. Embora tenham ficado famosos por terem participado da batalha do general cartaginense Aníbal contra os romanos no século 3º a.C., com frequência causavam danos tanto para o seu próprio lado quanto para o do inimigo. Tentativas de domesticá-los foram abandonadas muito tempo atrás.

## A RODA

A roda demonstrou ser uma das peças mais duradouras e úteis da tecnologia humana. Provavelmente foi inventada no quarto milênio a.C. e se tornou um meio útil para transportar cargas pesadas. Seu uso continua disseminado e crescente.

*Túmulo do fim da Idade do Ferro, encontrado em Marne, na França*

Para simplificar, nós nos referimos à "invenção da roda", mas a tecnologia-chave, na verdade, é a combinação da roda com o seu eixo. Claro que o seu uso mais óbvio se dá nos transportes, mas várias outras máquinas dependem das rodas, na forma de volantes, de rodas dentadas em engrenagens e assim por diante. A primeira evidência arqueológica de uma roda, encontrada na Mesopotâmia e datada de 3500 a.C., era provavelmente uma roda de oleiro, embora esta possa ter sido inventada mil anos antes (veja a p. 90). Uma roda é mais que um simples cilindro que gira. Esses rolos, na forma de troncos de árvores, provavelmente foram usados muito antes do surgimento do conceito de roda-e-eixo e serviam para mover cargas pesadas, como grandes pedras, por distâncias curtas. A combinação roda-e-eixo reduziu a fricção entre o chão e o cilindro que gira, e o uniu em uma plataforma estável. No entanto, a tecnologia trouxe desafios. Cada ponta do eixo, junto com os furos no centro das rodas, tinha que ser lisa e redonda, do contrário haveria fricção demais para as rodas girarem. As primeiras rodas eram pedaços sólidos de madeira, antes da introdução dos raios de madeira da roda, por volta de 2000 a.C., feitos para um dispositivo muito mais leve e de melhor amortecimento.

Não há um consenso quanto ao local e à data em que foi inventada a primeira combinação roda-e-eixo. Alguns sugerem que foi na Mesopotâmia e em várias partes das estepes eurasianas, com datas entre 3300 e 3000 a.C. Nessas partes do mundo, os veículos com rodas teriam sido puxados inicialmente apenas por bois, mas a domesticação do cavalo e do asno selvagem por volta de 3000 a.C. ofereceu uma força de tração mais veloz. Foi pouco antes de a carroça agrícola ter sido adaptada para a guerra como biga (veja a p. 97).

**"Quando o homem quis imitar o caminhar, criou a roda, que não parece uma perna."**

Guillaume Apollinaire, poeta francês, na introdução de *As mamas de Tirésias* (1917)

Veículos com rodas entraram em uso na China no segundo milênio a.c. e, posteriormente, em grande parte da Eurásia, mas nunca foram usados pelos americanos pré-colombianos, provavelmente porque não havia animais de tração adequados disponíveis. Como vimos, a lhama não é forte o suficiente para puxar uma carroça, enquanto o bisão norte-americano resistiu à domesticação (cavalos selvagens foram extintos nas Américas por volta de 12 mil anos atrás).

## NÔMADES

Nossos ancestrais caçadores-coletores levavam a vida perambulando. Quando exauriam uma área de caça e outros recursos alimentícios, seguiam em frente. A chegada da agricultura incentivou as pessoas a se fixarem no mesmo lugar, e isso levou aos assentamentos permanentes.

Essa é, ao menos, a ideia geral. No entanto, depois do fim da última era do gelo, quando a tundra deu lugar aos prados e às florestas, algumas áreas se mostraram tão produtivas que grupos de caçadores-coletores puderam ficar no mesmo lugar de uma estação para a outra, de um ano para outro.

Mesmo com o advento da agricultura, certos grupos de pastoralistas – pastores de animais como gado bovino, ovelhas, bodes, camelos e renas – descobriram que, nas áreas mais rústicas onde viviam, precisavam se mudar constantemente em busca de novos pastos. Isso ainda acontece em várias partes do mundo, embora o número de nômades seja cada vez menor.

Em algumas áreas, o movimento não é contínuo, mas ditado por estações (seca/chuvosa ou verão/inverno), durante as quais os pastores ficam em diferentes lugares. Em áreas montanhosas, esse movimento pode se dar entre duas altitudes distintas, com um lar permanente no vale e uma casa de verão nos pastos altos.

## UMA DESCRIÇÃO MEDIEVAL DOS NÔMADES

Em *As viagens de Marco Polo* (1298), há um relato detalhado sobre o estilo de vida nômade dos mongóis:

Eles nunca se fixam, e com a aproximação do inverno se deslocam para as planícies de uma região mais quente em busca de pasto satisfatório para seu gado; no verão, frequentam locais frios nas montanhas, onde há água e frescor, e seu gado fica livre da chateação de moscardos e outros insetos picadores (...) Suas cabanas ou tendas são formadas por estacas cobertas com feltro e, como são precisamente redondas e fáceis de juntar, eles conseguem reuni-las em um único fardo e arrumá-las como bagagem, que carregam consigo em suas migrações (...) Eles subsistem inteiramente de carne e leite.

Nem todos os nômades são pastoralistas. Alguns são comerciantes, como os negociantes romanos de cavalos ou os tuaregues, que levavam suas caravanas pelo Saara, enquanto outros são artesãos itinerantes, como os viajantes irlandeses que tradicionalmente consertavam recipientes e panelas.

Os nômades, com frequência, entravam em conflito com populações sedentárias. Essas últimas desenvolveram fortes ideias territoriais e de propriedade privada, enquanto os nômades tinham uma visão muito diferente e tendiam a ignorar limites e fronteiras. Atualmente, a balança pende muito em favor das populações sedentárias, que não raro se ressentem dos nômades e os discriminam. Por acreditarem que os nômades são ingovernáveis, os Estados modernos quase sempre os pressionam com o intuito de convencê-los a se fixarem em um lugar. No passado, esse equilíbrio costumava ser bem diferente. As vastas estepes que se estendem por grande parte do Leste Europeu e da Ásia Central abrigavam, no passado, uma série de cavaleiros nômades guerreiros (hunos, magiares, mongóis e outros), que se espalhavam em todas as direções, do leste da China até a Hungria e também em áreas mais ocidentais, saqueando e destruindo cidades e massacrando suas populações (veja a p. 165).

## DA PEDRA AO BRONZE

Por mais de 2 milhões de anos, os seres humanos contaram com matérias-primas prontamente disponíveis para fazer suas ferramentas: madeira, osso e, acima de tudo, pedra. Tal era a importância da pedra que os arqueólogos caracterizam esse período como Idade da Pedra.

A Idade da Pedra é dividida em períodos. O Paleolítico (Idade da Pedra Antiga ou Idade da Pedra Lascada), que termina por volta de 10000 a.C., foi seguido pelo Mesolítico (Idade da Pedra Intermediária) e depois pelo Neolítico (Nova Idade da Pedra ou Idade da Pedra Polida). Foi no Neolítico que nasceu a agricultura (veja a p. 91), uma revolução fundamental na

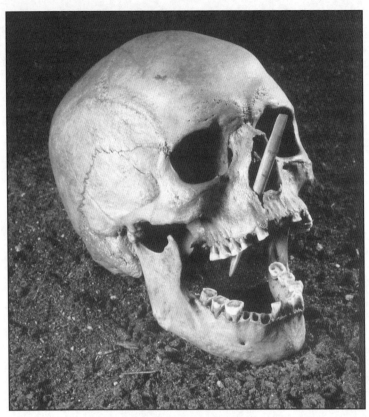

*O homem de Porsmose, um crânio neolítico encontrado na Dinamarca com uma ponta de flecha ainda cravada nele*

maneira de os seres humanos se sustentarem. Teve início aproximadamente em 9000 a.C. no Oriente Próximo e, de forma independente, na mesma época na China. Nos 3 mil anos seguintes, o Neolítico apareceu na África do Norte, na Europa Central e no Sul da Ásia. Chegou ao ocidente europeu somente por volta de 4000 a.C.

O Neolítico levou a tecnologia da Idade da Pedra ao seu ápice. Como no Paleolítico, algumas ferramentas ainda eram feitas de materiais lascáveis, como sílex e obsidiana (vidro vulcânico), mas usando muito mais etapas e talhadas para produzir itens como lâminas de faca. Outras ferramentas, como machados de pedra destinados a limpar florestas para a agricultura, eram feitas polindo ou triturando rochas de granulação mais áspera, como basalto, jade e nefrita, pressionando-as contra uma pedra abrasiva, usando água como lubrificante. Essas técnicas eram trabalhosas e praticadas por artesãos especializados, cujos produtos eram altamente valorizados e comercializados em ampla escala. Embora já se fizessem alguns objetos de cobre durante o Neolítico, foi só na Idade do Bronze que o metal começou a ser usado com frequência para a fabricação de ferramentas. A Idade do Bronze surgiu de forma independente por volta de 3300 a.C. no Oriente Próximo, 3200 a.C. no sudeste da Europa e 3000 a.C. na China. A tecnologia espalhou-se para o oeste e o norte da Europa, chegando à Grã-Bretanha por volta de 2000 a.C.

O bronze é uma liga, uma mistura de cobre com uma pequena porção de outro metal, em geral estanho. O cobre raramente é encontrado em sua forma primária e, em geral, precisa ser extraído de seu minério por fundição, o que exige altas temperaturas. O processo de liga também envolve aquecimento e derretimento de metais.

O cobre em si é um metal bem flexível, mas o acréscimo de estanho o torna muito mais duro; mais duro até que as ferramentas de pedra que o precederam. O bronze possibilitou não apenas a fabricação de machados mais duros e afiados, mas também de uma série de novas ferramentas e armas, de espadas a peitorais e elmos.

O estanho é mais raro que o cobre, e os dois metais não são encontrados com frequência juntos, então a tecnologia da Idade do Bronze promoveu o comércio de longa distância. Por exemplo, o estanho das minas da Cornualha, na Grã-Bretanha, era exportado até a Fenícia, no leste do Mediterrâneo. Outro metal raro, o ouro, também começou a ser usado, principalmente para fins decorativos.

**"Quando a idade da decadência chegou, as pessoas cortavam rochas das montanhas, arrancando metais, derretendo minérios de cobre e ferro."**

*Livro do Mestre do Sul do Rio Huai,*
uma compilação chinesa do século 2º a.C.

Talvez porque os objetos de bronze e ouro fossem raros e preciosos, as culturas da Idade do Bronze apresentaram distinções sociais mais acentuadas do que as que prevaleceram no Neolítico. A espada de bronze, em especial, mostrava a formação das castas de guerreiros de elite.

Status e poder também foram incorporados em projetos grandiosos de construção, da pirâmide de degraus de Djoser, no Egito (a primeira edificação desse tamanho já feita no mundo, datada do século 27 a.C.), aos palácios das culturas minoanas e micênicas em Creta e na Grécia continental; de complexos locais religiosos como Stonehenge, na Inglaterra, às suntuosas tumbas da realeza da dinastia Shang, na China. Os alinhamentos e círculos de pedra foram encontrados em muitas culturas. Nas Ilhas Britânicas, eles datam de aproximadamente 3200 a.C. a 1500 a.C. e avançaram em complexidade, sugerindo uma tendência à centralização ritual e, talvez, política. Pouco se sabe sobre as crenças religiosas que inspiraram sua criação, embora o conhecimento astronômico avançado seja evidente: o Sol de meados do verão nasce na direção do eixo de Stonehenge. Centros rituais similares em outros lugares, como as vastas e

106   O pequeno livro da grande história

*O Círculo de Brodgar, nas ilhas Órcades*

complexas tumbas do Vale Boyne, na Irlanda, ou as estruturas ao redor de Maes Howe e o Círculo de Brodgar, nas ilhas Órcades (na Escócia), teriam requerido o trabalho de milhares de homens durante muito tempo para serem construídos. Demonstram uma atividade de comando de larga escala e, portanto, uma maior estratificação social.

## DO BRONZE AO FERRO

Assim como a Idade do Bronze, a subsequente Idade do Ferro – quando o ferro se transformou no principal material de fabricação de ferramentas e armas – começou em diferentes momentos em regiões diversas. A evidência mais antiga do trabalho com ferro vem do Oriente Próximo e data de aproximadamente 1200 a.C.

O trabalho em ferro parece ter se desenvolvido de forma independente no subcontinente indiano por volta dessa mesma época e, um pouco mais tarde, na China. Espalhou-se na Europa e no Oriente Próximo, provavelmente via Cáucaso, e se disseminou pelo continente inteiro em 500 a.c. Alguns lugares, como a África subsaariana, pularam a Idade do Bronze, e o ferro substituiu diretamente a pedra.

Antes da Idade do Ferro, o único ferro em uso era aquele encontrado em meteoros em sua forma primária, mas era raro e usado apenas para criar objetos decorativos, como contas para colares. Somente quando as pessoas aprenderam a extrair o ferro primário de seu minério pela fundição é que se tornou possível uma revolução tecnológica.

O ferro fundido em geral é mais flexível que o bronze e, por isso, as ferramentas de ferro se desgastam com maior rapidez. Mesmo assim, o ferro assumiu o lugar do bronze, em parte, porque as fontes de minério de ferro são muito mais disseminadas que as de cobre e estanho e, em parte, porque as peças de ferro são mais baratas de produzir. Enxadas e pregos de ferro são inovações importantes na agricultura e na construção, respectivamente.

A técnica de adicionar carbono ao ferro para criar o aço, que é mais duro e forte, já era usada na época dos romanos. A proporção de carbono é essencial: se acrescentado pouco demais, o ferro não fica duro o suficiente; se acrescentado em grande quantidade, ele se torna frágil. Por isso, artigos de aço eram mais caros, e o ferro fundido continuou sendo usado para produzir itens mais baratos.

A Idade do Bronze criou sociedades com pequenas elites, já que a tecnologia que dava poder às pessoas era muito cara. Na

Idade do Ferro, com as ferramentas e armas de ferro amplamente disponíveis, o poder foi distribuído de forma mais igualitária, embora ainda existisse uma certa estratificação social. A diferença pode ser vista nos procedimentos de guerra na Grécia Antiga. A *Ilíada*, de Homero, descreve a Guerra de Troia (ocorrida durante a Idade do Bronze micênica) como um combate exclusivo entre reis e príncipes, que se dirigem à batalha em bigas conduzidas por cavalos. Mas, após a ascensão das cidades-estado gregas, por volta do ano 750 a.C., as guerras eram combatidas por todos os cidadãos masculinos adultos, que tinham de providenciar suas próprias armas e armaduras e lutavam como soldados de infantaria em formações bem organizadas.

## Os celtas

Em várias partes do mundo (no Mediterrâneo e em todo o sudoeste, sul e leste da Ásia), a tecnologia baseada no ferro foi desenvolvida por sociedades que já eram parcialmente urbanizadas. No entanto, sociedades na Europa de clima temperado durante a Idade do Ferro ainda eram pré-urbanas e predominantemente tribais. Muitas dessas, sobretudo na Europa Ocidental, ficaram conhecidas como "os celtas". No entanto, embora tivessem elementos linguísticos e culturais comuns, elas não teriam se identificado naquela época como celtas, e análises de DNA demonstram que havia grande diversidade genética. Essas tribos eram constituídas de agricultores camponeses residentes em vilarejos. Os vilarejos talvez tivessem líderes, mas é provável que o parentesco tenha tido um importante papel na organização social. Ferramentas de ferro permitiram que eles limpassem florestas mais rapidamente do que antes e também drenassem pântanos. Os

Os humanos começam a dominar    109

diversos fortes em colinas, típicos do período, indicam que a guerra não era incomum, mas esses fortes provavelmente só eram ocupados em momentos de perigo. Quando os romanos invadiram a Gália (França) e depois a Grã-Bretanha, os fortes proporcionaram uma defesa inadequada contra a força militar organizada de uma civilização urbana estabelecida.

# Parte 4
# CIVILIZAÇÃO

Em certos lugares, a agricultura produzia um excedente alimentício que poderia ser comercializado, o que ajudou a financiar uma série mais ampla de atividades humanas do que até então se observara, desde o aumento da especialização de ofícios até a religião organizada. Excedentes também ajudaram a financiar obras arquitetônicas em cidades e a criação, com frequência por meio de guerras, de Estados e impérios. À medida que as sociedades humanas se tornavam mais complexas, a escrita e a lei transformavam-se em instrumentos essenciais de controle, ao mesmo tempo que hierarquias de poder cada vez mais elaboradas eram mantidas por meio do uso da força.

# LINHA DO TEMPO

**5500-4000 a.C.:** A civilização suméria se estabelece no Vale do Eufrates, no sul da Mesopotâmia (atual Iraque).

**3650-1400 a.C.:** Ascensão da civilização minoana e de outras civilizações egeias.

**3100 a.C.:** Primeiro faraó une Alto e Baixo Egito.

**2600-1900 a.C.:** Período de maturidade da civilização do Vale do Indo.

**2580-2560 a.C.:** Construção da Grande Pirâmide de Gizé.

**2070 a.C.:** Ascensão da dinastia Xia na China.

**2000 a.C.:** Período pré-clássico da civilização maia na Mesoamérica.

**1754 a.C.:** Código de Hamurabi, um antigo sistema jurídico, é criado no Império Babilônico.

**1650 a.C.:** Reino hitita surge na Turquia.

**1600 a.C.:** Dinastia Shang surge no vale central do Rio Amarelo, na China.

**1600-1500 a.C.:** A civilização olmeca se estabelece onde hoje se localiza o México.

**1550-1077 a.C.:** Novo reino do Egito governa império que se estende de Levante até a Núbia.

**1500-800 a.C.:** Era védica; criação das Escrituras hindus antigas na Índia.

**1070 a.C.:** Reino de Cuxe é estabelecido onde hoje se localiza o Sudão.

**1000 a.C.:** Era de ouro das cidades fenícias, incluindo Tiro e Sídon.

**911-612 a.C.:** Império Neoassírio no vale do Rio Tigre.

**900-200 a.C.:** A civilização chavín se estabelece onde hoje se localiza o Peru.

**800-400 a.C.:** Reino D'mt na Etiópia.

**aprox. 550 a.C.:** Ciro, o Grande, da Pérsia, funda o Império Aquemênida.

**510-323 a.C.:** Período clássico da Grécia Antiga.

**509 a.C.:** Tem início a República Romana.

**331 a.C.:** Alexandre, o Grande, da Macedônia, derrota o Império Aquemênida da Pérsia e passa a governar do Mar Adriático até o Rio Indo, expandindo amplamente a influência helenística.

**321-185 a.C.:** Império Máuria na Índia.

**300 a.C.:** Construção da Biblioteca de Alexandria, a maior da Idade Antiga.

**221 a.C.:** A dinastia Qin (seguida pela duradoura dinastia Han) estabelece o primeiro império unido da China.

**212 a.C.:** Cidadania romana concedida a todos os habitantes livres na época do império.

**100 a.C.:** Roma torna-se a maior cidade do mundo.

**150-650:** Teotihuacán torna-se a maior cidade das Américas pré-colombianas, chegando ao pico de 125 mil habitantes.

**300-1200:** O Império de Gana se estabelece onde hoje se localizam a Mauritânia e o Mali.

**410:** Os visigodos saqueiam Roma; a queda final do Império Romano ocidental se dá em 476.

**661-750:** Até hoje o califado omíada é considerado o maior império em termos de área, estendendo-se desde as atuais regiões da Geórgia, do Uzbequistão e do Paquistão, atravessando a península arábica e a África do Norte até Espanha e Portugal.

**1055:** Os turcos seljúcidas tomam Bagdá.

**c. 1200:** Os incas estabelecem-se no vale andino, no Peru.

**1200-1400:** A cultura mississippiana na América do Norte chega a seu auge, com áreas extensas de cultivo ao longo do Rio Mississippi e cidades com até 20 mil pessoas.

**1206:** Fundação do sultanato de Déli.

**1211:** Os mongóis começam a conquistar o norte da China e a Eurásia.

**1368:** A dinastia Ming se estabelece na China.

**1393:** Timur (também conhecido como Tamerlão) saqueia Bagdá.

**1405:** Início das viagens de Zheng He no Oceano Índico.

**1438:** Início do período das conquistas incas.

# AS PRIMEIRAS ROTAS COMERCIAIS

Os seres humanos já faziam negócios muito antes de se fixarem como agricultores, trocando artigos como ferramentas e objetos decorativos. A negociação permite àqueles que têm um excedente de determinados produtos obterem outras mercadorias que desejam, além de promover a transferência de culturas e ideias. Assim que a agricultura teve início, os produtores e consumidores vendiam e compravam produtos agrícolas em mercados locais. O comércio de longa distância, por outro lado, é mais complexo: exige intermediários – os mercadores –, preparados para aceitar riscos e atrasos, na expectativa de um lucro posterior.

Um dos primeiros comércios de longa distância de que se tem notícia foi o de obsidiana. Esse vidro vulcânico bem escuro era um dos materiais mais valorizados antes do desenvolvimento da metalurgia, porque podia ser usado para criar lâminas bem afiadas. Já em 14000 a.C., a obsidiana proveniente de fontes encontradas na Anatólia (Turquia asiática) já era comercializada no Levante e no norte da Mesopotâmia.

Vários milênios depois, a partir de aproximadamente 3000 a.C., os antigos egípcios importavam marfim do sul da Núbia, cobre e turquesa de Sinai e âmbar do Báltico. Por volta do século 1º da nossa era, as redes de comércio uniam China, Japão, o Sudeste Asiático, o subcontinente indiano, a Ásia Central, a Arábia, o Leste da África e o Império Romano. Por volta do século 2º, a população de Roma talvez já ultrapassasse 1 milhão de pessoas. O fornecimento de produtos para sustentar a cidade foi um feito econômico, governamental e logístico espetacular, com cereais importados a granel da Sicília, da Tunísia e do Egito.

No mundo antigo e no início do período moderno, a grande potência do comércio de longa distância era a Ásia. Especiarias saíam por via marítima do Sudeste Asiático, enquanto fragrâncias preciosas, como incenso e mirra, seguiam a Rota do Incenso por terra e mar, do sul da Arábia para a região do Mediterrâneo e outras mais adiante. Os mercadores do sul da Arábia também usavam a Rota do Incenso para vender ouro, marfim, pérolas, pedras preciosas, temperos e têxteis, que chegavam aos portos da África, da Índia e do Extremo Oriente. As caravanas transaarianas que levavam ouro e marfim da África Ocidental até o Mediterrâneo também foram importantes a partir do século 8º. Vários reinos africanos ficaram ricos e poderosos com esse comércio. No cinturão do Sahel, que se estende na África Ocidental e ao longo da costa da África Oriental, a disseminação do islamismo e o crescimento do comércio estavam ligados à expansão das cidades, como Timbuktu, no Rio Níger, Kano, no norte da Nigéria, e Mogadíscio e Mombasa, no Oceano Índico.

A mais importante rota comercial de longa distância, a partir do século 1º a.C., era a Rota da Seda – que, na verdade, compreendia uma diversidade de rotas terrestres da China através da Ásia Central e o Oriente Médio até a região do Mar Mediterrâneo e outras mais à frente. A seda era um dos principais produtos de exportação da China, e havia uma grande demanda desse produto por parte das ricas mulheres romanas. Mais tarde, a porcelana também se transformou em um importante produto de exportação. No caminho inverso, os chineses importavam ouro, prata, pedras preciosas, marfim e outras raridades naturais.

Nesse período, a China era tecnologicamente muito mais avançada que a Europa. Foi por meio da Rota da Seda que invenções chinesas como o papel, a impressão, a pólvora e a bússola magnética chegaram ao Ocidente. Doenças também se

Civilização   115

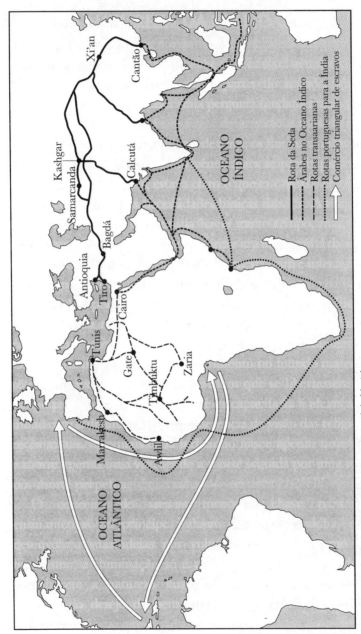

*A Rota da Seda e outras importantes rotas comerciais históricas*

deslocaram na direção ocidental, inclusive a praga que no ano 542 chegou a Constantinopla, capital do Império Romano do Oriente (mais tarde Império Bizantino). O bloqueio da ponta ocidental da Rota da Seda, depois que os turcos otomanos tomaram Constantinopla em 1453, incentivou países como Portugal, às margens do Atlântico, a estabelecerem novas rotas comerciais marítimas para a Ásia passando pelo sul da África.

**"A porcelana chinesa é exportada para a Índia e para outros países, chegando até mesmo a nossos territórios no Ocidente."**

Ibn Battuta (1304-68),
viajante e observador muçulmano

# O NASCIMENTO DAS CIDADES

O desenvolvimento do comércio e o cultivo da agricultura incentivaram o crescimento das cidades. Elas cresceram para facilitar as complexas redes de troca, enquanto a produção de excedentes regulares de alimentos possibilitou que alguns trabalhadores se especializassem em outras tarefas. O desenvolvimento urbano dependia de sistemas agrários que fossem capazes de sustentar grandes populações, e as áreas agrícolas mais ricas com frequência ficavam em vales férteis de rios, como o Eufrates e o Tigre, na Mesopotâmia (atualmente Iraque); o Nilo, no Egito; o Indo, no atual Paquistão; e o Amarelo, na China. Foram nesses locais, portanto, que surgiram as primeiras vilas e cidades.

Algumas das primeiras cidades começaram como focos de poder espiritual e só mais tarde passaram a se relacionar com o aprendizado, a cultura e as leis. Por exemplo, nas cidades

Civilização 117

mesopotâmicas de Nippur (fundada por volta de 5000 a.C.) e Uruk (desenvolvida por volta de 3500 a.C.), a característica mais importante era um local sagrado que consistia em um complexo chamado zigurate, uma espécie de templo, construído com tijolos de lama. Os sacerdotes não só representavam o poder divino, mas também administravam grande parte das terras da cidade, registrando e armazenando a produção agrícola. As elites governantes dessas cidades, com frequência, também ocupavam edificações dentro das áreas religiosas. Mais tarde, muitas cidades, inclusive Jerusalém, foram projetadas ao redor de um templo central. Foi o caso das cidades maias da Mesoamérica, como Chichen Izta, cuja pirâmide templária (El Castillo) ainda domina o lugar.

Na China antiga, uma forte economia, baseada na produção de milhete e arroz e apoiada em um sistema administrativo sofisticado, garantiu que o Estado pudesse sustentar uma grande população urbana. Sob a dinastia Shang (aprox. 1800--1027 a.C.), havia um grande número de cidades importantes. A dinastia Zhou (1027-403 a.C.), que sucedeu à Shang, também viu surgirem diversas cidades notáveis, e foi essa dinastia que forneceu as primeiras provas documentais que temos do planejamento de cidades. Os princípios do projeto urbano Zhou – que continuariam a embasar, na Era Moderna, o traçado das cidades chinesas em forma de grades – foram inspirados em um sistema sagrado, derivado de uma mistura de cosmologia, astrologia, geomancia e numerologia.

> **CIDADES ABANDONADAS**
> Nem todas as cidades se expandiam: às vezes, elas diminuíam ou até eram abandonadas. Angkor, localizada onde hoje fica

118    O pequeno livro da grande história

o Camboja, foi uma das maiores cidades pré-industriais do mundo, e o magnífico templo Angkor Wat foi um de seus milhares de edifícios religiosos. Ficou praticamente abandonada durante o século 15, por motivos desconhecidos, embora os historiadores tenham aventado explicações que remontam a uma invasão ou a alguma praga. Outra possibilidade é que características essenciais de infraestrutura, como sistemas de irrigação, tenham ruído, levando à escassez de alimentos. Teotihuacán (atualmente no México) era a maior cidade nas Américas pré-colombianas durante a primeira metade do primeiro milênio da era cristã, mas, no ano 550, seus principais prédios e monumentos foram atacados e incendiados, ou por invasores ou por conta de um levante interno contra a classe dominante.

Sob a dinastia Tang (618-970), Chang'an (atual Xian) era a capital e tinha uma população de cerca de 2 milhões de pessoas. O projeto simétrico da cidade foi criado para organizar bairros especializados e metodicamente funcionais, cuja demarcação se originou nas ideias chinesas profundamente arraigadas sobre a eficiência espiritual de arranjos e alinhamentos espaciais. A China de Tang compreendia mais de dez cidades com populações superiores a 300 mil pessoas. Durante o fim da dinastia Song (960--1279), Hangzhou, polo mercantil e metrópole, tinha 1 milhão de residentes numa época em que Londres tinha apenas 15 mil.

Visando à segurança e ao controle, as primeiras cidades não raro eram cercadas por muralhas. Segundo o historiador grego Heródoto, as muralhas da Babilônia tinham 100 metros de altura e eram largas o suficiente para permitir que duas bigas puxadas por quatro cavalos passassem lado a lado. Os bairros

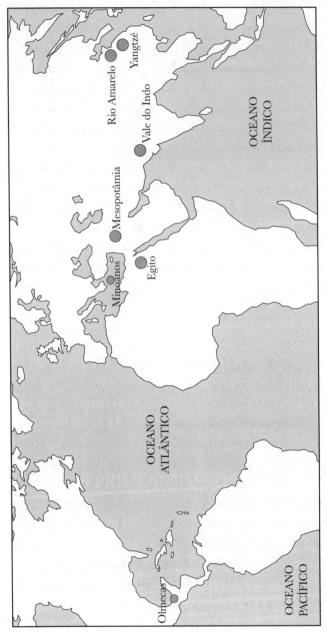

*Primeiras civilizações urbanas, do quinto ao segundo milênio a.C.*

dos artesãos, zonas onde os expoentes de um ofício específico se reuniam, eram uma característica comum. No caso de artesãos como ferreiros, sopradores de vidro e oleiros, a proximidade era um benefício, pois eles dependiam das mesmas matérias-primas e ferramentas e, além disso, poderiam oferecer aos clientes uma localização próxima. Às vezes, as áreas residenciais estendiam-se além das muralhas, ao mesmo tempo que as áreas muradas permitiam refúgio em tempos de conflito.

## TRANSPORTE

Durante milênios, a importância cada vez maior do comércio incentivou o desenvolvimento de novos meios de transporte, que serviram primeiro para ligar e depois para integrar regiões distantes. Tipos diferentes de transporte serviam para diferentes ambientes. Por terra, os principais meios eram a caminhada, a cavalgada e o uso de animais de tração para carregarem cargas e puxarem carroças. Mas a água – seja de rios, lagos ou do mar – com frequência oferecia rotas mais rápidas que as terrestres (com seus pântanos, florestas e terrenos acidentados), e não raro possibilitavam que fossem transportadas quantidades maiores de mercadorias. Pelas rotas terrestres, os pontos principais eram onde os rios podiam ser cruzados a pé, onde pontes podiam ser erguidas ou onde gargantas atravessavam cadeias de montanhas. O transporte por água exigia rios navegáveis e portos naturais, características que frequentemente comandaram a localização de assentamentos humanos. Muitas das cidades mais importantes do mundo hoje em dia cresceram à beira de um rio navegável ou de um porto natural. Embora a tecnologia dos transportes tenha se desenvolvido com o passar dos séculos, sua base permaneceu praticamente a mesma: dependente da força muscular humana ou animal, do vento ou do fluxo da água. Isso até a máquina a vapor transformar, no século 19, o transporte terrestre e marítimo. A condução do gado para a venda em mercados distantes ajudou a criar as rotas terrestres. Essas longas jornadas, que muitas vezes se estendiam por centenas de quilômetros, faziam com que os animais perdessem peso e, portanto, valor; então, eles eram engordados novamente nas pastagens próximas aos mercados. Tudo isso aumentou tanto o custo da carne que só os abastados podiam pagar por ela. A realização de banquetes extravagantes em histórias tradicionais ao redor do mundo revela como a carne era rara e desejável.

Antes do motor a vapor, a viagem por água dependia de condições climáticas e meteorológicas. O inverno congelante, as inundações primaveris provocadas pela neve derretida e a seca do verão causavam problemas, como os assoreamentos naturais, que podiam deixar os rios rasos demais para a navegação. Em muitos rios de corredeira rápida, era impossível usar cavalos às margens para puxar os barcos a montante contra a corrente. Assim, por exemplo, os barcos no Rio Ródano, na França, eram construídos perto da nascente e, então, depois que viajavam rio abaixo com suas cargas, eram destruídos, e sua madeira era usada como lenha.

No mar, as tempestades sempre foram um perigo, enquanto os ventos contrários e as correntes atrasavam a viagem. As direções circulares e contracirculares dos ventos predominantes e das correntes oceânicas afetavam o aumento das migrações e das rotas comerciais marítimas. Por exemplo, era difícil navegar no sul do Pacífico indo de leste para oeste, pois as correntes empurravam os barcos para o norte. No Atlântico, as rotas estabelecidas pelos navegadores europeus no século 17 exploravam os ventos e as correntes dominantes, seguindo o sudoeste quando iam da Europa para as Américas e, ao voltarem, a direção nordeste, várias centenas de milhas ao norte da rota de ida. Os riscos envolvidos na navegação de longas distâncias também afetavam a viagem nos oceanos. Embora os primeiros marinheiros pudessem navegar, em certa medida, guiados pelo Sol e pelas estrelas, ou usando a bússola magnética apresentada pela China à Europa no fim da Idade Média, foram necessários muitos séculos a mais até poderem identificar sua posição longitudinal.

Por terra, os animais eram a principal alternativa para o transporte humano (comum, por exemplo, na África subsaa-riana e na Cordilheira dos Andes, na América do Sul).Diferentes mamíferos foram recrutados como animais de carga em dife-rentes partes do mundo – bois, cavalos, asnos, elefantes, vários membros da família dos camelos (veja a p. 96). No início, esses animais ou carregavam ou puxavam sua carga (com frequência em algum tipo de trenó primitivo). A roda trouxe um grande avanço (veja a p. 99), mas, em grande parte do mundo, a ausên-cia de boas estradas – que, em geral, eram cheias de atoleiros no inverno e lotadas de sulcos no verão – e, obviamente, de uma integração entre elas ainda restringia o transporte por terra. Em muitos lugares, a construção de redes de canais – capazes de transportar cargas maiores – precedeu o estabelecimento de sis-temas viários bem mantidos.

## DO ESCAMBO AO DINHEIRO

O escambo é a maneira mais simples de negociar produtos, os quais são trocados sem que haja dinheiro envolvido. Os produtos podem ser matérias-primas, como cereais; bens manufaturados, como panelas; ou serviços, como trabalho braçal ou contação de histórias.

No entanto, o escambo é um sistema altamente inflexível, pois para que ele aconteça cada um dos negociantes deve ter exatamente os produtos que o outro deseja. Há pouca comprovação de que o escambo tenha mesmo sido usado de forma sistemática em sociedades sem dinheiro ou crédito. Parece mais provável que, quando os seres humanos começaram a negociar produtos com regularidade, logo tenham feito um acordo para manter um registro de produtos trocados, de modo que o vendedor de um produto pudesse conservar um "crédito" para uso posterior.

O dinheiro e o crédito surgiram por esse motivo. Crédito, em sua forma mais simples, é um registro de quanto uma parte "deve" a outra. Dinheiro é algo que tem um valor geralmente acordado e permite que os créditos sejam transferidos entre as partes. O que importa é que os vendedores possam comercializar e pedir um determinado valor em troca de seus produtos,

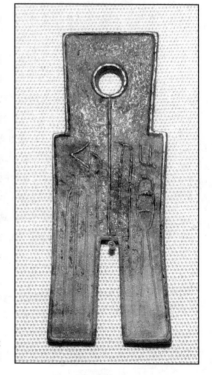

*Moeda-enxada chinesa de bronze (início do século 1º)*

sabendo que podem usar esse valor para comprar produtos diversos. O dinheiro também facilita na hora de armazenar riqueza ou pegá-la emprestado.

Quando existia confiança dentro de uma comunidade comercial e não havia necessidade de transportar dinheiro para longas distâncias, um sistema simples de contagem ou fichas sem valor podia ser usado. Mas, quando havia menos confiança ou em negociações a longas distâncias, outras soluções eram necessárias. Um dos primeiros registros de crédito foi o bastão de contagem, um pedaço de madeira com uma escala de medida e quebrado ao meio, cujas metades eram levadas uma pelo credor e a outra pelo devedor (já que não há dois pedaços de madeira que se quebram da mesma maneira, era fácil verificar se havia ou não trapaça). Algumas sociedades também optavam por usar como dinheiro objetos com algum valor intrínseco ou alguma raridade, já que artigos com valor intrínseco poderiam ser usados mesmo que não fossem aceitos como dinheiro, e objetos raros eram mais difíceis de serem falsificados. Podiam ser objetos feitos de metais preciosos, como prata e ouro, mas havia uma variedade de formas mais antigas, inclusive conchas raras (valorizadas por seu uso em joalheria), ferramentas úteis, trigo e gado.

Conchas foram utilizadas como dinheiro em várias épocas, em praticamente todos os continentes. As conchas de cauris (ou búzios) serviram como símbolos de troca nos arredores do Oceano Índico já em 1200 a.C., e até meados do século 19 as conchas ainda eram um instrumento legal em algumas partes da África Ocidental. Na China, os búzios eram símbolos de troca tão importantes que o ideograma chinês clássico de "dinheiro" ou "moeda" deriva de um pictograma de um búzio. Conforme o tempo foi passando, as pessoas que viviam longe do litoral não conseguiam obter búzios suficientes para suas necessidades comerciais, então começaram

Civilização 125

*Moedas de ouro de Creso, rei da Lídia (século 7º a.C.), e um tetradracma de prata macedônio representando a cabeça de Apolo (século 5º a 4º a.C.)*

a fazer versões simbólicas com materiais disponíveis, como chifre, osso, pedra, argila, bronze, prata e ouro.

Por volta de 1100 a.C., os chineses adotaram outro sistema monetário. Eram réplicas em miniatura de ferramentas e armas – que antes eram itens valiosos na hora da troca –, fundidas em bronze. Mas as pontas afiadas de enxadas, pás, punhais e flechas em miniatura dificultavam o manuseio e, com o passar do tempo, esses objetos passaram a ser representados por discos de metal.

No entanto, as primeiras moedas "de verdade" foram cunhadas do outro lado da Ásia, por volta do ano 560 d.C., no reino da Lídia, onde hoje é a Turquia. Eram feitas de uma mistura de ouro e prata chamada *electrum* e tinham o cunho do rei como garantia de valor. À medida que os cunhadores melhoravam suas habilidades, acrescentavam mais detalhes a fim de demonstrar que cada moeda tinha o mesmo teor de metal e o mesmo peso. Perceberam que o importante no dinheiro era as pessoas confiarem nele.

> **O TRIGO COMO DINHEIRO EGÍPCIO**
> O valor intrínseco de um símbolo monetário raramente é tão alto quanto seu valor de troca. Os búzios, o ouro e a prata têm um certo valor, com base em suas possibilidades decorativas, mas esse valor aumenta quando são usados como moeda. Já moedas compostas de *commodities* são mais raras. Uma exceção notável foi a moeda de trigo dos antigos egípcios. Durante milênios, eles basearam um complexo sistema bancário e financeiro no trigo, que, como alimento básico para toda a população, tinha um valor intrínseco instantâneo e significativo. Em muitas partes do mundo, tal sistema monetário não seria possível por causa da imprevisibilidade das colheitas, mas a enchente anual e o solo confiável do Vale do Nilo indicavam que os egípcios podiam confiar no trigo como uma moeda estável, ainda que volumosa.

## PAPEL-MOEDA

Depois que os lídios cunharam as primeiras moedas, esses pequenos discos feitos de metais preciosos ou semipreciosos se tornaram as formas mais comuns de dinheiro em muitas partes do mundo durante dois milênios. Mas, para grandes transações, as moedas são pesadas e volumosas, e as cédulas de papel, com a

Civilização 127

promessa de pagamento ao portador mediante apresentação, acabaram se mostrando bem mais convenientes.

As primeiras notas promissórias, feitas de couro, foram produzidas na China no século 2º a.c. Depois que os chineses inventaram o papel, rapidamente perceberam que era o material ideal para as cédulas, e as notas de papel começaram a circular de forma local no século 7º d.C. e, de forma mais geral, no século 10º.

No final da Idade Média, os comerciantes da Itália e de Flandres começaram a usar notas promissórias pessoais, e esses acordos de dívida se tornavam pagáveis em moeda a qualquer pessoa que os tivesse em sua posse. Foi só na década de 1660 que as primeiras cédulas europeias foram impressas. Inicialmente, elas eram impressas por bancos ou outras instituições privadas, embora mais tarde essa função tenha se tornado uma prerrogativa exclusiva dos governos nacionais.

A primeira emissão de papel-moeda feita por um governo europeu aconteceu na verdade nas colônias norte-americanas. Como as moedas que vinham da Europa podiam levar semanas – se não meses – para chegar por navio, os governos coloniais às vezes precisavam recorrer à emissão de notas promissórias. O primeiro exemplo ocorreu no Canadá francês, em 1685, quando o governador atribuiu um valor oficial a cartas de baralho e as assinou para que pudessem ser usadas como dinheiro.

Ao longo do século 18, o papel-moeda ajudou a expandir o comércio, em especial no âmbito internacional, e os bancos e os comerciantes ricos começaram a comprar e vender moedas estrangeiras, criando assim os primeiros mercados de câmbio. Se os comerciantes acreditassem que o governo de determinado país era forte e estável, o valor de sua moeda provavelmente aumentaria em relação a outras moedas. A concorrência internacional levou os países a tentarem influenciar o valor da

128   O pequeno livro da grande história

moeda dos concorrentes, aumentando-o para que os produtos deles ficassem caros demais para serem exportados ou reduzindo-o para minar a capacidade do rival de importar mercadorias – e de bancar guerras.

**"Todos esses pedaços de papel são emitidos com solenidade e autoridade, como se fossem ouro e prata puros (...) Kublai Khan os faz circular, sem exceção, por todos os seus reinos, províncias e territórios."**

*As viagens de Marco Polo* (1298)

## CRÉDITO, DÉBITO E INVESTIMENTO

Mesmo algumas das primeiras economias já tinham sistemas de crédito. E, onde há sistemas de crédito, há crises periódicas de dívida. Muitas guerras e revoluções tiveram suas origens em problemas de dívida ou remissão de dívida.

Bastões de contagem e registros similares de crédito remontam a civilizações tão antigas quanto a Mesopotâmia – assim como as ofertas de empréstimos com juros. Onde quer que esses empréstimos estivessem disponíveis, havia sempre a chance de que os tomadores de empréstimos ficassem em atraso e tivessem suas posses confiscadas – ou, pior, que membros de sua família fossem levados como "escravos por dívida". Para resolver os problemas sociais que isso causava e manter a lealdade de seus súditos, os reis sumérios e babilônicos anunciaram "jubileus" periódicos, nos quais as dívidas dos consumidores eram anuladas. Mais tarde, líderes gregos e romanos, diante de ameaças de revolta dos devedores, anunciaram pagamentos aos cidadãos, por exemplo, por meio de alíquotas de impostos negativas.

Civilização 129

A consciência em relação aos problemas que as dívidas poderiam causar também se refletia em pronunciamentos morais, religiosamente sancionados ou não. Em *A república*, o filósofo grego Platão levantou a seguinte questão retórica: "A justiça não é apenas uma questão de pagar as dívidas de alguém?", para a qual a resposta era que a justiça é muito mais complexa que isso. A usura (a prática de empréstimos com juros) foi proibida pela igreja cristã medieval. Ao mesmo tempo, o Islã permitia apenas empréstimos em troca de participação nos lucros (em que o credor podia reivindicar apenas uma parte dos lucros do investimento dos devedores, não juros) e baniu a escravidão por dívida. Mas os sistemas bancários que se desenvolveram na Europa (começando na Itália no final da Idade Média) e que financiaram uma grande expansão da atividade comercial eram baseados no empréstimo de dinheiro visando ao lucro.

Além disso, pode-se argumentar que, sem o relaxamento das leis sobre a usura na Inglaterra em 1545, a Revolução Industrial – que começou dois séculos depois (veja a p. 186) – simplesmente não teria acontecido: a perspectiva de obter um retorno sobre o capital estimula as pessoas a arriscarem seu dinheiro, investindo-o. E, assim, a perspectiva de renda por meio de empréstimos se tornou uma característica fundamental do sistema capitalista, desde o início do seu desenvolvimento. A fundação do Banco de Amsterdam, em 1609 (precursor de todos os bancos centrais modernos), e do Banco da Inglaterra, em 1694, deu à Holanda e à Grã-Bretanha sistemas de crédito mais sofisticados e estáveis do que qualquer outro lugar, e os dois países registraram um crescimento significativo em suas economias.

O uso cada vez mais frequente do papel-moeda incentivou um crescimento maior da emissão de dívida. Isso facilitou a tomada de empréstimos, mas ao mesmo tempo dificultou a avaliação dos ativos de um mutuário e, assim, o cálculo de quanto essa pessoa poderia pedir emprestado com um nível aceitável de risco. Essa situação foi prejudicada pela imprevisibilidade da economia. Fatores como tempestades e doenças poderiam destruir a produção e o comércio. Esses infortúnios não podiam ser adequadamente compensados pelo seguro, que era outra característica do sistema econômico que gradualmente cresceu ao longo do tempo.

"**Renda anual de 20 libras, gasto anual de 19,96, resulta em felicidade. Renda anual de 20 libras, gasto anual de 20,06 libras, resulta em miséria.**"
Sr. Micawber, personagem do romance *David Copperfield* (1850), de Charles Dickens. Como o pai de Dickens e milhares de outros, Micawber foi encarcerado em uma prisão de devedores por não pagar seus credores

A combinação de papel-moeda com emissão de dívida significa que nem sempre se pode contar com liquidez – dinheiro disponível para emprestar. Mudanças na disponibilidade de crédito, às vezes na forma de ciclos de expansão e contração do crédito, criam *booms* econômicos ou crises e levam a diferentes problemas gerados pelas altas taxas de inflação e deflação. Por exemplo, na França, a especulação em relação aos valores das ações e uma explosão maciça da quantidade de papel-moeda levaram a um colapso financeiro em 1720, no qual os títulos bancários perderam a validade: o sistema de papel-moeda entrou em colapso.

As causas subjacentes das recessões econômicas e das depressões no mundo moderno são as mesmas que afetaram os primeiros sistemas econômicos da Mesopotâmia, e pode ser que os problemas de dívida e perdão da dívida nos âmbitos local e internacional continuem a influenciar as escolhas políticas e econômicas do futuro.

## ESCRITA

Não há a menor dúvida que a escrita é a ferramenta mais importante no desenvolvimento intelectual da humanidade. Antes da escrita, o conhecimento acumulado e a experiência de um indivíduo ou de uma comunidade só podiam ser transmitidos oralmente, inibindo seu volume e variedade. O conhecimento podia se perder com a morte de um indivíduo ou ser distorcido pelas falhas da memória humana.

Assim que a escrita surgiu, o conhecimento pôde ser registrado e armazenado ao longo do tempo. Com o advento dos livros e das bibliotecas, as pessoas não precisavam mais depender da memória e podiam finalmente acessar a sabedoria acumulada ao longo das eras.

Tentativas de deixar registros permanentes remontam a pelo menos 20 mil anos atrás, durante a última era glacial na Europa, quando caçadores paleolíticos costumavam fazer incisões em ossos e galhadas que podem ter funcionado como calendário, talvez registrando os movimentos migratórios das presas, como as renas.

Mas a verdadeira escrita tem que ser muito mais flexível. Os símbolos escritos têm de transmitir as palavras e os sons reais de uma língua falada, não apenas ideias amplas. Um único sistema de escrita pode ser usado para representar vários idiomas diferentes. Por exemplo, o alfabeto romano, que tem cerca de 2.500 anos, é usado para escrever vários idiomas europeus, do romeno ao norueguês.

Diferentes sistemas de escrita surgiram de forma independente, em lugares tão diversos quanto o Oriente Próximo, a Mesoamérica, o Vale do Indo e a China. O mais antigo foi aquele desenvolvido na Mesopotâmia por volta de 3100 a.c. Era a escrita cuneiforme, palavra que significa "em forma de cunha", referindo-se às marcas feitas pelos escribas com uma agulha em suas tabuletas de argila.

## SISTEMAS DE ESCRITA DIFERENTES

Existem três tipos principais de escrita. Em escritas logográficas, como o chinês, cada símbolo representa uma palavra inteira. Nos sistemas silábicos, como o antigo cuneiforme babilônico e o japonês, cada símbolo representa uma única sílaba. Em sistemas alfabéticos, como o grego, o hebraico, o árabe e o nosso próprio sistema romano, cada símbolo geralmente representa um único som.

A escrita teve início nas primeiras sociedades urbanas, que eram mais estratificadas que nos tempos pré-urbanos. A elite dominante precisava dela como um meio de manter o controle sobre a grande quantidade de mercadorias e os inúmeros indivíduos. A inscrição monumental do nome de um governante – encontrada, por exemplo, em lajes de pedra na Mesoamérica e em antigos ossos oraculares chineses – ajudava a reforçar seu status exclusivo e poderoso.

No devido tempo, a maioria das sociedades alfabetizadas (mas não todas) começou a usar a escrita visando a uma variedade maior de objetivos: contratos comerciais, cartas, rituais religiosos e leis, tanto religiosas quanto não religiosas. A literatura escrita chegou mais tarde: por exemplo, na Mesopotâmia,

Civilização 133

a *Epopeia de Gilgamesh*, originalmente transmitida por via oral, só foi escrita no século 7º a.C. Embora estejamos falando das primeiras "sociedades letradas", havia na verdade poucas pessoas que sabiam ler e escrever. Aqueles que sabiam eram geralmente escribas treinados; mesmo muitos dos governantes, os principais beneficiários da escrita, podem ter sido analfabetos. De fato, em todo o mundo antigo e durante a Idade Média, a alfabetização estava restrita a minorias. Somente com a chegada da impressão é que os benefícios da escrita começaram a se espalhar de forma mais ampla (veja p. 175).

# LEIS

As leis, originalmente impostas por líderes familiares e comunitários na forma de tabus e obrigações, foram se tornando mais complexas à medida que as sociedades se desenvolviam. Como um sistema formal, elas estavam relacionadas à expansão dos governos e da escrita.

Não há como determinar em que medida os conceitos de certo e errado são inatos, evolucionários ou criados dentro da sociedade. Alguns defendem que eles se desenvolveram como parte da prática religiosa, outros que eles antecedem a religião. Mas é claro que, na época em que as primeiras leis foram escritas, elas serviam, em parte, para registrar o que uma sociedade julgava permissível ou não, e isso variava de acordo com as suas necessidades e valores. As leis eram também uma codificação de valores que os líderes ou governantes queriam impor a seus súditos, mas, com o tempo, também passaram a ser uma restrição ao poder absoluto do governo. Na Atenas antiga, por exemplo, a constituição draconiana, ou código de Drácon, foi criada em resposta à modificação injusta e arbitrária das leis orais da aristocracia no século 7º a.c. A Magna Carta (1215) marcou um momento análogo na história inglesa porque impôs limites ao poder real.

Os códigos jurídicos variavam quanto a considerar que um ato criminoso era uma ofensa contra o indivíduo ou a comunidade, ou, ainda, contra o Estado. Isso está relacionado à distinção entre justiça retributiva (quando a lei define de que forma um infrator deve ser punido) e justiça restaurativa (quando os infratores devem reparar o dano que causaram). Muitos códigos jurídicos antigos incorporavam uma forte tendência retributiva. Por exemplo, o código do rei babilônico Hamurabi (que data de 1754 a.c., um dos primeiros códigos jurídicos que ainda podem ser estudados minuciosamente) ordena "olho por olho, dente por dente", com palavras muito semelhantes às da lei de Moisés no Antigo Testamento. No entanto, também exigia compensação por crimes de propriedade, assim como o antecedente Código de Ur-Nammu, na Suméria, e o Pentateuco judaico. Em Roma, a Lei das Doze Tábuas (450 a.c.) exigia que um ladrão condenado pagasse o dobro do valor dos bens que havia roubado.

As leis não lidavam exclusivamente com crime e punição, mas também ofereciam meios pacíficos de resolver controvérsias e, nas sociedades que reconheciam a propriedade privada, meios de registrar a titularidade da propriedade. Também incluíam regras sobre como contratos e negócios deveriam ser regulamentados.

**"No seu auge, o homem é o mais nobre de todos os animais; distanciado da lei e da justiça, ele é o pior."**

Aristóteles, *Política*, Livro 1 (século 4º a.c.)

Os códigos jurídicos também variavam no que se refere ao equilíbrio entre proteger os direitos dos cidadãos e impor obrigações. Por exemplo, proteger a liberdade de expressão ou a prática religiosa tem sido uma parte importante da lei em algumas sociedades, enquanto em outras a lei incluiu exigências religiosas ou proibiu certos tipos de manifestação pública, como críticas ao governo ou declarações consideradas blasfêmias. Alguns códigos têm deveres específicos, como prazos fixos para um cidadão servir no Exército. E muitos códigos jurídicos incluem leis que restringem a liberdade individual em bases especificamente morais ou religiosas. Por exemplo, a homossexualidade foi (e continua sendo) ilegal em muitos países, não importa se praticada entre adultos, com consentimento mútuo. A tensão entre proteger direitos e impor responsabilidades aos cidadãos também se relaciona com argumentos sobre a legitimidade do próprio governo (veja a p. 191).

Tais debates continuam. Os sistemas jurídicos atuais incluem elementos retributivos e restaurativos, e países de todo o mundo variam quanto à maneira como equilibram direitos e responsabilidades e no que diz respeito a quão autoritária é a elaboração de suas leis.

## IMPÉRIOS ANTIGOS

Quando os Estados se expandem e começam a governar vários povos, podem ser considerados impérios. Esses impérios se desenvolveram primeiro nas zonas mais povoadas do mundo, sobretudo porque o aumento da riqueza forneceu meios para seu crescimento.

Alguns dos primeiros impérios se localizavam no Egito, no Oriente Médio, no norte da Índia e na China. Eram liderados por governantes que professavam autoridade como representantes dos deuses. O primeiro império na Ásia Ocidental foi fundado aproximadamente em 2300 a.c. por Sargão, que uniu as cidades-estado da Suméria (sul do Iraque) e conquistou as regiões vizinhas da Mesopotâmia. Em seguida, surgiu um império com base na cidade de Ur e, depois, o Império Babilônico de Hamurabi (1790-1750 a.c.). Na China, tanto a dinastia Shang (1600 a.c.) quanto a sua sucessora, a dinastia Zhou (1100 a.c.), dominaram áreas maiores que os impérios contemporâneos do Oriente Próximo. Os Zhou dividiram-se em muitos Estados menores em 770 a.c., e essa situação persistiu até a dinastia Qin unir a China em 221 a.c.

**"Um império fundado pela guerra tem que se manter pela guerra."**

Montesquieu, *Considerações sobre as causas da grandeza dos romanos e da sua decadência* (1734)

A força militar foi crucial para a expansão imperial. Por exemplo, o Império Neoassírio (911-612 a.c.) foi capaz de conquistar grande parte da Mesopotâmia, da Anatólia, do Levante e do Egito, em parte porque seus soldados treinados profissionalmente manejavam armas de ferro. A força militar foi decisiva na criação e na expansão do Império Persa no século 5º a.c., do Império Macedônio no século 4º a.c. e, mais notoriamente, do Império Romano, que no fim do século 1º da nossa era se estendia da Grã-Bretanha ao Egito e à Síria.

Embora a força militar fosse necessária para criar um império, mantê-lo em funcionamento era uma questão mais complexa, que dependia do governo, da burocracia, de medidas econômicas e muito mais. Em especial, os impérios precisavam

Civilização 137

manter o apoio das áreas conquistadas (o que era mais fácil naquela época do que no mundo moderno, pois as ideias de autodeterminação dos povos, sem falar na democracia, não existiam). Um meio de fazê-lo era assimilar os povos conquistados, por meio da difusão da religião do império ou da tolerância e cooptação das religiões locais. Em alguns casos, como o de Roma, o império pôde oferecer o direito de cidadania para parte da população local e assim conseguir a sua lealdade.

Os impérios dependiam também da transferência de recursos e, para isso, protegiam o comércio e impunham impostos. Impérios fortes proporcionavam segurança e estabilidade em um mundo que pouco tinha das duas, e, em alguns casos, isso lhes rendia apoio popular a curto prazo. Embora os romanos cobrassem impostos e apreendessem escravos e mercadorias importadas das vizinhanças de seu império, também acreditavam ter uma "missão civilizadora": um conceito promovido inicialmente por escritores como Cícero. Do outro lado do império, as populações locais construíam cidades e estradas no estilo romano e adotavam costumes romanos em relação à alimentação, ao vestuário e à horticultura. Por sua vez, o império recrutava administradores locais e, com o tempo, os romanos também passaram a se casar com o povo não romano. (Alexandre, o Grande, encontrou um engenhoso atalho para a estabilidade: ordenou aos generais que se casassem com a classe dominante local. Em Susa, em 324 a.C., ele fez 80 de seus generais se casarem com princesas persas do derrotado Império Aquemênida).

Na Índia, o Império Máuria (321-185 a.C.), o primeiro a conquistar toda a península indiana, é um bom exemplo dos desafios do domínio imperial. Durante o reinado de Asoka, o Grande (304-232 a.C.), afirmava-se que o império continha a maior cidade do mundo na época (Pataliputra) e que controlava

138    O pequeno livro da grande história

um exército de 600 mil homens de infantaria e 30 mil homens de cavalaria, além de 9 mil elefantes de guerra. Mas também contava com uma estrutura administrativa complexa. Cada província era governada por um membro da família real. Os governantes locais duravam enquanto recolhiam e pagavam seus impostos, mas tinham sua lealdade constantemente sob o escrutínio dos representantes reais e de uma rede de espiões. Em troca, o império construía instalações públicas, como sistemas de irrigação e estradas. Mantinha também um sistema de justiça e pagava para desflorestar e preparar as terras para a agricultura (uma tarefa crucial quando a prosperidade econômica dependia da agricultura). As rotas comerciais eram estimuladas, bem como as boas relações com os parceiros comerciais. O resultado foi um longo período de paz e prosperidade, que tornou mais fácil a tarefa de manter a lealdade ao império.

Na China, o nível de organização era ainda maior. Sob a dinastia Qin, a administração do império era realizada por um grande serviço público, cujos membros eram escolhidos inicialmente a partir de recomendações de autoridades locais. A subsequente dinastia Han (206 a.C.-220 d.C.) refinou o sistema e fundou uma universidade que ensinava aos funcionários públicos princípios confucionistas de governo (veja a p. 151). Eram testados rigorosamente antes de ingressar na burocracia, que seria o alicerce de muitos impérios chineses posteriores.

## POR QUE OS IMPÉRIOS DECLINAM

Por mais de meio milênio, Roma espalhou sua civilização pela força das armas em grande parte da Europa, da África do Norte e do Oriente Próximo. Por que, então, no século 5º d.C., o poder romano entrou em colapso?

Roma estava sob pressão havia algum tempo. As tribos germânicas já vinham pressionando as fronteiras do império há séculos. Elas, por sua vez, estavam sendo pressionadas por povos guerreiros que se espalhavam pela Ásia, como os hunos. O Império Romano dependia cada vez mais do exército, e isso encorajou uma série de generais a se declararem imperadores. O resultado foi instabilidade política e guerra civil. O custo de defender o império levou a uma inflação absurda e a impostos altíssimos. O comércio e a agricultura sofreram, e a fome e as epidemias danificaram ainda mais a estrutura da sociedade. No século 4º, a sede do poder romano foi transferida para uma nova capital no leste, Constantinopla (atual Istambul). Roma foi abandonada à própria sorte. Em 410, foi saqueada pelos visigodos, e o último imperador romano do Ocidente caiu em 476.

Alguns impérios decaíram a uma velocidade catastrófica. Alexandre, o Grande, da Macedônia, destruiu o Império Persa nos anos 330 a.C. Os astecas no México e os incas na América do Sul extinguiram-se dois ou três anos após a chegada dos espanhóis, no início do século 16.

Ao longo de 7.500 anos, sucessivas dinastias governantes na China entraram em colapso por várias razões – rivalidade interna, revoltas camponesas, invasão estrangeira –, mas cada nova dinastia posterior à dinastia Qin herdava tanto o território imperial quanto a estrutura administrativa de poder de seu antecessor, e assim a China permaneceu um império unido durante a maior parte de sua história. Compare isso com o fim do Império Máuria, na Índia, que não conseguiu deixar um legado de instituições imperiais fortes. Isso se deve em parte ao fato de o sistema chinês ter se tornado meritocrático, e indivíduos competentes governavam o império mesmo que os imperadores fossem fracos ou impopulares, ao passo que, após a morte do popular e carismático Asoka, o Grande, em 232 a.C., o Império Máuria entrou em declínio e desmoronou em 50 anos. As razões pelas quais os impérios caem tendem a se relacionar aos desafios que todos eles enfrentam. Manter a lealdade das populações locais, manter a força militar, estimular a prosperidade econômica e construir uma estrutura administrativa forte e flexível o suficiente para dominar territórios distantes são desafios difíceis, e a incapacidade de alcançar qualquer um deles pode levar à desintegração ou ao colapso do império.

## POLITEÍSMO E MONOTEÍSMO

Os humanos podem ter praticado várias formas de religião por dezenas de milhares de anos (veja a p. 80), mas sabemos pouco sobre suas crenças até o advento das sociedades letradas, no terceiro e no segundo milênio a.C.

Diferentes Estados tinham diferentes mitologias e cosmologias, que, muitas vezes, serviam para explicar e justificar o poder do governante. A maioria das religiões primitivas era politeísta (tinha vários deuses), e, como o Estado e a família, os deuses e deusas eram organizados em hierarquias. Além de espelhar a identidade cultural e as estruturas de poder, esses panteões de deuses e deusas muitas vezes também representavam as forças elementares da natureza e os ciclos da vida e da morte.

No antigo Egito, por exemplo, o deus Sol e juiz supremo era Rá, e o faraó, como "Filho de Rá", recebia status divino. O faraó era também conhecido como Hórus, o deus-falcão, filho da

Civilização    141

deusa Ísis e de seu marido, Osíris, deus dos mortos, da vegetação e da enchente anual do Nilo que regava as plantações. Osíris foi morto por seu irmão Seth, deus da desordem, da violência e das tempestades, mas Hórus, por sua vez, derrotou Seth. Tudo isso serviu para consolidar a soberania do faraó como portador de paz e prosperidade para sua terra.

Os 12 deuses olímpicos dos antigos gregos também refletiam as estruturas de poder, as qualidades humanas e as forças da natureza. Zeus, por exemplo, o governante dos deuses, também era o deus do céu, enquanto sua esposa, Hera, que ele frequentemente traía, era guardiã do casamento e do parto. Os gregos contaram muitas histórias sobre seus deuses, que demonstravam uma quantidade razoável de fraquezas e loucuras típicas dos humanos: luxúria, orgulho, raiva, ciúme. Os romanos tinham os seus próprios, equivalentes aos deuses gregos e, por fim, os imperadores romanos frequentemente assumiam um status semidivino.

O hinduísmo surgiu na Índia por volta de 1500 a.C. Ele também tem um panteão de deuses, alguns dos quais são casados entre si, enquanto outros têm vários "avatares" diferentes – manifestações de si mesmos. Três dos principais deuses representam o ciclo da vida e da morte: Brahma é o criador; Vishnu, o preservador; e Shiva, o destruidor. O zoroastrismo, que surgiu no Irã possivelmente por volta de 1200 a.C., retratou a vida como uma luta entre dois deuses, um "sábio senhor" e um "espírito hostil". Atribuir certas qualidades, características e poderes a diferentes deuses e deusas era uma forma de os humanos tentarem entender sua própria condição.

**"Eu sou o Senhor, teu Deus, um Deus zeloso."**

Êxodo 20:5

Não se sabe quando o monoteísmo (crença em um único deus) surgiu pela primeira vez. O judaísmo, o cristianismo e o islamismo enfatizam a batalha entre o bem e o mal, e a origem de seu monoteísmo remonta ao pacto entre Deus e Abraão, supostamente por volta de 2000 a.C. No entanto, essa história foi escrita cerca de 1.500 anos depois, e provavelmente só então Javé se tornou o único deus dos judeus e, mais tarde, dos cristãos e dos muçulmanos.

## EPOPEIAS

Muitas civilizações antigas produziram obras literárias bastante extensas, muitas vezes em versos, que representavam sua visão de si mesmas. Esses poemas épicos geralmente giram em torno das aventuras de um ou mais heróis guerreiros e, com frequência, se misturam com mitos e religiões dos povos que os criaram. Por exemplo, o épico hindu *Ramayana*, composto no primeiro milênio a.c., relata as vidas, os amores e as batalhas de Rama, um avatar do grande deus Vishnu.

As primeiras epopeias eram transmitidas oralmente. A *Ilíada*, atribuída a Homero e escrita pela primeira vez no século 8º a.C., pertence a uma longa tradição da poesia oral grega e fala de uma guerra entre gregos e troianos, que pode ter ocorrido várias centenas de anos antes. Da mesma forma, a antiga epopeia mesopotâmica de *Gilgamesh*, escrita no século 7º a.C., registrou contos mais antigos que haviam sido transmitidos de pais para filhos, inclusive a história de um grande dilúvio que também aparece na Bíblia judaica e em outros mitos e lendas do Oriente Próximo. O mais antigo manuscrito do épico anglo-saxão *Beowulf* data do final do século 10º,

Civilização 143

O deus hindu *Rama*, *herói do poema épico indiano* Ramayana, *persegue o demônio Maricha, que assumiu a forma de um cervo dourado*

mas o próprio poema provavelmente foi composto cerca de 300 anos antes. Sua narrativa, misturando ficção e um pouco de fato histórico, é ambientada na Escandinávia do século 5º e no norte da Alemanha, de onde os antepassados dos anglo-saxões migraram para a Inglaterra.

As epopeias, em geral, são sobre as origens das pessoas que as criaram, e seus heróis e vilões incorporam qualidades consideradas desejáveis. A *Ilíada* foi o produto de uma sociedade guerreira, e seu herói, Aquiles, foi descrito como pouco mais que uma máquina de matar altamente eficaz. O herói epônimo de *Beowulf*, ao contrário, embora também um guerreiro e tecnicamente um pagão na época em que se passa o poema, é um personagem muito mais cheio de nuances, recebendo um leque de virtudes cristãs que se adequam aos valores do público do poema.

Embora os primeiros poemas épicos tenham surgido ainda na tradição oral e, pouco a pouco, tenham ampliado seu significado cultural, alguns posteriores foram criados por seus autores como celebrações conscientemente literárias de uma nação ou cultura. O primeiro exemplo notável é a *Eneida*, do poeta romano Virgílio, efetivamente o poeta oficial do primeiro imperador romano, Augusto. Virgílio baseia-se nas histórias da *Ilíada*, considerando o príncipe troiano Eneias o seu herói. Eneias escapa de Troia quando os gregos a incendeiam e, depois de muitas viagens e batalhas, se torna o ancestral dos romanos. Ao criar um ancestral que remete a uma época em que deuses e heróis andavam pela Terra, Virgílio confere legitimidade e dignidade a Roma e a Augusto.

### "Canto as armas e o varão (...)"
Virgílio, *Eneida*, frase de abertura (19 a.C.)

Civilização    145

# A HISTÓRIA DA ESCRITA

O que agora chamamos de História – o estudo acadêmico do passado – surgiu aos poucos dos mitos e lendas que, durante muito tempo, as pessoas contaram umas para as outras sobre os seus ancestrais e suas origens. Os primeiros escritos sobre o passado com frequência equivaliam a pouco mais que listas de reis, descrevendo a linhagem do atual governante – que muitas vezes descendia de um deus – e conferindo sanção divina ao *statu quo*. Os primeiros poemas épicos, como a *Ilíada*, de Homero, até podem ter ecos de eventos históricos distantes (veja a p. 143), mas o seu objetivo era encantar e tocar seus ouvintes, não explicar eventos ou oferecer uma visão equilibrada do passado. Esses grandes poemas heroicos refletiam e celebravam os valores das sociedades de onde vinham. As histórias começaram como mitos fundadores, os mitos de povos, dinastias e religiões. A religião desempenhou um papel fundamental nesse processo. Até hoje, os historiadores não conseguem evitar reproduzir, em alguma medida, os valores e prioridades de suas sociedades, embora geralmente haja uma tentativa de buscarem equilíbrio e objetividade.

O primeiro a tentar fazer isso foi Heródoto, um grego que viveu aproximadamente entre 485 e 425 a.C. Para escrever seu relato sobre as guerras greco-persas travadas no início de seu século, ele viajou pela Grécia, procurando aqueles que de fato haviam participado do conflito. Afirma claramente que nem sempre é possível garantir a verdade de um "fato": ele está apenas relatando o que lhe foi dito. Definiu a história como aquilo que pode ser verdadeiramente descoberto, em vez de apenas relatos sobre o passado. Heródoto organizou seu material de forma sistemática e crítica, depois compilou-o em uma narrativa coerente e imparcial.

## "Escrevo na esperança de preservar da decadência a memória daquilo que os homens fizeram."

Heródoto (*c.* 485-*c.* 425 a.C.), *As histórias*

Um contemporâneo mais jovem de Heródoto, Tucídides (*c.* 460-*c.* 400 a.C.), escreveu sobre a Guerra do Peloponeso entre Atenas e Esparta com imparcialidade semelhante e com ênfase em provas, mas muitos historiadores clássicos posteriores claramente tinham planos. O historiador romano Lívio era um propagandista das virtudes da "Era do Ouro" (parcialmente imaginada) da República Romana, exatamente quando o Império a estava superando. Um século depois, seu compatriota Tácito enfatizou os fracassos e vícios dos imperadores que usurparam a república.

Esses autores incorporaram o conceito de história como uma fonte de exemplos para guiar a ação no aqui e no agora, uma visão que estava explícita no trabalho de Plutarco (*c.* 46-*c.* 120), biógrafo grego que assumiu a cidadania romana. Em seu livro *Vidas paralelas*, ele comparou uma série de gregos e romanos famosos, enfatizando as maneiras como eles compartilhavam falhas morais e virtudes. Plutarco acreditava que era o caráter dos líderes que moldava o destino de grande parte da humanidade.

Essa versão de "grande homem" da história, comum por muitos séculos não apenas na Europa, mas também na China e no mundo muçulmano, alimentou o debate entre historiadores. Por exemplo, opondo-se a Thomas Carlyle (cuja abordagem histórica centrou-se nos "heróis" da história) no século 19, Herbert Spencer argumentou que os grandes líderes eram apenas produtos das sociedades de onde vinham. Aqueles que concordam com ele acreditam que a história deve se concentrar nas causas mais amplas dos eventos históricos e tentar detectar padrões e tendências políticos, econômicos, sociais e culturais subjacentes.

Civilização 147

# A NATUREZA DA REALIDADE

Cerca de dois milênios e meio atrás, algo notável aconteceu na história do pensamento. Em várias partes do mundo, vários indivíduos começaram a fazer uma pergunta fundamental: o que é real? Durante centenas de milhares de anos, os humanos estavam ocupados demais com a sobrevivência para se preocupar com essas questões. Para eles, estava claro o que era "real": comida, abrigo, reprodução, as necessidades básicas da vida. A religião (veja a p. 80 e a p. 141) existia havia muito tempo, mas, em geral, o mundo dos deuses e dos espíritos era inseparável da vida cotidiana das pessoas. Os dois reinos se mesclavam e interagiam um com o outro.

Na Índia, por volta de 800 a.C., surgiu o conceito hindu de *samsara*, ou reencarnação: a ideia de que todas as criaturas seguem um ciclo de nascimento, morte e renascimento. O alívio da infindável roda do sofrimento no mundo material só era possível para aqueles indivíduos que se libertassem do desejo pelas coisas terrenas, o que os capacitaria a alcançar a união com o divino. *Samsara* se diferencia da visão das religiões monoteístas, nas quais cada indivíduo nasce apenas uma vez e morre apenas uma vez, sendo a morte seguida por uma vida pós-morte perpétua.

O conceito de *samsara* tornou-se chave para os ensinamentos do príncipe indiano Gautama Buddha, que desenvolveu suas ideias por volta de 500 a.C. Como no hinduísmo, a iluminação só é possível quando os indivíduos reconhecem a natureza ilusória do mundo material e se libertam do desejo de bens materiais, pessoas ou prazeres.

148   O pequeno livro da grande história

O filósofo grego Platão (*c.* 427-347 a.C.) também insistia que o mundo material é ilusório. Afirmava que a realidade suprema consiste em "formas" ou "ideias", das quais as manifestações materiais individuais são pobres cópias. Coisas naturais e virtudes têm formas perfeitas. Em uma famosa parábola, Platão descreve alguns prisioneiros que foram acorrentados em uma caverna e conseguem ver apenas a parede à sua frente. Nessa parede eles podem ver as sombras de vários objetos projetadas por uma fogueira e acreditam que essas sombras são reais. Somos como esses prisioneiros, diz Platão, ao considerarmos que essas sombras são a realidade.

Filósofos que vieram depois desenvolveram as ideias de Platão, sustentando que a realidade não existe de forma independente da mente. Essa posição é conhecida como idealismo. Outros filósofos, tanto na Grécia antiga quanto mais tarde, adotaram uma visão bem diferente: o materialismo, segundo o qual a matéria é a única realidade, e a mente, as ideias, as emoções e assim por diante surgem do funcionamento da matéria. Um dos primeiros exemplos dessa visão foi a teoria atômica proposta pelo filósofo grego Demócrito (veja a p. 154).

Uma terceira vertente da filosofia ocidental é a dos dualistas, que afirmam que mente e matéria são reais, mas de forma diferente. Um tipo muito específico de dualismo aparece no taoismo, que surgiu na China no século 4º a.C. O taoismo sustenta que a realidade suprema é o Tao ("o caminho"). O Tao é a base de todos os acontecimentos e é também o fluxo desses acontecimentos. Ele combina opostos: quietude e movimento, bem e mal, luz e escuridão. O Tao não tem ser, é impenetrável e indescritível, e, no entanto, tudo depende dele.

**MUDANÇA E MOVIMENTO**
Uma questão que permeava a mente de alguns antigos filósofos gregos era se a mudança e o movimento eram reais ou ilusórios. Alguns acreditavam que a realidade é única e imutável, enquanto outros insistiam que a realidade nunca é fixa, e sempre está em estado de fluxo.

# O QUE É A VIDA BOA?

Na mesma época em que vários filósofos e pensadores religiosos começaram a questionar a natureza da realidade, alguns deles também começaram a se perguntar como as pessoas deveriam conduzir suas vidas. Uma coisa era dizer às pessoas que obedecessem às leis ou enfrentassem as consequências, outra bem diferente era perguntar qual seria a melhor maneira de viver.

Algumas religiões, como o judaísmo e, até certo ponto, suas ramificações, como o cristianismo e o islamismo, adotam uma abordagem legalista e moralista da questão. Os livros sagrados estabelecem as leis; infringi-las significa que você receberá uma punição neste mundo ou, se não neste, no próximo. O texto central nesse caso são os Dez Mandamentos, que Deus transmitiu a Moisés, conforme narrado no Livro do Êxodo do Antigo Testamento da Bíblia. A vida boa, de acordo com essas doutrinas, consiste, em grande parte, em não cometer pecado. A devoção a Deus também requer que certos rituais sejam seguidos.

O hinduísmo antigo adotou uma abordagem semelhante: se a pessoa realizar os rituais religiosos corretamente, após a morte ela morará com os deuses. No entanto, com o conceito de *samsara* (veja a pág. 148), os indivíduos não podiam apenas confiar no ritual, mas eram incentivados a se livrar dos desejos terrenos a fim de se libertarem do eterno ciclo de nascimento, morte e renascimento. Buda baseou-se nessa crença, ensinando que o apego e o desejo só trazem sofrimento. Se a pessoa conduz sua vida com o objetivo único de ganhar dinheiro, por exemplo, ou os bens que o dinheiro pode comprar, ela nunca ficará contente, da mesma forma que ela também nunca ficará contente se seu objetivo constante for amor ou prazer.

Buda incentivava seus discípulos a seguirem o "caminho do meio" entre a satisfação material e o ascetismo extremo. Esse "caminho dourado" é um ponto em comum de muitos pensamentos sobre o que constitui a vida boa. O sábio chinês Confúcio (551-479 a.C.) aconselhava esse equilíbrio. Ensinava que, para alcançar a felicidade, as pessoas devem seguir a "vontade do Céu", cultivando cinco qualidades: lealdade ao Estado, amor à família, respeito, bondade para com estranhos e reciprocidade entre amigos. O confucionismo, com sua ênfase na estabilidade da família e do Estado, forneceu a base ideológica para a China imperial por milênios.

**"Não faça com os outros o que não quer que eles façam com você."**

> Confúcio. Esta é uma formulação inicial do
> que ficou conhecido como "a Regra de Ouro"
> de conduta, também enunciada por Jesus em Lucas, 6:31

O caminho dourado exige moderação em todas as coisas. Entre os antigos filósofos gregos, Sócrates (conforme relatado por Platão) aplicou-o à educação, aconselhando um equilíbrio entre a ginástica e a música, já que o primeiro, por si só,

Civilização 151

sustentava a dureza, e o último, a suavidade. Aristóteles, pupilo de Platão, definiu a virtude como o uso da razão para identificar o que se encontra no meio "entre dois vícios, um de excesso e outro de falta". Aristóteles deu como exemplo a virtude da coragem, que se situa entre a imprudência (um excesso de coragem) e a covardia (a falta de coragem).

Platão escreveu que o objetivo moral é "tornar-se semelhante a Deus". Aristóteles acreditava que o bem maior era a felicidade e que ela resultava de uma vida boa. Outros filósofos gregos afirmavam que a felicidade é o bem maior e, portanto, o principal objetivo da vida. Alguns associavam a felicidade ao prazer, mas insistiam que a razão e o autocontrole eram essenciais para se alcançar o prazer maior. Outros definiam o prazer como a ausência de dor, mental ou física, e sugeriam que isso poderia ser mais bem alcançado por meio de um sereno distanciamento em relação ao desejo.

Para muitos desses pensadores, a vida boa na esfera pessoal ecoava nas esferas social e política, nas quais a moderação da paixão e o equilíbrio dos interesses conflitantes eram essenciais para se alcançar a harmonia.

## OS PRIMÓRDIOS DA CIÊNCIA

Há muito tempo os humanos buscam explicações para o mundo físico. A princípio, cabia aos mitos e às religiões o papel de fornecer essas explicações. Quase todas as culturas têm mitos de criação, que contam como o mundo e as primeiras pessoas surgiram. Outros mitos são responsáveis por explicar todos os tipos de fenômenos naturais.

As observações sistemáticas de eventos astronômicos, como equinócios, solstícios e ciclos lunares, feitas por muitas culturas, tinham um objetivo mais prático: relacionavam-se com as mudanças das estações, vitais tanto para os caçadores quanto para os agricultores. Um exemplo notável é o grande monte cerimonial neolítico em Newgrange, na Irlanda, construído em torno de 3200 a.C., cuja câmara interna é iluminada apenas pelo Sol no solstício de inverno. Para construir tal estrutura, que poderia marcar precisamente a passagem de mais um ano, foram necessárias medidas precisas e observação cuidadosa: duas das características distintivas do que hoje chamamos de ciência.

Por volta da mesma época, os sumérios desenvolveram um calendário lunar básico, enquanto, mais ou menos em 2500 a.C., os egípcios usavam um calendário solar, essencial para prever a enchente anual do Nilo. Os sumérios introduziram um sistema numérico sexagesimal (usando como base 60, provavelmente porque 60 possui 12 fatores; nosso sistema usa a base 10, que tem apenas quatro fatores, 1, 2, 5 e 10). Os babilônios os seguiram e instituíram a hora como unidade de tempo, dividida em 60 minutos, o que significa que ela é divisível de modo uniforme por 60, 30, 20, 15, 12, 10, 6, 5, 4, 3, 2 e 1 minutos. Os babilônios eram grandes astrônomos e, por volta de 1500 a.C., usavam a matemática para traçar as posições das estrelas e dos planetas e prever eclipses. Os antigos egípcios levaram a matemática ainda mais longe e desenvolveram alguns princípios geométricos abstratos a partir da prática da agrimensura.

Mas, no mundo antigo, foram sobretudo os gregos que lançaram as bases da disciplina que agora chamamos de ciência. Seus filósofos começaram a explorar não apenas a natureza da realidade e em que consiste a vida boa (veja a p. 150), mas

Civilização 153

também os fatos do mundo físico. Rejeitando explicações mito-lógicas, procuraram encontrar um único princípio subjacente. Para Pitágoras e seus seguidores, no século 6º a.C., esse princípio era o número. Eles estabeleceram que a Terra é esférica e reconheceram que as harmonias na música são baseadas em proporções numéricas. No século seguinte, Demócrito teorizou que tudo consiste em minúsculas partículas indivisíveis que ele chamou de átomos, enquanto Empédocles propôs que a matéria é composta de quatro elementos: terra, água, ar e fogo. O conceito dos quatro elementos foi retomado no século 4º a.C. por Aristóteles. Ele se propôs a observar e catalogar uma vasta gama de fenômenos naturais, biológicos e não biológicos e, a partir dessas descobertas, derivar verdades mais universais: a base do método científico.

Por volta de 300 a.C., Euclides expôs os princípios da geometria e, mais tarde, Arquimedes foi pioneiro tanto na mecânica quanto na hidrostática. No século 2º a.C., Aristarco de Samos mostrou que a Terra gira em torno de seu próprio eixo e orbita ao redor do Sol, enquanto Eratóstenes (*c.* 276-194 a.C.), o astrônomo grego que se tornou o principal bibliotecário em Alexandria, no Egito, calculou a circunferência da Terra com precisão notável. Também em Alexandria – que, na época, fazia parte do Império Romano e era um importante centro da vida intelectual –, Ptolomeu (Cláudio Ptolemeu, *c.* 90-*c.* 168) elaborou um dicionário mundial que incluía uma estimativa das coordenadas geográficas.

**"Por convenção há cor, por convenção há doçura, por convenção há amargor, mas, na realidade, existem átomos e espaço."**

Demócrito (*c.* 460-*c.* 370 a.C), fragmento 125

Os romanos acrescentaram relativamente pouco à herança científica grega e, após a queda de Roma, a ciência grega ficou em grande parte perdida na Europa. Mas estudiosos muçulmanos mantiveram-na viva em centros intelectuais, como os de Córdoba, no Ocidente, e os de Déli, no Oriente. Também fizeram inúmeras inovações. Os estudiosos muçulmanos adotaram a ideia indiana de um sistema de valores na matemática, incluindo o conceito de zero. Essa é a origem do chamado sistema "arábico", que usamos até hoje: muito mais útil para cálculos difíceis do que os sistemas usados pelos gregos ou pelos romanos. No entanto, foi somente no século 17 que a ciência moderna realmente começou, com a chamada Revolução Científica (veja a p. 177).

## PANDEMIAS

Uma das consequências de os seres humanos viverem juntos nas cidades era a facilidade com que as infecções dominavam uma população, passando rapidamente de pessoa para pessoa. E a expansão do comércio de longa distância permitiu que as doenças viajassem de um canto a outro do mundo, uma tendência que se acelerou com o tempo, sobretudo a partir da disseminação da aviação de passageiros.

Em algumas populações, certas doenças são endêmicas. As sociedades tendem a se adaptar a elas; tornam-se parte da vida e da morte. Mas, às vezes, uma determinada doença explode e provoca uma epidemia, que, caso se espalhe mais amplamente, cruzando fronteiras e continentes, pode se transformar em uma pandemia. Tais eventos podem ter impactos drásticos no curso da história humana.

Os historiadores da medicina não gostam de fazer amplos diagnósticos em retrospecto de doenças descritas em fontes antigas, medievais ou primitivas. A palavra "praga" foi um termo abrangente para várias epidemias letais diferentes, como as pragas mencionadas no Antigo Testamento e a Praga de Atenas, de 430-427 a.c. O primeiro caso que se acredita ter sido de peste bubônica (causada pela bactéria *Yersinia pestis*, disseminada por ratos e pulgas e caracterizada por bubões, inchaços escuros na axila e na virilha) foi a Praga de Justiniano, em 541-544. Essa epidemia espalhou-se por todo o Mediterrâneo, matando talvez um quarto da população da região. Ela atacou numa época em que parecia ser possível restaurar a força do antigo Império Romano. Embora o Império Romano do Ocidente tivesse sido invadido por tribos germânicas no século anterior, o imperador do Oriente, Justiniano, havia embarcado em uma ambiciosa campanha de reconquista. Mas o caos e a devastação infligidos pela peste abalaram todos os sonhos de reunificação.

A Peste Negra que veio da Ásia no século 14, matando talvez um terço da população da Europa, foi provavelmente uma mistura de peste bubônica, pneumônica e septicêmica. A Peste Negra foi um ponto de virada na história social, econômica e intelectual da Europa. Com grande parte da força de trabalho agrícola morta, aqueles que sobreviveram puderam exigir salários mais altos. Os proprietários de terra resistiram, o que provocou revoltas camponesas. Muitos consideravam a Peste Negra como um sinal do desgosto de Deus, tanto com o seu povo quanto com a sua Igreja. Consequentemente, vários grupos questionaram a autoridade papal, antecipando a Reforma Protestante do século 16.

A Peste Negra se espalhou pela Europa a partir do Mar Negro através de navios de comerciantes genoveses. No século

16, as "viagens de descoberta" europeias para o Novo Mundo causaram devastação semelhante (veja a p. 182).

**"Onde estão nossos queridos amigos agora? Onde estão os rostos amados? (...) Que tempestade os afogou? Que abismo os engoliu? Havia uma multidão, agora estamos quase sozinhos."**

Petrarca, poeta italiano do século 14, expressando a solidão dos sobreviventes da Peste Negra

No início do século 20, houve uma revolução em nossa capacidade de compreender as causas das doenças, mas isso não impediu o surgimento de novas pandemias. Embora surtos de gripe tenham ocorrido durante séculos, a tensão que varreu o mundo em 1918--1919, conhecida como "gripe espanhola", causou uma devastação sem precedentes. Estimativas de mortalidade variam de 50 milhões a 100 milhões, muito mais que o número de mortos em toda a Primeira Guerra Mundial. Ao contrário de outros surtos de gripe, a maioria das vítimas tinha entre 20 e 40 anos de idade, o que maximizou o impacto demográfico. Alguns cientistas acreditam que é só uma questão de tempo até a humanidade experimentar outra pandemia desse tipo.

## EUROPA EM TRANSIÇÃO

Após a queda do último imperador romano ocidental, em 476, o poder imperial romano persistiu na Grécia, nos Bálcãs e na Anatólia (Turquia asiática) na forma do Império Bizantino. Perdeu constantemente território para diversos invasores até que os turcos otomanos o extinguiram em 1453.

Mas e o vácuo de poder deixado na Europa Ocidental?

No início do século 5º, as tribos germânicas invadiram grande parte da região e, após a queda de Roma, estabeleceram uma colcha de retalhos de reinos: visigodos na Espanha, vândalos na África do Norte, ostrogodos na Itália, francos na Gália (França) e no oeste da Alemanha, e anglos, saxões e jutos na Inglaterra.

Embora os romanos tenham considerado esses povos "bárbaros", eles logo se converteram ao cristianismo, como os romanos haviam feito antes deles. Ainda que não houvesse um poder secular central, a Igreja ocidental foi unificada sob o papa em Roma. Por um processo de conquista, no final do século 8º, o rei franco Carlos Magno conseguiu unir a França, a Itália e grande parte da Alemanha, e, no dia de Natal do ano 800, o papa o coroou "imperador do Ocidente".

Mas o império de Carlos Magno teve vida curta e, poucas décadas após sua morte, se fragmentou. O poder, então, passou a um mosaico de aristocracias regionais. A Europa Ocidental foi pressionada por uma série de novos invasores. A leste, os magiares das estepes avançavam para a Europa Central e só foram impedidos pelo governante alemão Otto, o Grande, na batalha decisiva de Lechfeld, em 955. Depois disso, os magiares estabeleceram seu próprio reino na Hungria.

## AS PESSOAS DO NORTE

A partir do século 9º, vários povos marítimos da Escandinávia, conhecidos e temidos como vikings ou nórdicos, negociaram, invadiram e estabeleceram reinos na Europa, desde a Rússia, no Oriente, até as Ilhas Britânicas, no Ocidente. Colonizaram a Islândia e a Groenlândia e chegaram até a América do

> Norte. Um grupo se estabeleceu na Normandia e adotou a cultura francesa.
>
> Os normandos (o nome vem dos "nórdicos") conquistaram não apenas a Inglaterra, mas também o sul da Itália e a Sicília.

Mas o maior impacto no sul da Europa veio de uma direção diferente: da Arábia. No início do século 7º, o profeta árabe Maomé havia fundado uma nova religião, o Islã, e, na época de sua morte, em 632, ele já havia unificado toda a Arábia. Exortou seus seguidores a espalhar o Islã para mais longe, e, ao longo das décadas que se seguiram, exércitos árabes tomaram territórios bizantinos em toda a África do Norte, na Síria e na Palestina. Em meados do século 9º, o Império Árabe estendia-se desde as fronteiras da Índia a leste até a Península Ibérica (Espanha e Portugal) a oeste. A propagação do Islã não se deu apenas por causa da proeza dos militares e de seus seguidores. Alguns dos povos dos Impérios Bizantino e Persa estavam cansados da perseguição religiosa que tinham sofrido nas mãos de seus governantes, enquanto muitos líderes muçulmanos demonstravam mais tolerância. O mundo islâmico da Idade Média também produziu ampla gama de filósofos, médicos, matemáticos e cientistas, que avançaram ainda mais nas descobertas dos antigos gregos.

## TERRA, TRABALHO E PODER

Desde os primórdios das sociedades agrícolas estabelecidas, o controle sobre a terra sempre foi uma característica crucial da economia, da sociedade e da política em muitas partes do mundo. Sua base legal e governamental variava muito, mas, em suma, o que governava de fato era a força. Durante a Idade Média, o sistema agora conhecido como feudalismo dominou a Europa Ocidental do século 9º ao século 15. Os nobres das camadas mais altas recebiam uma concessão de terra em troca de serviço militar ao rei. Os de camadas inferiores, como os cavaleiros, detinham as terras deles em troca de serviço militar para os nobres com títulos mais altos. Os camponeses não tinham posses; apenas cultivavam pequenas áreas de terra em troca do trabalho realizado na terra de seu senhor. Esse sistema – a servidão – foi desaparecendo aos poucos, uma vez que o pagamento exigido deixou de ser o trabalho e o serviço militar e passou a ser o dinheiro, embora tenha persistido em partes da Europa, como na Rússia, até o século 19.

Outras sociedades em todo o mundo tinham sistemas semelhantes. O controle da terra implicava o controle da sociedade e foi fundamental para a distribuição desigual da riqueza. A forma específica que esse sistema tomava dependia de fatores ambientais e da disponibilidade de mão de obra. Havia grandes diferenças entre os sistemas de hierarquia e controle onde a mão de obra era bastante escassa, como na África e na Europa Oriental, e onde ela era mais abundante, como na China, na Índia, no Japão e na Europa Ocidental. Os primeiros enfatizavam o controle sobre o trabalho, e os últimos, o controle sobre a terra. A escassez de mão de obra poderia levar a um controle mais rigoroso, mas também poderia permitir uma renegociação de relações de trabalho que desse mais poder ao campesinato. Na Europa Ocidental, foi em parte a escassez de trabalho após a Peste Negra no século 14 (veja a p. 155) que permitiu aos camponeses exigir pagamentos em dinheiro e ajudou a corroer o antigo sistema feudal.

Os serviços que os mais pobres eram obrigados a fazer variavam ao redor do mundo, dependendo do tipo de economia. O que chama a atenção são as principais diferenças entre os sistemas pastoral (criação de animais) e agrícola (cultivo). Os sistemas pastorais impuseram um regime de trabalho menos rígido, em parte devido a uma maior flexibilidade no que diz respeito à exploração do território e da terra. Os sistemas agrícolas desempenharam papéis importantes no leste da Ásia. Na América do Norte, diferentes tribos tinham modos de vida diferentes. Aqueles que eram simples caçadores-coletores não tinham noção do que era possuir pedaços de terra particulares, enquanto os que se estabeleceram em comunidades agrícolas aráveis tinham ligações mais permanentes com territórios específicos.

Até o colapso desse sistema, em meados do século 18, os clãs eram também tribais e se baseavam em grupos familiares nas Highlands e nas ilhas mais remotas da Escócia, embora suas origens remontem a um período relativamente sem lei, quando os senhores da guerra locais ofereciam proteção às famílias em troca de lealdade. Os sistemas tribais tendiam a confiar em um sentimento de pertencimento e lealdade entre seus membros, enquanto na maioria dos sistemas feudais não existia esse tipo de ligação sanguínea.

Isso ocorria também nos sistemas escravocratas, nos quais os forasteiros (muitas vezes capturados durante guerras ou negociados em mercados específicos) eram forçados a trabalhar para determinado proprietário. Os escravos tinham poucos ou nenhum direito, e nenhuma propriedade. Eram vistos como propriedade de seu dono, assim como seus filhos. Essa era uma versão extrema do controle do trabalhador, enquanto os proprietários de escravos não tinham nenhuma obrigação – ou tinham pouquíssimas. A escravidão era comum no mundo

Civilização 161

antigo (por exemplo, no Egito, na Grécia, em Roma e na China), no mundo islâmico e também entre as civilizações pré-colombianas no México e na América do Sul.

Sem considerar a servidão, a escravidão na Europa já tinha praticamente se extinguido no segundo milênio da nossa era. No entanto, assim que os europeus começaram a se estabelecer nas Américas a partir do século 16, eles criaram extensas plantações para o cultivo, por exemplo, de açúcar, tabaco e algodão. Para trabalhar nessas plantações, importaram milhões de escravos da África, transportados em condições terríveis nos navios que atravessavam o Atlântico. Muitos europeus enriqueceram tanto com o tráfico de escravos quanto com as fazendas escravagistas, e seus lucros contribuíram para o capital que impulsionou a Revolução Industrial (veja a p. 186).

## O FIM DA ESCRAVIDÃO?

Foi somente no século 18 que algumas pessoas na Europa e na América do Norte começaram a fazer campanha contra a escravidão, em parte inspiradas por sua fé religiosa. A instituição foi gradualmente abolida nos estados do norte dos Estados Unidos, enquanto em 1807 a Grã-Bretanha proibiu o comércio de escravos em seu império, e a escravidão, em 1833. Porém, nos Estados Unidos como um todo, a escravidão só foi abolida em 1865, no final da Guerra Civil entre o Sul escravocrata e o Norte livre de escravos. Durou muito mais em outras regiões e, embora hoje seja criminalizada em todos os países, a escravidão persiste nas sombras: o tráfico de seres humanos através das fronteiras para serem usados forçosamente como profissionais do sexo, empregados domésticos ou trabalhadores agrícolas é uma atividade criminosa mundial.

162   O pequeno livro da grande história

# EMBATES DE CIVILIZAÇÕES

O surgimento de duas religiões aspirantes a serem mundiais – cristianismo e islamismo –, distantes algumas centenas de anos uma da outra, levou a séculos de conflito, que muitos dos protagonistas entenderam como uma luta do bem contra o mal, da luz contra a escuridão. Mas, na verdade, será que foi uma batalha de ideologias ou, mais simplesmente, uma questão de disputa de poder e posses materiais, usando a religião como justificativa moral? O Império Bizantino foi a primeira parte da cristandade a sentir o impacto militar do Islã. Nas décadas de 630 e 640, pouco depois da morte de Maomé, os bizantinos perderam o Egito, a África do Norte, a Palestina e a Síria para os árabes. Então, no século 11, uma nova pressão veio dos turcos muçulmanos seljúcidas ao leste, que destruíram o exército bizantino na batalha de Manziquerta, em 1071, e conquistaram a Anatólia.

Depois de Manziquerta, o imperador bizantino pediu ajuda aos cristãos da Europa Ocidental. O papa Urbano II viu uma oportunidade de afirmar a primazia da Igreja Romana sobre a ortodoxia oriental. Pregou um influente sermão em Clermont, na França, em 1095, no qual mencionou massacres feitos por muçulmanos contra peregrinos cristãos que iam a caminho da Terra Santa e convocou os nobres da Europa Ocidental a libertarem a Terra Santa do controle muçulmano. A maioria dos que se juntaram à Primeira Cruzada era constituída por nobres normandos e franceses interessados em se apropriar de terras, fazer saques e conquistar um lugar no céu. Em 1099, os cruzados conquistaram Jerusalém, massacraram muitos dos habitantes muçulmanos e judeus e estabeleceram um reino cruzado. Enquanto várias facções lutavam para manter o controle da Terra Santa, outras cruzadas trouxeram mais resultados sangrentos.

Civilização   163

*Estátua equestre de Gêngis Khan, na Mongólia*

Durante o século 13, os muçulmanos recuperaram o controle da Terra Santa, mas também enfrentaram uma nova grande ameaça, dessa vez do leste. No início do século, do outro lado da Ásia, Gêngis Khan conseguiu unir todas as tribos da Mongólia. Sob sua liderança, esses guerreiros a cavalo conquistaram o norte da China e depois se voltaram para o Ocidente. Após a morte de Gêngis, seus sucessores continuaram a se expandir para a Rússia e o Oriente Próximo. Em 1258, tomaram Bagdá e mataram o califa. Mas a ameaça mongol ao domínio muçulmano no Oriente Próximo terminou dois anos depois, quando os mongóis foram derrotados pelos mamelucos do Egito.

Os mongóis tiveram um êxito mais duradouro na China, onde o neto de Gêngis, Kublai Khan, derrubou os governantes da dinastia Song e se fez imperador. Nesse caso, porém, em vez de destruir a estrutura básica da cultura e da sociedade chinesas, Kublai Khan adotou os métodos chineses e ajudou a preservar a sua civilização.

**"É provável que o mundo, a partir de agora até o fim, não volte a experimentar algo semelhante."**
Ibn al-Athir, *A história perfeita* (início do século 13), descrevendo as operações militares de Gêngis Khan no Oriente Médio

A partir do século 14, foi a vez da Europa cristã de enfrentar uma ameaça à sua existência, dessa vez vinda dos turcos otomanos. Em 1402, os otomanos haviam ocupado grande parte dos Bálcãs e, em 1453, conquistaram Constantinopla, a última fortaleza remanescente do extinto Império Bizantino. No século seguinte, conquistaram não só as terras árabes da África do Norte, da Arábia e do Oriente Próximo, mas também a Hungria, e, em 1529, ficaram às portas de Viena, então a capital de uma das grandes potências da Europa. Seu fracasso em conquistar a cidade marcou o fim da expansão otomana na Europa Central. Por sua vez, a derrota de sua frota, em 1571, na Batalha de Lepanto, perto da Grécia, pela Santa Liga (uma aliança dos Estados católicos do sul da Europa) acabou com as ambições turcas de estender seu poder ao Mar Mediterrâneo ocidental. Depois que os otomanos, em 1683, novamente fracassaram em tomar Viena, foi a vez de a Europa cristã ir mais uma vez à ofensiva, e o poder do mundo muçulmano iniciou um lento processo de declínio.

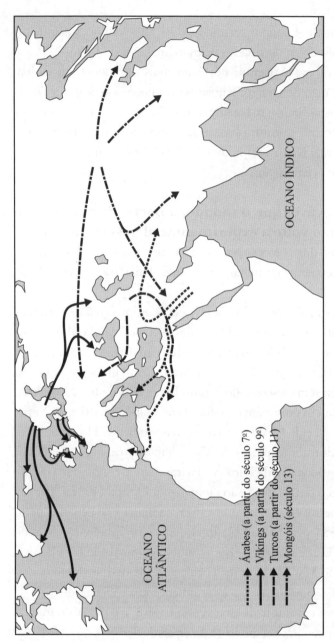

# Parte 5

# A ASCENSÃO DO OCIDENTE

Quinhentos anos atrás, a Europa era um tanto provinciana. Desde a queda de Roma, mil anos antes, o continente havia se transformado em um quebra-cabeça composto de pequenos territórios, muitas vezes em guerra entre si. As verdadeiras potências – em matéria de investigação intelectual, tecnologia e comércio – estavam em outros lugares, na China, na Índia e no mundo muçulmano. Do outro lado do Atlântico, nas Américas, prosperavam civilizações inimagináveis para os europeus. Mas, por volta de 1450, a balança começou a pender para outro lado, à medida que a Europa se afirmava no cenário mundial.

# LINHA DO TEMPO

**1453:** Os turcos otomanos conquistam Constantinopla.

**1455:** Gutenberg imprime seu primeiro livro.

**1492:** Colombo chega às Índias Ocidentais. A última fortaleza muçulmana na Espanha é derrubada pelos cristãos.

**1498:** O navegador português Vasco da Gama chega à Índia contornando a extremidade sul da África.

**1517:** Martinho Lutero inicia a Reforma Protestante.

**1519-1521:** A Espanha conquista o Império Asteca.

**1519-1522:** Primeira circum-navegação do mundo por Magalhães e Del Cano.

**1526:** Início da conquista de Mughal, na Índia.

**1532-1535:** A Espanha conquista o Império Inca.

**1543:** Copérnico publica sua teoria heliocêntrica.

**1571:** A vitória da Santa Liga em Lepanto põe fim à expansão otomana no Mediterrâneo.

**1607:** Os ingleses começam o povoamento permanente na Virgínia (EUA).

**1644:** Os manchus estabelecem a dinastia na China (Qing).

**1648:** O fim da Guerra dos Trinta Anos fixa as fronteiras entre a Europa protestante e católica.

**1652:** Os holandeses colonizam a Colônia do Cabo no sul da África.

**1683:** Os turcos não conseguem conquistar Viena.

**1687:** Newton publica a lei da gravidade e as três leis do movimento.

**1763:** A Guerra dos Sete Anos termina e a Grã-Bretanha mantém o domínio sobre a Índia e a América do Norte.

**1776:** Os Estados Unidos declaram independência da Grã-Bretanha. Publicação de *A riqueza das nações*, de Adam Smith.

**1783:** Primeiro voo de balão tripulado.

**1785:** A energia a vapor é usada, pela primeira vez, em fábricas de algodão.

**1788:** Primeira colônia britânica na Austrália.

**1789:** Início da Revolução Francesa.

**1792-1815:** Revolução Francesa e Guerras Napoleônicas.

**1803:** Os Estados Unidos compram da França uma longa faixa de terra da América do Norte.

**1808-1826:** A Espanha perde a maioria de suas colônias nas Américas.

**1825:** Criação da primeira ferrovia a vapor para passageiros, de Stockton a Darlington, na Inglaterra.

**1830:** A Grécia se torna independente dos turcos otomanos.

**1833:** Abolição da escravidão no Império Britânico.

**1844:** Primeiro uso do telégrafo de Morse.

**1848:** Marx e Engels publicam o *Manifesto do Partido Comunista*.

**1848-1849:** Muitas revoluções fracassam na Europa.

**1853:** Navios de guerra dos Estados Unidos obrigam o Japão a se abrir ao comércio ocidental.

**1857:** Revolta indiana contra o domínio britânico.

**1859:** Darwin publica *A origem das espécies*.

**1861:** A unificação da Itália é concluída.

**1861-1865:** Guerra Civil americana.

**1868:** O Japão começa uma rápida modernização.

**1869:** Conclusão da primeira linha ferroviária transcontinental nos Estados Unidos. Abertura do Canal de Suez.

**1871:** A unificação da Alemanha é concluída.

**1876:** Invenção do telefone.

**1884:** Na Conferência de Berlim, potências europeias retalham a África.

**1895:** Marconi inventa sistema de telegrafia sem fio.

**1903:** Primeiro voo de uma máquina mais pesada que o ar.

# RENASCIMENTO E REFORMA

Entre os séculos 14 e 16, a Europa sofreu uma revolução cultural. Na filosofia e nas artes, o Renascimento refletiu um despertar de interesse nas realizações dos pensadores, artistas e autores clássicos, pré-cristãos. Na religião, a Reforma Protestante questionou a autoridade da Igreja Católica Romana e sua alegação de ter domínio exclusivo sobre a alma das pessoas.

Durante séculos, o ensino e a aprendizagem na cristandade ocidental ficaram restritos aos mosteiros e tinham como foco principal as questões teológicas. A maior parte do esforço intelectual centrava-se em questões de doutrina religiosa, e a pintura e a arquitetura também estavam em grande parte a serviço da Igreja, um dos patrocinadores mais ricos.

Os textos dos antigos cientistas e filósofos gregos ficaram perdidos no Ocidente até o século 12, quando Gerard de Cremona começou a traduzir para o latim versões em árabe de textos gregos. Em seguida, escritores como Tomás de Aquino tentaram integrar a filosofia aristotélica à teologia cristã, que ainda era considerada o auge da realização intelectual humana.

A partir do século 14, um grupo de eruditos italianos, inspirados pelo poeta Petrarca, propôs um novo programa educacional baseado na literatura clássica, que eles chamaram de *studia humanitatis*. Esse programa era composto de cinco temas principais – retórica, poesia, gramática, história e filosofia moral –, e a teologia não fazia parte dele, embora os humanistas (como ficaram conhecidos esses estudiosos) não chegassem a rejeitar a doutrina cristã. Em vez disso, mudaram a ênfase: o debate sobre como uma pessoa deveria servir a Deus foi substituído pelo debate de como o homem virtuoso deveria agir.

**"Depois que a escuridão se dissipar, nossos netos poderão caminhar de volta ao brilho puro do passado."** Petrarca, poeta italiano do século 14, olha para as glórias do mundo clássico. Foi ele quem cunhou o termo equivocado "Idade das Trevas" para os séculos entre a queda de Roma e o que ficou conhecido como Renascença

A ideia de colocar os humanos no centro do palco, ao invés de Deus, ecoou nas artes visuais. Agora, os ricos patronos seculares queriam que os arquitetos construíssem palácios e os enchessem de esculturas e pinturas baseadas mais na mitologia clássica do que em cenas da Bíblia. No entanto, algumas das mais magníficas artes renascentistas ainda eram religiosas. A Igreja Católica Romana continuou sendo um dos maiores mecenas das artes, como se vê nos afrescos da Basílica de São Pedro, em Roma, e nos afrescos de Michelangelo na Capela Sistina. A Igreja era extremamente rica e possuía vastos terrenos dos quais extraía receitas imensas. Ganhava dinheiro também vendendo perdão aos pecadores, uma prática chamada de simonia.

Alguns cristãos sentiram que o papa e a enorme hierarquia da Igreja haviam se tornado mundanos demais e clamavam por um retorno à simplicidade da Igreja em seus primórdios. Condenavam sobretudo a prática da simonia. Em 1517, o monge alemão Martinho Lutero lançou um ataque à simonia diante da porta da igreja do castelo em Wittenberg, um passo fundamental para a primeira revolta bem-sucedida contra a autoridade da Igreja: a Reforma.

Lutero e seus seguidores não atacavam apenas a corrupção. Acreditavam que não era certo que os sacerdotes e toda a hierarquia da Igreja agissem como mediadores entre o indivíduo e

A ascensão do Ocidente 171

Deus. Até agora, a Bíblia estava disponível apenas em latim, e a Igreja afirmava ser a única autoridade que poderia interpretá-la ao povo. Os luteranos insistiam que a Bíblia deveria ser traduzida às línguas vernáculas para que todos pudessem conhecer e interpretar a palavra de Deus. Eles negavam status especial ao sacerdócio, acreditando que cada indivíduo deveria se colocar sozinho diante de Deus.

A Igreja mexeu-se para reprimir os reformadores protestantes, mas estes tinham entre seus adeptos os príncipes da Europa, alguns deles ávidos por obter mais controle sobre a Igreja local e sua riqueza. Assim, a religião se misturou com o poder político. Em seguida, guerras prolongadas foram travadas, enquanto a Europa se afundava em mais de um século de derramamento de sangue.

## A LONGA ESTRADA RUMO À TOLERÂNCIA

A intolerância religiosa é quase tão antiga quanto a própria religião. Quando a crença se baseia na ideia de uma batalha do bem contra o mal, ela pode acarretar um senso de certeza incontestável, uma convicção de que qualquer um que tenha crenças diferentes seja odioso e mereça ser condenado à morte.

A perseguição de dissidentes costuma acontecer quando a religião já está institucionalizada. Sempre que isso ocorre, a perseguição preserva o poder e defende a doutrina. Em muitos casos, a religião institucionalizada tem sido aliada do poder do Estado (ou mesmo controlada por ele). Um dos títulos dos imperadores romanos era *pontifex maximus*, "sumo sacerdote". Os romanos toleravam uma variedade de religiões, muitos até se uniam a cultos como o mitraísmo. Mas os primeiros cristãos foram vistos como uma ameaça: eles atraíam as pessoas sem posses e falavam sediciosamente de uma construção do reino de Cristo na Terra. Isso resultou em perseguições até que os imperadores romanos decidiram adotar o cristianismo. Assim, a Igreja tornou-se um instrumento do poder do Estado e, por sua vez, perseguiu as minorias religiosas consideradas hereges.

Às vezes, aqueles que estavam no poder reconheciam que a tolerância, o pensamento criativo, a inovação e o pluralismo contribuíam para uma sociedade mais feliz e mais próspera. Na China imperial, três religiões – confucionismo, taoismo e budismo – coexistiam pacificamente. Na Índia, no final do século 16, Akbar, o maior dos imperadores mogóis, procurou manter unido seu vasto império conferindo tolerância religiosa a todos os seus súditos, fossem hindus, siques ou jainistas, mesmo sendo ele muçulmano. No entanto, um século depois, seu poderoso descendente Aurangzeb transformou o Império Mogol em um Estado mais exclusivamente muçulmano, reprimindo a maioria hindu e travando guerras contra os siques, cujo nono guru ele executou. Assim, prejudicou o senso de unidade imperial construído por Akbar e, um século após sua morte, em 1707, o poder mogol foi fatalmente arruinado, permitindo que os europeus alcançassem uma posição favorável no subcontinente.

**"A corte do imperador tornou-se o lar dos inquiridores das sete regiões, e um local de encontro dos sábios de todas as religiões e seitas."**

Abul Fazl, *A história de Akbar* (*c.* 1590), apontando os benefícios da tolerância religiosa do imperador mogol

A ascensão do Ocidente  173

Na Espanha, os governantes muçulmanos haviam demonstrado tolerância em relação a judeus e cristãos, permitindo-lhes praticar suas religiões, desde que estivessem dispostos a pagar impostos mais altos. O califado de Córdoba (929-1031) testemunhou algo como uma era de ouro, quando a cultura floresceu e o comércio se expandiu. Mas a tolerância diminuiu com a dinastia almôade, nos séculos 12-13, e desapareceu depois que os cristãos espanhóis completaram sua Reconquista da Península Ibérica, ao tomarem Granada em 1492. Judeus e muçulmanos foram forçados a escolher entre se converter ao cristianismo ou enfrentarem a expulsão, o que fez com que muitos dos mais inteligentes e habilidosos habitantes deixassem o local – exatamente como quando Luís XIV se voltou contra os protestantes franceses em 1685, e quando os nazistas perseguiram os judeus alemães na década de 1930.

A Reforma iniciada nos primeiros anos do século 16 colocou os protestantes contra os católicos, e, nos dois séculos seguintes, a Europa sofreu uma onda insana de perseguições e conflitos. A Guerra dos Trinta Anos (1618-1648) matou mais de um terço da população alemã, principalmente de fome e doença, quando os exércitos das potências católicas e protestantes da Europa devastaram a terra. Foram necessárias muitas gerações para que a Alemanha se recuperasse.

A tolerância religiosa somente se tornou a norma muito tempo depois em toda a Europa, apesar da insistência dos pensadores do Iluminismo do século 18 (veja a p. 184). Na Grã-Bretanha, só após o Ato de Sucessão à Coroa de 2013 é que um católico apostólico romano passou a ter a possibilidade de assumir o trono. Até hoje, a tolerância religiosa enfrenta ameaças em muitas nações, tanto de fundamentalistas quanto de Estados autoritários seculares, como a China.

# INVENÇÃO DA IMPRENSA

Se a primeira revolução das comunicações veio com o desenvolvimento da escrita, a segunda chegou com a invenção da imprensa. Quando todos os textos tinham de ser copiados à mão, apenas uns poucos manuscritos podiam circular. A invenção da imprensa com tipos móveis possibilitou a proliferação do número de diferentes textos publicados, e uma distribuição muito maior deles. O impacto social, cultural e intelectual foi enorme.

Os chineses começaram a usar blocos de madeira para imprimir textos e desenhos decorativos em têxteis e papel (invenção própria) no século 3º. A madeira desses blocos era esculpida para deixar caracteres ou imagens em relevo. Já no século 9º, livros inteiros eram impressos, e, no século 14, blocos individuais foram esculpidos para cada um dos 80 mil caracteres chineses, que podiam ser recombinados para formar uma página. Esse é o princípio do tipo móvel, mas, com tantos caracteres, os chineses tiveram de se restringir à impressão com blocos de madeira, em que cada página era esculpida como uma unidade. Na Coreia, a impressão com o tipo de metal móvel parece ter sido introduzida no século 14. Os índices de alfabetização no leste da Ásia eram maiores que no resto do mundo até meados do século 19.

**"Se pensarmos em regulamentar a impressão para corrigir as condutas, então deveremos regulamentar todas as recreações e passatempos, tudo o que é agradável ao homem."**

John Milton, *Areopagitica* (1644)

A ascensão do Ocidente   175

A simplicidade do alfabeto romano, com seu número limitado de caracteres, é bem adequada ao princípio do tipo móvel, e, em meados do século 15, o ourives e gráfico alemão Johannes Gutenberg introduziu um sistema que permaneceu em uso durante 500 anos. Em vez de montar páginas com letras de blocos de madeira individualmente esculpidas, ele aperfeiçoou o método e usava um tipo feito de uma liga de chumbo, estanho e antimônio, com um baixo ponto de fusão. Uma vez feito o molde para um caractere ou pontuação, poderia fazer todas as cópias que quisesse. Ele os colocava lado a lado ao longo de uma ripa de madeira para formar palavras em linhas, e as linhas eram justificadas (espalhadas em uma mesma largura) inserindo cunhas de metal entre as palavras. A configuração de uma única página levava cerca de um dia para ficar pronta, e, em seguida, uma prensa semelhante a uma morsa transferia a tinta da placa de impressão para o papel. Em 1455, Gutenberg publicou seu primeiro livro, a Bíblia em latim. A nova tecnologia espalhou-se rapidamente e, em 1475, William Caxton imprimiu o primeiro livro em inglês. No final do século 15, vários milhões de livros haviam sido impressos na Europa. Em 1800, esse número subiu para 2 bilhões de cópias.

A torrente de ideias, conhecimentos e opiniões que se originou de livros, periódicos, poemas e panfletos deu origem a um aumento da alfabetização, até então restrita a clérigos e uma pequena elite secular. A impressão significava que os textos clássicos redescobertos pelos eruditos humanistas da Renascença não mais permaneceriam na escuridão. Também permitiu que as ideias dos reformadores protestantes se espalhassem pela Europa, ampliando a base de apoio da Reforma.

Não é de espantar que aqueles que detinham o poder estivessem extremamente desconfiados dessa democratização do conhecimento e das oportunidades criadas para a crítica e o ativismo político. A maioria dos Estados – e a Igreja Católica Romana – tentou ditar o que poderia e não poderia ser publicado e lido. Mas, mesmo onde livros eram censurados ou queimados, a tecnologia da impressão permitia que alguém em algum lugar produzisse mais cópias.

## A REVOLUÇÃO CIENTÍFICA

Durante a chamada "Idade das Trevas" da Europa, o ensinamento dos antigos gregos foi em grande parte esquecido ou condenado como sendo pagão. Grande parte de sua ciência sobreviveu apenas graças aos estudiosos árabes, que também deram contribuições significativas para assuntos como matemática e química (as palavras álgebra e álcool derivam do árabe). Do outro lado do mundo, a China era um foco de inovação tecnológica, cuja gama de invenções incluía a bússola magnética, a pólvora, o papel e a impressão. Essas "quatro grandes invenções" por fim chegaram ao Ocidente.

Mesmo quando os ensinamentos dos antigos gregos foram redescobertos na Europa, não inspiraram imediatamente um novo pensamento. Estudiosos consideravam os antigos gregos a autoridade final, sobretudo quando os teólogos inscreveram sua versão do pensamento grego na doutrina católica romana. Questionar essa autoridade era heresia.

Um princípio central dos ensinamentos da Igreja era que a Terra, na qual Deus criou o homem, ficava no centro do universo, o que ecoava a cosmologia do geógrafo grego Ptolomeu (século 1º), embora, antes dele, o cientista Aristarco de Samos (século 3º a.C.) tivesse proposto que a Terra orbitasse ao redor do Sol. Essa teoria heliocêntrica foi reavivada no século 16 pelo astrônomo polonês Nicolau Copérnico. Ainda que tanto a matemática quanto as observações confirmassem o fato, ele não ousou publicar suas descobertas até 1543, ano de sua morte. Quando o físico e astrônomo italiano Galileu Galilei apresentou provas que corroboravam as descobertas de Copérnico, a Igreja Católica Romana o levou a julgamento e, em 1633, sob a ameaça de ser queimado como herege, retirou seu apoio. No entanto, as contribuições de Galileu para a ciência moderna foram enormes, particularmente pelo uso que ele fez da matemática na física.

> **"Estou muito envolvido com a investigação das causas físicas. Meu objetivo é mostrar que a máquina celestial não é semelhante a um ser divino animado, mas semelhante a um relógio."**
>
> Johannes Kepler, em carta a seu patrono (1605).
> Kepler baseou-se nas descobertas de Copérnico e descobriu as leis do movimento planetário

A combinação de observação e experimento com análise matemática tornou-se a marca do novo método científico. As teorias gerais precisavam ser derivadas de observações específicas do mundo real, um método triunfantemente justificado quando, em 1687, Isaac Newton publicou sua lei da gravidade e as três leis do movimento, que descreviam as interações entre forças e objetos. A ênfase em um cosmos mecanizado identificou processos regulares e previsíveis que poderiam ser matematicamente definidos. O prestígio das ideias newtonianas ajudou a garantir que seus conceitos, seus métodos, sua linguagem e suas metáforas fossem aplicados em vários ramos do conhecimento.

Avanços ocorreram também em outros campos da ciência. No ano em que Copérnico publicou sua teoria heliocêntrica, o anatomista flamengo Andreas Vesalius publicou *De humani corporis fabrica* (Sobre a estrutura do corpo humano), com base mais em dissecações que ele próprio realizou do que nos ensinamentos do antigo médico grego Galeno, até então a maior autoridade em tais assuntos. As teorias médicas de Galeno também foram desafiadas por Paracelso, médico suíço-alemão do século 16, que iniciou a mudança da alquimia medieval para a química moderna e insistiu que doenças específicas requerem remédios específicos.

Galeno havia seguido o princípio de Aristóteles de que o mundo é composto de um equilíbrio de quatro elementos (terra, água, ar e fogo). Robert Boyle, contemporâneo de Newton, defendeu um conceito completamente diferente: os elementos químicos. Boyle e Newton pertenciam à Royal Society of London, fundada em 1600, apenas uma das muitas academias científicas que se estabeleceram em toda a Europa nos séculos 17 e 18. Poucos anos antes, a ciência tinha ido de encontro às autoridades. Agora, ela se tornava uma atividade respeitável para um cavalheiro.

## A EXPANSÃO DA EUROPA

"A impressão, a pólvora e a agulha de marear (…) mudaram toda a cara e o estado das coisas no mundo inteiro." Assim escreveu o filósofo inglês Francis Bacon, em 1620, recordando-se de de um século e meio durante o qual os horizontes da Europa haviam se ampliado de um jeito que, antes, seria inimaginável.

Ironicamente, todas as três invenções a que Bacon se refere originaram-se na China, e o processo que ele descreveu tem relação, em grande parte, com o fato de a Europa ter começado a se transformar na superpotência mais rica e tecnologicamente mais sofisticada do mundo. Embora os chineses já usassem a pólvora havia anos para fazer fogos de artifício e tivessem começado a fabricar armas, foram os europeus que maximizaram essa nova tecnologia, criando o primeiro canhão no século 14. Os chineses possuíam, havia muito tempo, a "agulha de marear" (a bússola magnética) e, durante séculos, praticaram o comércio em todo o Oceano Índico. A bússola foi introduzida no Mediterrâneo pelos árabes e adotada por marinheiros europeus, que desenvolveram outros instrumentos de navegação, como o quadrante e o astrolábio.

No início do século 15, o almirante chinês Zheng He embarcou em uma série de expedições patrocinadas pelo Estado para a Indonésia, a Índia, a Arábia e a África Oriental, mas, em 1433, a política imperial chinesa entrou em retrocesso, e as viagens foram interrompidas. Isso aconteceu, em parte, por conta dos custos e da política de facções, mas os mandarins (funcionários públicos seniores) parecem também ter decidido que a China era rica o bastante em recursos naturais e, portanto, o imperador não precisava se rebaixar, envolvendo-se no comércio exterior.

Príncipes e mercadores ocidentais tiveram outras ideias. Com o fechamento da Rota da Seda para o Extremo Oriente pelos turcos otomanos (veja a p. 117), os países europeus no litoral do Atlântico aproveitaram a oportunidade para buscar rotas marítimas para as Índias Orientais passando pela África. Essa viagem era importante porque as especiarias indianas eram mercadorias preciosas no mundo medieval e no início do mundo moderno. Em meados do século 15, o Infante D. Henrique, de Portugal, criou uma escola de navegação e patrocinou viagens pela costa oeste da África. As explorações portuguesas continuaram após a morte de D. Henrique, em 1460, e, em 1488, Bartolomeu Dias contornou o Cabo da Boa Esperança e entrou no Oceano Índico. Dez anos depois, outro marinheiro português, Vasco da Gama, chegou à Índia por esse caminho. Os portugueses estabeleceran postos comerciais em toda a costa africana e no sul e leste da Ásia até a China e o Japão.

Ainda mais ambicioso, Cristóvão Colombo, patrocinado pelo rei e pela rainha da Espanha, navegou em 1492 para o Ocidente através do Atlântico, acreditando que encontraria uma rota mais curta para as Índias Orientais. Quando ele desembarcou nas ilhas do Caribe, acreditou ter alcançado seu objetivo (motivo pelo qual são erroneamente chamadas de Índias Ocidentais). Em seguida, chegou ao continente americano e percebeu que esse Novo Mundo era imensamente rico em ouro. Também tinha muitas pessoas cujas almas poderiam ser salvas e cujos corpos poderiam ser colocados para trabalhar. E, com Deus e a pólvora do lado deles, como os conquistadores europeus não teriam êxito?

**"Dizem que o inferno se manifestou na terra."**

Relato japonês sobre o comércio
de escravos português (década de 1580)

Em 1494, o papa intermediou um tratado que dividia o Novo Mundo entre a Espanha e Portugal: Portugal ganhou o Brasil, e a Espanha ficou com o restante. A dominação e a exploração das Américas – e de grande parte do resto do mundo –

pela Europa estava prestes a começar. A conquista brutal das Américas foi acompanhada da morte de grande parte da população nativa, que não tinha imunidade contra as doenças importadas, como o sarampo e a varíola. Em poucas décadas, foram eliminados 90% de uma população de 50 a 100 milhões de pessoas. Os conquistadores tinham armas, cavalos, armaduras e uma fé dominante, mas foram seus micróbios que mais contribuíram para a destruição dos povos e das culturas do Novo Mundo. A necessidade de uma força de trabalho viável encorajou os europeus a desenvolverem um tráfico transatlântico de escravos. Nas condições mais precárias, enviaram milhões de cativos comprados de comerciantes e governantes locais na África. O maior número deles teve como destino a colônia portuguesa no Brasil, mas muitos escravos foram enviados às Índias Ocidentais e um número menor foi enviado às terras que se tornaram os Estados Unidos. Muitos comerciantes europeus lucraram com o "comércio triangular de escravos", no qual bens manufaturados europeus eram trocados por escravos da África Ocidental, os quais eram vendidos no Novo Mundo, de onde saíam produtos como o algodão, o açúcar e o tabaco, que eram enviados à Europa para serem vendidos (veja o mapa na p. 116). Os impérios europeus nas Américas e a criação de uma rota marítima para o sul e o leste da Ásia aos poucos transformaram grande parte do mundo. Por exemplo, embora a maioria das principais cidades do mundo no século 16 se localizasse na Ásia, as cidades marítimas europeias, como Lisboa e Sevilha, alcançaram uma status global.

O processo continuou no século 17. Na Europa, Amsterdam e Londres cresceram em status como centros de um império.

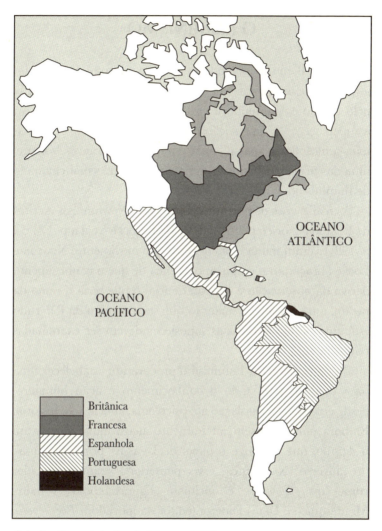

*Colonização europeia das Américas, c. 1750*

Os holandeses e britânicos também fundaram novas cidades no exterior, como Nova Amsterdam (mais tarde, Nova York), em 1614; e Cidade do Cabo, em 1652.

# O ILUMINISMO

No século 18, muitos pensadores em toda a Europa começaram a questionar os dogmas e a autoridade da religião sancionada pelo Estado e a sustentar a virtude da razão como alternativa à superstição. "A superstição coloca o mundo inteiro em chamas, a filosofia as apaga", escreveu o escritor francês Voltaire, uma das principais figuras do movimento intelectual chamado de Iluminismo.

As realizações de cientistas como Isaac Newton e os escritos do filósofo e teórico político inglês John Locke (veja a p. 178 e a p. 192) tiveram muita influência sobre o movimento. Newton e Locke abraçaram o empirismo, crença de que o conhecimento deriva da observação e da experiência (o que seria o reino da razão), e não de ideias inatas (o que seria o reino da fé). Tudo está em questão, e todas as suposições devem ser examinadas criticamente.

Os pensadores do Iluminismo procuraram estabelecer uma base racional para todo o conhecimento e ação humanos, desde economia e legislação até psicologia, educação e história. Embora poucos fossem inteiramente ateus, muitos apoiavam o deísmo, que restringe o papel de Deus à "primeira causa" do universo. Na França, esses pensadores eram conhecidos como os *philosophes* e incluíam figuras como Voltaire, Montesquieu e Denis Diderot (editor da inovadora *Encyclopedie*, "um dicionário de ciências, artes e ofícios fundamentado na razão"). Um movimento semelhante surgiu na Grã-Bretanha, particularmente na Escócia, com figuras como o filósofo cético David Hume e o economista Adam Smith (veja a p. 194). Todas essas figuras são notáveis tanto por defender o valor da tolerância quanto por seu humanitarismo.

Levou um tempo até que os valores do Iluminismo fossem adotados de forma mais ampla. Vários monarcas europeus prestaram homenagem ao Iluminismo no século 18, mas continuaram a governar como autocratas. Nos Estados Unidos, a Declaração de Independência, em 1776, e a Declaração de Direitos, de 1789, preservaram certos valores do Iluminismo, assim como a Declaração dos Direitos do Homem e do Cidadão, adotada no final da Revolução Francesa, em 1789. No entanto, os ideais de razão e tolerância pregados pelo Iluminismo ainda não haviam se estabelecido em muitas partes do mundo.

## O DESTINO DOS LIVRES-PENSADORES

*"Écrasez l'infâme"*, escreveu Voltaire, ou "Esmagai a Infame", fazendo referência à Igreja. Ele tinha em mente o tratamento que se dava àqueles que se considerariam livres--pensadores, mas a quem a Igreja e o Estado condenavam como blasfemadores. Em 1697, um estudante de Edimburgo chamado Thomas Aikenhead tornou-se a última pessoa na Grã-Bretanha a ser executada por blasfêmia; ele havia chamado a teologia de "uma rapsódia de absurdos mal inventados". Em 2012, 33 países ao redor do mundo ainda tinham leis antiblasfêmia, e em vários países muçulmanos a pena por blasfêmia é a morte.

**"Não há maneira eficaz de melhorar as instituições de um povo se não esclarecendo os seus discernimentos."**

William Godwin, *An Enquiry Concerning Political Justice* [*Inquérito acerca da justiça política*] (1793)

# A REVOLUÇÃO INDUSTRIAL

O termo "Revolução Industrial" descreve um processo gradual de mudança que ocorreu principalmente na Europa e na América do Norte, nos séculos 18 e 19, e depois se espalhou para grande parte do mundo. A manufatura de uma forma ou de outra existia havia milênios, é claro, desde as fabricações dos machados de mão do período neolítico até os tijolos da Babilônia. No século 18, apenas duas regiões – o subcontinente indiano e a China – eram responsáveis por até três quartos da produção industrial mundial. Têxteis de alta qualidade e porcelanas eram exportados para a Europa. A maior parte dessa produção ocorria em pequenas oficinas, mais nas áreas rurais do que nas urbanas. Os europeus fizeram o mesmo por muitos séculos. Somente aos poucos, a oficina foi substituída pela mecanização e pelo sistema fabril – características-chave da Revolução Industrial –, no mesmo período em que se deu a urbanização em massa. O que se seguiu foi um aumento da produtividade e um enorme aumento da população, devido em parte à redução da idade em que as pessoas tinham filhos, graças à independência conferida pelo trabalho assalariado.

Por que a Revolução Industrial começou na Grã-Bretanha? O país era politicamente unido e estável, livre de barreiras alfandegárias internas (ao contrário de grande parte da Europa) e tinha um sistema bancário avançado. A Grã-Bretanha também se beneficiava da sua posição geográfica no litoral do Atlântico e do uso agressivo de sua Marinha para se tornar, durante o século 18, a maior potência mercantil do mundo, superando de longe as economias asiáticas costeiras. O comércio de bens como algodão, tabaco, açúcar e escravos gerou enormes lucros para muitos comerciantes, que passaram a guardar o capital para investirem em novas empresas industriais. Os muitos portos da Grã--Bretanha e seus muitos rios navegáveis (beneficiados, mais tarde, por uma rede de canais) fomentaram o comércio externo e interno.

Os próprios recursos naturais da Grã-Bretanha desempenharam um papel fundamental, sobretudo suas reservas de ferro e carvão. Anteriormente, o ferro era fundido usando-se carvão, mas a mudança para o coque (derivado do carvão) provocou um aumento maciço na produção. O carvão também foi fundamental para a tecnologia que realmente impulsionou a Revolução Industrial: o vapor. A China e a Índia, outros importantes centros industriais, não conseguiram fazer uso comparável do carvão.

**"Eu vendo aqui, senhor, o que todo o mundo deseja ter: força."**

Matthew Boulton, sócio da empresa de motores a vapor de James Watt, registrado por James Boswell (22 de março de 1776)

Todo tipo de máquinas novas e engenhosas para fiação e tecelagem foram desenvolvidos durante o século 18. Precisavam de operadores menos qualificados do que nos métodos manuais mais antigos e podiam produzir uma quantidade cada vez maior de têxteis. No início, as máquinas eram impulsionadas pela energia da água, particularmente nas encostas dos Peninos, no norte da Inglaterra, mas a energia a vapor abastecida a carvão permitiu a construção de fábricas em muitos outros locais. Os motores a vapor eram usados para bombear água para fora das minas desde o século 18, mas as melhorias de James Watt no último quarto daquele século espalharam a tecnologia para fábricas e depois para navios e locomotivas, permitindo o trânsito em massa de pessoas e bens (veja a p. 204).

Outros países da Europa seguiram rapidamente esse caminho, sobretudo França, Bélgica e Alemanha. No início do século 20, o Japão e a Rússia também eram atores importantes, mas a verdadeira superpotência industrial, já a maior do final do século 19 e pronta para dominar o século 20, eram os Estados Unidos. Beneficiaram-se de abundantes recursos naturais, particularmente carvão, e de uma cultura e sociedade empreendedoras.

Embora a Revolução Industrial tenha propiciado um crescimento econômico sem precedentes e, por fim, um aumento real dos salários, infligiu consideráveis custos sociais. As condições de trabalho eram, com demasiada frequência, perigosas e alienantes, e as condições de vida muitas vezes mergulhavam nas profundezas da miséria (veja a p. 203).

## A REVOLUÇÃO AGRÍCOLA

A Revolução Industrial não teria sido possível sem a Revolução Agrícola. As duas foram eventos gradativos e ocorreram em todo o mundo, em diferentes momentos e velocidades. Contudo, sem o aumento da produção de alimentos possibilitado pelas melhorias agrícolas, as sociedades não conseguiriam ter migrado do agrarianismo rural para a industrialização urbana.

Assim como a Revolução Industrial, a Revolução Agrícola começou na Grã-Bretanha, mas depois se espalhou por outros lugares. Entre 1650 e 1800, a produtividade agrícola britânica quase duplicou. Um fator que contribuiu para isso foi a quantidade de terra cultivada, que cresceu cerca de 20% durante o século 18, em parte devido a um processo chamado de *enclosure*, por meio do qual fazendeiros e proprietários de terras mais ricos se apossaram de terras comunais ou campos abertos sobre os

188   O pequeno livro da grande história

quais os camponeses não tinham nenhuma titularidade legal. Em meados do século 18, grande parte da terra da Inglaterra já havia sido cercada. Os camponeses tiveram que se transformar em trabalhadores agrícolas assalariados ou procurar trabalho nas cidades. Mudanças similares ocorreram em outros lugares da Europa (por exemplo, na Prússia). Mesmo onde a agricultura camponesa perdurou (como na França), houve uma mudança da produção de subsistência para a de mercado. Embora tais mudanças tenham prejudicado o campesinato, melhoraram a produção de alimentos. Proprietários de terras ricos realizaram melhorias na terra, sobre a qual tinham então o controle exclusivo. Drenaram pântanos e ergueram fronteiras no campo, aumentando a reprodução seletiva do gado. Com novos sistemas de rotação, os campos podiam ser usados o ano inteiro, em vez de deixados em pousio para recuperarem seus nutrientes. Culturas de forragens, como nabos, foram cultivadas e mantinham muitos animais vivos durante o inverno. Antes, a maioria era abatida e sua carne, salgada.

## "Mas o orgulho do país, um campesinato aguerrido/ Uma vez destruído, nunca será restituído."

Oliver Goldsmith, *The Deserted Village* [*A aldeia desertada*] (1770)

A tecnologia revolucionou a produção agrícola. Jethro Tull, um produtor agrícola de Oxfordshire, projetou o semeador em 1700. Na Prússia, em 1747, o açúcar pela primeira vez foi extraído da beterraba. O açúcar de cana tinha sido um luxo importado das Índias Ocidentais; agora, se tornava parte da dieta ocidental básica. Em 1785, o arado de ferro fundido foi patenteado na Grã-Bretanha, seguido em 1800 por debulhadoras e, em 1830, por colheitadeiras. No século 19, o Chile exportou grandes quantidades de guano, fertilizante extraído da acumulação de excrementos de aves marinhas.

À medida que a população aumentava e a proporção de trabalhadores na terra diminuía, a Europa precisava importar mais alimentos. Então, houve um incentivo para que outras partes do mundo se voltassem à produção de alimentos. O desenvolvimento de um arado de aço por John Deere, em 1837, possibilitou o cultivo nos solos duros das pradarias norte-americanas, que começaram a exportar enormes quantidades de trigo, embora às custas dos nativos americanos, que foram retirados de suas tradicionais terras de caça e enviados a "reservas". Em 1892, a introdução do trator movido a gasolina impulsionou ainda mais a produtividade. No final do século 19 nos Estados Unidos, era preciso menos de um terço dos homens-horas para produzir uma tonelada de trigo em comparação a 1800.

Com a chegada de redes ferroviárias, navios a vapor mais rápidos e tecnologias de enlatamento e refrigeração, o final do século 19 viu surgir a pecuária em larga escala nas Américas do Norte e do Sul, Austrália e Nova Zelândia, que exportavam para a Europa, onde a carne podia fazer parte da dieta diária com mais frequência.

Isso não quer dizer que a nutrição da classe trabalhadora fosse adequada. Em muitos lugares, a dieta básica consistia em batatas ou pão (talvez com um pouco de gordura derretida). Embora, em grande parte, a fome tenha ficado para trás na Europa em 1900, a desnutrição era generalizada. Em 1899, três de cada cinco voluntários do Exército britânico – a maioria proveniente da classe trabalhadora não qualificada – eram rejeitados por incapacidade física. Em muitas outras partes do mundo, os camponeses ainda dependiam de uma única colheita para a dieta básica diária. Na China e na Índia, por exemplo, a maioria tinha que subsistir – como haviam feito durante séculos – com uma tigela de arroz por dia. E a fome continuou sendo uma ameaça sempre presente.

## O CONTRATO SOCIAL

A ideia de que os governantes regem por meio de sanção divina, e não pelo consentimento dos governados, remonta às origens da monarquia. Alguns dos primeiros textos do antigo Oriente Próximo são genealogias que mostram que os ancestrais do governante descendem de um deus, justificando assim seu poder terreno. No Egito, o faraó era filho do deus Sol, Rá. No Japão, os imperadores alegavam descender da deusa Amaterasu, uma reivindicação abandonada apenas após a derrota do país na Segunda Guerra Mundial. Na China, o imperador mantinha "o mandato do céu", mas um imperador injusto poderia ter seu mandato cassado. Esse conceito alimentou as trocas muito violentas de dinastias na história imperial chinesa.

Na tradição judaico-cristã, o monarca é ungido com óleo na coroação, o que deriva do relato bíblico da unção de Davi, rei de Israel: "Samuel pegou o chifre cheio de óleo e ungiu--o no meio dos seus irmãos. E, a partir daquele momento, o Espírito do Senhor apoderou-se de Davi". A ideia do monarca como o ungido de Deus levou à doutrina do "direito divino dos reis", que sustenta que o rei não precisa do consentimento do seu povo, da sua aristocracia, do seu parlamento ou mesmo da Igreja. Ele responde apenas a Deus.

O rei Jaime VI da Escócia (mais tarde, Jaime I da Inglaterra) era um monarca que defendia esse dogma absolutista. Suas crenças levaram-no a desconsiderar os direitos e privilégios reivindicados pelo Parlamento Inglês, a assembleia legislativa destinada a representar o povo. Seu filho e sucessor, Carlos I, compartilhou seus pontos de vista e tentou governar sem parlamento. O resultado foi a guerra civil e a execução do rei, em 1649, por traição contra o seu próprio povo.

Foram o caos e o derramamento de sangue da Guerra Civil Inglesa que levaram Thomas Hobbes a publicar o livro *Leviatã* em 1651, propondo a ideia de um contrato social entre governante e governado. Para os seres humanos em "estado de natureza", argumentou Hobbes, a vida era "solitária, pobre, desagradável, brutal e curta". Para evitar essa barbárie, os humanos se reuniram e concordaram com um contrato social pelo qual, em troca de proteção, abriam mão de alguns direitos para uma autoridade absoluta.

Isso implicava que, se a autoridade absoluta não cumprisse com o seu lado no acordo, as pessoas tinham o direito de substituí-lo. Isso foi explicado na versão do contrato social proposta por outro filósofo inglês, John Locke, em *Dois tratados sobre o governo* (1690). Ele alegava que o governo só é legítimo quando tem o consentimento dos governados. O Estado garante a preservação dos "direitos naturais" dos cidadãos, especificamente a vida, a liberdade e a propriedade. Se o governo rompe esse contrato social, então o povo pode escolher outro governante – um argumento empregado pelos revolucionários norte-americanos de 1776, que decidiram substituir um rei britânico por uma república independente.

Uma terceira versão do contrato social foi escrita pelo filósofo francês Jean-Jacques Rousseau em seu livro *O contrato social* (1762). Rousseau contestava o princípio do governo representativo encontrado na monarquia constitucional da Grã-Bretanha e afirmava que a liberdade só poderia existir quando o povo como um todo estivesse diretamente envolvido na elaboração das leis, o que deveria expressar a "vontade geral". Em um Estado pequeno, isso pode ser alcançado por meio da democracia direta, mas, em Estados maiores, Rousseau alegou que a vontade geral exigia a orientação de um governo forte. No entanto, uma vez que o governo sempre procuraria se fortalecer, o povo deveria periodicamente ser capaz de alterar a forma de governo e substituir seus governantes.

As ideias de Rousseau sem querer acabaram encorajando algumas das índoles mais tirânicas entre os revolucionários franceses, como Maximilien Robespierre, que, em 1792, declarou "eu mesmo sou o povo", um mantra ecoado por alguns dos ditadores mais assassinos do século 20.

## A DECLARAÇÃO DA INDEPENDÊNCIA DOS ESTADOS UNIDOS

O famoso preâmbulo desse documento histórico, redigido por Thomas Jefferson, menciona especificamente o conceito de contrato social de Locke: "Consideramos essas verdades como evidentes por si sós, que todos os homens são criados iguais; que são dotados por seu Criador com direitos inerentes e inalienáveis; que entre estes estão a vida, a liberdade e a busca da felicidade; que, para garantir esses direitos, os governos são instituídos entre os homens, obtendo seus justos poderes a partir do consentimento dos governados; que, sempre que qualquer forma de governo se tornar destrutiva desses fins, é direito do povo alterá-lo ou aboli-lo e instituir novo governo (...)"

# DO MERCANTILISMO AO CAPITALISMO DE LIVRE MERCADO

As potências europeias que começaram a construir impérios ultramarinos a partir do século 16 visavam maximizar sua participação em uma esfera crescente e lucrativa: o comércio internacional. De acordo com a teoria do mercantilismo então estabelecida, a quantidade de riqueza no mundo era fixa. Como consequência, cada uma das principais potências europeias pretendia abocanhar a maior fatia possível do comércio internacional.

Essa crença alimentou uma série de guerras ao redor do mundo. Por exemplo, a Guerra dos Sete Anos, de 1756 a 1763, envolveu combates entre potências europeias, especialmente a Inglaterra e a França, não só na Europa, mas em áreas distantes como o Caribe, a América do Norte e a Índia. Essas potências também aprovaram medidas protecionistas, impedindo que todos, com exceção dos cidadãos que morassem naquela pátria, participassem do comércio de importação e exportação para o país colonizador. Nem mesmo seus colonos que moravam em outros países podiam se beneficiar desse comércio. De acordo com o mercantilismo, as colônias foram estabelecidas unicamente em benefício e para lucro do país colonizador. Tais políticas acabaram por levar as colônias britânicas na costa leste da América do Norte a declarar sua independência, criando os Estados Unidos em 1776.

No mesmo ano foi publicado na Grã-Bretanha *A riqueza das nações*, do filósofo escocês e economista político Adam Smith. Esse livro é visto como o texto fundador do capitalismo de livre mercado. Até aquele momento, o comércio internacional estava sujeito a restrições, como impostos indiretos proibitivos ou batalhas navais contra navios mercantes estrangeiros. Além disso, o comércio dentro de determinado país era frequentemente inibido pelo controle estatal, o que podia ocorrer por meio de impostos, ou mesmo de impostos alfandegários internos, mas, muitas vezes, tomava a forma de patentes régias: em troca de um pagamento considerável, o monarca concedia ao comerciante o direito exclusivo de fornecer determinado bem ou serviço ao povo. Nenhuma outra pessoa tinha o direito de infringir esse monopólio, e seus detentores podiam cobrar o preço que quisessem. Adam Smith afirmava que todas essas restrições à liberdade de mercado eram ineficazes. Argumentava que, se os indivíduos fossem autorizados a perseguir os próprios interesses econômicos, então as leis de oferta e procura, que ele chamou de "mão invisível", aumentariam não apenas a riqueza das nações, mas também a prosperidade e, portanto, a felicidade dos cidadãos dessas nações. Mas as leis de oferta e procura, alegava ele, só podiam funcionar com sucesso em um mercado livre. E tal mercado deve funcionar não só dentro das nações, mas também entre elas.

O capitalismo de livre mercado tornou-se a norma em muitos países industrializados no século 19. No entanto, ficou evidente que as empresas que superavam as concorrentes tendiam a se tornar monopólios, o que lhes permitia ditar o preço de seus produtos. Mesmo nos Estados Unidos, defensores do capitalismo de livre mercado, o governo se sentiu obrigado, a partir da década de 1890, a puxar as rédeas do livre mercado desenfreado, aprovando uma legislação antitruste para separar grandes empresas que ameaçavam monopolizar as vendas de alguns produtos. E, no século 20, muitos países desenvolvidos optaram por regular ainda mais seus diferentes setores, impondo padrões de saúde e segurança aos empregadores.

**"Todo indivíduo trabalha necessariamente para tornar a receita anual da sociedade a maior possível. Em geral ele não pretende promover o interesse público, nem sabe quanto o está promovendo. Pretende apenas ter seu lucro, e nisso, como em muitos outros casos, é guiado por uma mão invisível para promover um fim que não fazia parte de sua intenção."**

Adam Smith, *A riqueza das nações* (1776)

Seguindo Adam Smith, economistas do século 19 defendiam cada vez mais o livre comércio entre as nações, livre de obstáculos como impostos de importação. No entanto, muitas vezes os produtores agrícolas e os industriais eram a favor dessa cobrança de impostos, que os protegeria da concorrência estrangeira. Em consequência disso, medidas protecionistas continuaram a restringir o comércio internacional até o século 20. Mesmo o estabelecimento de áreas de livre comércio, como o Mercado Comum Europeu, beneficiou apenas seus membros.

Desde o final do século 20 tem havido esforços internacionais orquestrados para derrubar barreiras protecionistas e criar um mercado genuinamente globalizado. Alguns argumentam que isso criará um novo desequilíbrio de poder: grandes corporações multinacionais poderão dominar o mercado em detrimento de empresas menores, trabalhadores e consumidores de todo o mundo. Embora o livre comércio e os mercados livres tenham ajudado a promover o crescimento econômico global, o problema de se estabelecer o equilíbrio ideal entre livre mercado, protecionismo, regulação do mercado, interesses dos consumidores e bem-estar dos empregados ainda é um debate político e econômico fundamental hoje.

# O NACIONALISMO E A NAÇÃO

Do século 18 ao século 20, muitas sociedades passaram por transformações radicais, como industrialização, urbanização e aumento das taxas de alfabetização. Isso trouxe uma maior consciência política, uma remodelação dos valores políticos e o surgimento de novas ideologias. Uma das mais importantes dessas novas ideologias foi o nacionalismo. Este, ou pelo menos a crença de que o bem de uma dada nação é mais importante que qualquer outra coisa, já existia em Estados soberanos poderosos como a Rússia e a China, que não deviam lealdade além de suas próprias fronteiras. Já havia muito tempo que os chineses se referiam ao seu império como "o Reino do Meio", sugerindo que era o centro do mundo. Na Europa, a rejeição da autoridade papal por muitos príncipes protestantes durante a Reforma refletia o desejo de um controle total do que se achava dentro das fronteiras do próprio Estado. No entanto, tais versões do nacionalismo tendiam a representar apenas os interesses das elites dominantes. Impérios europeus estabelecidos havia muito tempo, como o da família dos Habsburgos, que governavam uma ampla gama de nacionalidades, definiam-se principalmente como dinásticos.

A França e a Inglaterra tentaram, durante alguns séculos, se definir como Estados-nação, mas, de novo, isso vinha fundamentalmente da região central. Embora dentro das fronteiras da França as pessoas falassem muitas línguas diferentes, de bretão a basco, reis e governos defendiam havia muito tempo o uso exclusivo do francês e, em 1635, Luís XIII estabeleceu a Académie Française como a "guardiã" da língua. A Inglaterra, que ocupava a maior parte da ilha da Grã-Bretanha, separada do continente europeu, tinha desfrutado desse isolamento desde os tempos de Shakespeare, que celebrou, como se sabe, "esta ilha coroada" e que, juntamente com a Versão Autorizada da Bíblia (1611), encomendada pelo rei Jaime I, muito contribuiu para a formação de uma identidade nacional inglesa.

Na Europa do século 19, as pressões por mudanças deram origem a crescentes demandas nacionais em países europeus que faziam parte de impérios maiores; por exemplo, na Hungria, na Irlanda e na Polônia, que faziam parte, respectivamente, dos Impérios Austríaco, Britânico e Russo. Na Hungria houve uma grande insurreição contra o domínio dos Habsburgos (austríaco) em 1848-1849, mas que por fim foi dissipada, e na Polônia ocorreram levantes contra o domínio russo em 1830 e 1863. Na Irlanda, a fracassada rebelião em 1798 contra o domínio britânico (que começara no século 12 com a tomada de poder e das terras irlandesas por aventureiros anglo-normandos) teve continuidade nos séculos 19 e 20 tanto por agitações populares em grande escala como pela insurreição armada em menor escala.

Nos primeiros anos do século 19, muitas correntes nacionalistas tinham ideias enraizadas em torno de liberdade e igualdade e tinham por objetivo dar legitimidade política às nações que fossem "naturais" e coesas. Essas crenças estavam ligadas à ideia constitucionalista de que as leis deveriam restringir o poder do governo, porque sua legitimidade derivava do "povo".

Assim, o nacionalismo era mais que uma simples luta por novas identidades e fronteiras territoriais. Também envolvia esforços para definir o que realmente era uma nação e se ela se enraizava em fatores étnicos, linguísticos, geográficos ou em outros fatores comuns. Muitos nacionalistas pensavam em termos culturais e incentivavam o uso de línguas autóctones. Os intelectuais procuravam identificar as características inerentes às nações e, portanto, às comunidades nacionais. Essas tendências costumavam ignorar a natureza porosa das fronteiras naturais e políticas em toda a Europa. Grupos étnicos e linguísticos nem sempre se situavam em territórios específicos. As comunidades de língua alemã estavam espalhadas pela Europa Central e Oriental (já um grande caldeirão de povos), inclusive em muitas partes da Rússia. A França talvez se apresentasse como um Estado-nação monocultural, mas incluía muitos grupos étnicos e linguísticos diferentes. E no Reino Unido da Grã-Bretanha e Irlanda, criado em 1801, eram falados vários idiomas celtas e também o inglês.

Ligados a essa busca do "povo", muitos poetas, compositores e outros artistas basearam suas obras em formas distintamente nacionais ou étnicas. Por exemplo, o compositor Antonin Dvorak (1841-1904), como outros tchecos súditos do Império Austro-Húngaro dos Habsburgo, tinha como objetivo integrar elementos da música folclórica tcheca tradicional em seu trabalho. Em toda a Europa havia um crescente interesse no folclore e no idioma "nacional". Na Alemanha do início do século 19, atordoada por derrotas recentes nas mãos dos exércitos de Napoleão, os Irmãos Grimm coletaram contos folclóricos alemães "autênticos" e trabalharam em um dicionário definitivo da língua alemã.

Tanto a Alemanha quanto a Itália foram por muito tempo uma colcha de retalhos de Estados menores, alternando governantes estrangeiros e nativos. Embora artistas, intelectuais, liberais e democratas tivessem durante décadas demandado uma unificação nacional, isso só ocorreu como resultado de um conflito armado em meados do século 19. Essas operações foram seguidas por uma pressão nos Bálcãs para se livrarem do domínio turco, pressão que já levara à independência da Grécia em 1830.

Sérvia, Romênia e Bulgária seguiram o mesmo caminho. A natureza estilosa de alguns movimentos na Europa Ocidental – a independência grega na década de 1820, o *risorgimento* ("ressurgimento") italiano na década de 1840 – mostrou que nacionalismos específicos poderiam ganhar apoio internacional desde que outros países não se sentissem ameaçados.

**"Não é por meio de discursos e decisões majoritárias que as grandes questões de nossa época serão decididas (...) mas por meio de ferro e sangue."** Otto von Bismarck (1862). Bismarck, então ministro-chefe da Prússia, referia-se a fracassados esforços anteriores de liberais e democratas para criar uma nação alemã unificada. Na década seguinte, ele foi o mentor da reunificação da Alemanha pela força militar

A Primeira Guerra Mundial, que derrubou os Impérios Austríaco, Alemão e Russo, criou muitos novos Estados-nação europeus, entre eles Polônia, Tchecoslováquia, Finlândia, Estônia, Letônia e Lituânia. A ideia de que as fronteiras estatais deveriam seguir as dos grupos nacionais se desenvolveu como uma nova norma, inicialmente na Europa e, depois, no restante do mundo. Quando o anseio pela autodeterminação nacional se espalhou em colônias europeias como a Índia, as estruturas e os ideais imperiais cederam. Em 1975, a maioria dos impérios ultramarinos da Europa havia deixado de existir. Em muitas regiões, particularmente na África e no Oriente Médio, as fronteiras herdadas da divisão colonial por Estados recém-independentes provaram ser arbitrárias, frequentemente ignorando identidades ou fronteiras locais ou tribais. Isso, muitas vezes, levou à guerra civil e ao conflito étnico.

200   O pequeno livro da grande história

O nacionalismo pode até buscar ser inclusivo, unindo um "povo" específico, mas é também inevitavelmente excludente. Se você não compartilha da identidade de uma nação, não pertence a ela, e isso tem gerado discriminação – além de ações mais violentas – contra membros de minorias étnicas e religiosas. Por exemplo, o nacionalismo turco que se tornou a força dominante dentro do Império Otomano no início do século 20 teve resultados graves e, às vezes, letais para seus súditos armênios, gregos e curdos: não sendo étnicos, os turcos os classificavam como estrangeiros. Esse tratamento contrastava com a visão mais inclusiva que, anteriormente, consolidara o império otomano poliglota.

O nacionalismo também podia estar ligado ao protecionismo econômico e a seus equivalentes culturais. Por exemplo, a pressão para produzir obras em línguas nacionais ou pretensamente nacionais muitas vezes surgiu como um gesto de desafio contra os governantes estrangeiros. Mas, a longo prazo, isso poderia causar um isolacionismo cultural incapacitante.

### AUTODETERMINAÇÃO NACIONAL

Em 8 de janeiro de 1918, no último ano da Primeira Guerra Mundial, o presidente americano Woodrow Wilson estabeleceu os objetivos de guerra dos Estados Unidos. Seus "Quatorze Pontos" listavam os princípios básicos com os quais ele queria que a guerra fosse resolvida a partir de então. Em 11 de fevereiro, prosseguiu dizendo: "As aspirações nacionais devem ser respeitadas; as pessoas podem agora ser dominadas e governadas apenas por seu próprio consentimento. 'Autodeterminação' não é uma mera frase; é um princípio imperativo de ações (...)".

Embora o nacionalismo alimentasse a retórica dos povos coloniais que lutavam para se libertar do domínio europeu, suas consequências no século 20 foram muitas vezes perniciosas. Isso aconteceu mais notoriamente na Alemanha, onde os nacional--socialistas (nazistas) o usaram para justificar a tirania, a guerra e o genocídio. Em tempos mais recentes, o nacionalismo continuou a inflamar a violência étnica – como aconteceu durante a criação de novos Estados-nação na ex-Iugoslávia nos anos 1990. A "limpeza étnica" tornou-se o novo eufemismo para o assassinato ou a expulsão de minorias indesejadas, e o refugiado tornou-se uma das figuras características do mundo moderno.

## URBANIZAÇÃO

No mundo antigo, cidades como Nínive, Babilônia e Alexandria chegaram a ter populações de 100 mil habitantes, e Roma foi provavelmente a primeira a alcançar 1 milhão. Embora muitas cidades nos séculos posteriores tenham chegado a um tamanho equivalente ao de Roma, foi apenas no século 19 que se viu um surto de crescimento urbano. Em 1900, Londres e Nova York já tinham uma população que ultrapassava os 5 milhões de habitantes. Muitas outras cidades do mundo cresceram de forma semelhante. Um fator-chave foi a industrialização, que atraiu grande quantidade de gente do campo para a cidade.

Houve, ao mesmo tempo, um expressivo aumento do comércio global, especialmente através do Atlântico, tanto de produtos primários como grãos quanto de produtos manufaturados exportados em grandes quantidades das Américas para a Europa, de modo que cidades costeiras como Nova York e Buenos Aires cresceram significativamente. Houve desenvolvimento comparável, embora mais tardio e, a princípio, em escalas menores, no mundo do Pacífico para cidades como San Francisco, Sydney, Cingapura, Tóquio e Hong Kong.

Estar no centro de redes ferroviárias também incentivou o crescimento de cidades não litorâneas, como Chicago. As ferrovias também levaram à urbanização dos arredores das cidades, o que alterou a sua configuração ao permitir que muitos da classe média rica recém-formada se mudassem para regiões mais residenciais e arborizadas.

O grande número de novas fábricas, geralmente localizadas em vilas e cidades, exigia força de trabalho substancial. Capitais como Berlim também cresceram uma vez que o próprio governo se tornou progressivamente um empregador de muito mais pessoas.

As cidades deram origem a um ambiente cada vez mais criado pelo homem, e não mais regido pelos ritmos da vida rural, e isso foi notado de forma vívida quando as luzes das ruas desafiaram a escuridão e os esgotos substituíram as carroças que recolhiam o excremento humano para uso como fertilizante. O poder simbólico das cidades foi expresso quando elas abrigaram grandes exibições de tecnologia e energia, começando com a Grande Exposição de Londres de 1851.

As cidades também impuseram sérios problemas para a saúde e os padrões de vida. Cortiços, falta de saneamento e superlotação trouxeram doenças como cólera e tuberculose. As cidades foram, ainda, focos de revoltas populares contra as classes dominantes, como aconteceu em vários Estados europeus em 1848. Muitos planos de "melhorias" urbanas foram projetados para destruir os cortiços onde as autoridades sentiram que haviam perdido o controle. Alguns argumentaram que o replanejamento feito por Haussmann nas avenidas de

A ascensão do Ocidente    203

Paris – projeto que influenciou cidades do mundo inteiro – foi uma tentativa de criar um ambiente urbano que favorecesse o Exército perante a multidão: ruas mais largas eram mais expostas e, nelas, era mais difícil montar barricadas.

Sob o domínio ou influência ocidentais, muitas cidades não ocidentais também adquiriram características como estações ferroviárias, largas avenidas, prédios de estações telegráficas e grandes hotéis. No entanto, em 1900, as maiores áreas urbanas ainda estavam concentradas na Europa e na América do Norte.

**"O inferno é uma cidade muito parecida com Londres (...) Uma cidade populosa e enfumaçada."**

Percy Bysshe Shelley (1819)

# EXPANDINDO HORIZONTES

Durante o século 19, expandiram-se os horizontes do pensamento, da expressão e da experiência. O progresso da ciência e da tecnologia – desde a utilização da energia elétrica até a criação de novos materiais sintéticos – aumentou a crença de que a vida humana na Terra poderia melhorar continuamente. Ao mesmo tempo, os novos meios de transporte, mais rápidos, tornaram o mundo um lugar menor e mais interconectado.

A locomotiva a vapor possibilitou que os humanos viajassem a velocidades outrora inimagináveis e permitiu o transporte de longa distância de uma grande quantidade de mercadorias e pessoas, assim como o desenvolvimento subsequente do navio a vapor.

A invenção do telégrafo e, posteriormente, do telefone e do rádio tornou a comunicação de longa distância quase instantânea. Tais conquistas levaram as pessoas a imaginar um futuro

*Primeiro voo dos irmãos Wright, em 1903, na Carolina do Norte (EUA). Wilbur Wright está deitado na asa do avião, enquanto seu irmão, Orville, está correndo em direção à ponta da asa.*

imensamente diferente do passado ou do presente. Tudo parecia possível. Quando, em 1903, foi feito o primeiro voo em uma aeronave mais pesada que o ar, ficou claro que nem mesmo o céu era o limite.

O acesso a esse mundo em expansão variava bastante. Muitos no século 19 ainda viviam em aldeias e seguiam o estilo de vida de seus ancestrais. Todavia, em todas as sociedades, mesmo entre os pobres, cada vez mais pessoas estavam se mudando do lugar onde haviam nascido.

A expansão das linhas globais de navios a vapor foi fundamental para um crescimento maciço da migração. Os europeus migraram para as Américas e para a Australásia, enquanto os chineses atravessaram o Pacífico, especialmente para a Califórnia, e os indianos foram trabalhar na África do Sul, em

Fiji, em Trinidad e outros lugares distantes. Esses movimentos se combinaram para transformar os padrões populacionais do mundo.

A expansão dos sistemas imperiais e das linhas de transporte impulsionou o comércio de animais e plantas cultivadas para consumo humano. A borracha, extraída primeiramente de árvores silvestres na floresta amazônica, foi intensamente cultivada na Malásia, que dominou a produção mundial e alimentava uma demanda industrial crescente, sobretudo para pneus de veículos. O gado bovino – não nativo das Américas – era criado nos pampas da Argentina, um setor que foi possível pelo desenvolvimento da refrigeração para que a carne pudesse ser exportada para a Europa. O chá, nativo da China, foi plantado em lugares tão diversos quanto a Índia e o Quênia. Em todos esses casos, como a produção se expandiu, o mercado também cresceu.

## O ÁPICE DO IMPERIALISMO

Nas últimas décadas do século 19, as potências ocidentais tomaram posse de grandes áreas do mundo, sobretudo na África e no Sudeste Asiático. Elas triunfaram na maioria dos lugares por causa de suas comunicações melhores, seu maior controle de doenças e sua força militar absoluta, dotada de armamento industrial.

No início do século 20, a descolonização parecia uma perspectiva distante, apesar do modo como os Impérios Britânico, Francês, Espanhol e Português nas Américas haviam entrado em colapso entre 1775 e 1830. Esse processo não continuou em outros lugares, embora a Espanha tenha perdido suas principais colônias remanescentes, Cuba e Filipinas, em 1898, para os rebeldes apoiados pela intervenção militar americana.

Em 1900, o Império Britânico cobria um quinto da superfície terrestre do mundo e era composto de 400 milhões de pessoas (um quarto da população total do mundo naquela época), a maior parte delas na Índia. A França tinha um império, principalmente na África e na Indochina, de 15,5 milhões de quilômetros quadrados e 52 milhões de pessoas. Outras potências europeias, como Alemanha, Bélgica e Itália, haviam recentemente estabelecido colônias na África, onde Portugal e Espanha mantinham territórios que tinham sido anexados séculos antes. Os europeus dominavam quase todo o continente africano. No passado, a expansão territorial era motivada sobretudo pelo comércio, mas, durante o século 19, as potências europeias chegaram a argumentar que tinham uma "missão civilizatória" para governar raças "inferiores". Essa missão frequentemente contava com exércitos enviados por ferrovias e navios a vapor. Muitas vezes também dependia do apoio local e, sobretudo, do recrutamento de tropas locais.

Nos Estados ocidentais, uma forte noção de missão imperial se sobrepunha à motivação do lucro, principalmente para buscar mercados e matérias-primas para as indústrias em expansão na Europa. Mas esse motivo era secundário para a geopolítica: grande parte da expansão imperial se deu em reação às intenções reais ou percebidas de outras potências ocidentais em relação especialmente à África, ao Sudeste Asiático e à Oceania. Por exemplo, a aquisição britânica da Birmânia (Mianmar) na década de 1880 foi, em parte, destinada a impedir a expansão francesa.

Em 1914, os impérios ocidentais tinham anexado a maior parte dos territórios a que aspiravam e também tinham definido esferas de influência na maioria das regiões ainda fora do domínio ocidental, como a China e a Pérsia (Irã). O Japão, que

A ascensão do Ocidente 207

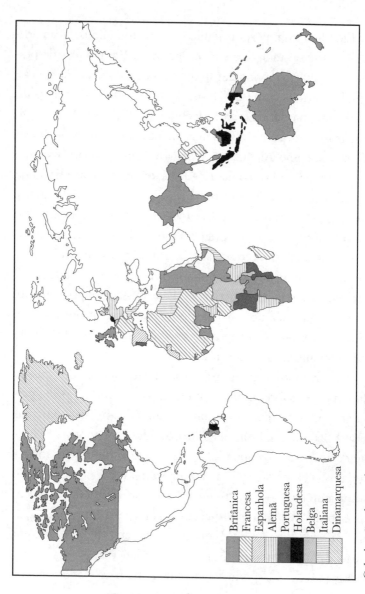

*Colonização ultramarina europeia, 1914*

passou por um rápido processo de modernização e industrialização a partir da década de 1860, desafiou o controle ocidental e se tornou um império em expansão, às custas não só da China, mas também da Rússia. Tomou posse de grandes áreas de ambos na costa do Pacífico.

No entanto, nos anos 1900, a aversão ao controle e à influência ocidentais levou a rebeliões em lugares como a China, as Filipinas e o sudoeste da África (Namíbia). Todas elas foram contidas, às vezes com grande brutalidade. Ainda assim, em 1914, muitas colônias, como a Índia, expressaram demandas por um autogoverno, ou até mesmo por independência.

Essas demandas baseavam-se nos valores da democracia e da autodeterminação nacional, que, no final da Primeira Guerra Mundial, foram usados pelos vencedores para justificar o desmantelamento dos impérios europeus internos, como o Austro-Húngaro. Depois da Segunda Guerra Mundial, os mesmos princípios, somados ao enorme custo econômico da guerra, acabaram para sempre com os impérios europeus na África e na Ásia.

**"Todo império (...) diz a si mesmo e ao mundo que é diferente de todos os outros impérios, que sua missão não é saquear e controlar, mas educar e libertar."**
Edward W. Said (*Los Angeles Times*, 20 de julho de 2003)

## SINDICATOS, SOCIALISMO E COMUNISMO

No período pré-industrial, os artesãos se uniam em guildas profissionais, associações que restringiam a entrada e estabeleciam padrões para um tipo de trabalho. No momento em que a indústria se expandiu no século 19, o centro do poder na sociedade passou da aristocracia proprietária de terras para a nova classe capitalista industrial. Mas uma classe crescente de trabalhadores fabris de baixa renda tinha menos independência do que os artesãos do passado e trabalhava em condições muitas vezes perigosas.

Quando os trabalhadores tentaram fazer campanha nos sindicatos por melhores salários e condições, os governos e os empregadores viram isso como uma ameaça aos direitos de propriedade e um perigo para a sociedade. A Revolução Francesa ainda estava na memória recente e havia medo de que levantes semelhantes pudessem acontecer em outros lugares. Assim, os sindicatos eram proibidos com frequência e as greves, violentamente reprimidas.

Alguns pensadores estavam começando a questionar a base da sociedade capitalista. Buscavam alternativas nas quais o Estado melhorasse os padrões de vida e garantisse justiça e igualdade para todos. A palavra "socialismo" foi usada pela primeira vez por um francês, Henri de Saint-Simon (1760-1825), que acreditava que a indústria poderia remodelar a humanidade sem reduzir a mão de obra à pobreza.

Em 1799, o filantropo e empresário Robert Owen comprou fábricas de algodão em New Lanark, na Escócia, e as administrou por 30 anos como um complexo industrial inovador, com moradia de boa qualidade e outros serviços para os trabalhadores. Os socialistas que sucederam a Owen queriam que o Estado criasse uma sociedade melhor, fornecendo educação, saúde, salários mínimos, pensões e apoio em tempos difíceis. Alguns acreditavam que uma sociedade socialista poderia ser alcançada por meio de uma reforma democrática; outros, que seria necessária uma revolução.

Já o comunismo apresentava uma visão mais radical. A ideia de uma sociedade sem classes, baseada na propriedade comunal dos bens e da riqueza, remontava pelo menos ao início da Igreja Cristã. Em seu livro *Utopia* (1516), o filósofo e estadista inglês Thomas More descrevia uma sociedade que mantinha todas as propriedades em comum. Ideias semelhantes foram propostas por grupos posteriores como os Levellers (durante a Guerra Civil Inglesa do século 17).

Essas primeiras mostras de ideais comunistas estavam muitas vezes enraizadas em crenças religiosas, mas, no *Manifesto do Partido Comunista* (1848), os filósofos alemães Friedrich Engels e Karl Marx adotaram uma abordagem mais materialista, alegando que "a história de todas as sociedades existentes é a história da luta de classes". Eles viam a ideia de "classe" como algo ligado ao poder econômico, que derivava da relação dos indivíduos com os meios de produção. Todas as sociedades, ao longo da história, tinham sido força motriz para fabricar bens e distribuir tarefas e benefícios, e essa força motriz era controlada pela classe dominante. Na sociedade industrial da Europa ocidental, Engels e Marx identificaram dois grupos: o proletariado ou os trabalhadores viviam da venda de seu trabalho; a burguesia industrial (os capitalistas) comprava o trabalho dessa mão de obra para que ela trabalhasse em suas fábricas. Esses grupos estavam em conflito para definir quem deveria controlar e se beneficiar dos frutos do trabalho. A análise marxista tratou a história como um processo cientificamente inevitável: o capitalismo havia vencido o feudalismo e, agora, deveria ser violentamente derrubado por uma revolução proletária, o que levaria à sociedade comunista ideal, na qual os meios de produção se tornariam de propriedade comum.

No final do século 19, os socialistas começaram a fazer avanços em questões como regulamentações de saúde e de segurança, bem como relativas a jornadas de trabalho, sobretudo em países como a Grã-Bretanha, onde as proibições anteriores aos sindicatos haviam sido gradualmente reduzidas. O ativismo sindical foi considerado tanto pelos socialistas quanto pelos comunistas uma parte crucial da luta contra as forças do capitalismo. No século 20, as revoluções comunistas na Rússia, na China e em outros lugares criaram Estados cuja ideologia estava (pelo menos, inicialmente) enraizada no ideal marxista da propriedade pública da indústria e das terras, que seria alcançada através da nacionalização e da coletivização. Mas esses regimes fomentaram a ascensão de ditadores, mostraram-se extremamente autoritários e praticaram a repressão como um meio de governo (veja a p. 241).

No final do século 20, o comunismo foi abandonado na Rússia e em outros lugares, enquanto a China incorporou à sua economia um nível muito maior de capitalismo de Estado. No Ocidente, as reformas socialistas democráticas tiveram um impacto maior. Em muitos países, o Estado desempenha um forte papel na economia, fornecendo educação e saúde, regulando as condições de trabalho e os salários e criando infraestrutura.

**"De cada um, segundo suas capacidades; para cada um, segundo suas necessidades."**
Slogan usado pela primeira vez pelo socialista Louis Blanc, em 1851, mais tarde popularizado por Karl Marx

# Parte 6
# O MUNDO MODERNO

Os últimos cem anos testemunharam um ritmo de mudança sem precedentes no mundo. Não houve apenas um imenso crescimento na urbanização, na industrialização e na população global, mas também avanços impressionantes na ciência e na tecnologia. A humanidade também passou por duas das mais sangrentas guerras de sua história, levando à fundação de novas instituições internacionais destinadas a acabar com conflitos. Também tem havido uma crescente percepção de que este pequeno planeta é o lar comum de todos os humanos, e de que os próprios humanos são apenas um dos componentes da biosfera terrestre.

# LINHA DO TEMPO

**1905:** Divulgação da teoria da relatividade restrita, de Albert Einstein.

**1911:** A Revolução Chinesa acaba com milênios de governo imperial.

**1914:** Irrompe a Primeira Guerra Mundial. Abre-se o Canal do Panamá.

**1917:** Revolução Russa.

**1918:** Termina a Primeira Guerra Mundial; ocorre o colapso dos Impérios Austríaco, Alemão e Turco.

**1923:** Descoberta de galáxias além da Via Láctea.

**1928:** Descoberta da penicilina.

**1929:** A quebra da Bolsa de Valores de Nova York prenuncia a Grande Depressão dos anos 1930.

**1933:** Os nazistas chegam ao poder na Alemanha.

**1937:** Guerra entre China e Japão até 1945.

**1939:** Começa a Segunda Guerra Mundial.

**1943:** Colossus, o primeiro computador eletrônico, quebra os códigos alemães em Bletchley Park, na Inglaterrra.

**1945:** Bombas atômicas destroem Hiroshima e Nagasaki; termina a Segunda Guerra Mundial. É fundada a Organização das Nações Unidas. Começa a Guerra Fria (que só terminaria em 1989).

**1947:** A Índia torna-se independente.

**1949:** Os comunistas vencem a guerra civil na China. Formação da Otan.

**1950-1953:** Guerra da Coreia.

**1957:** Os soviéticos lançam o primeiro satélite artificial no espaço. Fundação do Mercado Comum na Europa.

**1960:** População mundial é de 3 bilhões de pessoas.

**1961:** Primeiro voo espacial tripulado.

**1967:** Primeiro transplante de coração humano.

**1969:** Primeiro pouso do homem na Lua.

**1975:** Fim da Guerra do Vietnã.

**1976:** Módulos de pouso da US Viking pousam em Marte.

**1978:** Primeiro bebê de proveta.

**1979:** Varíola erradicada.

**1989:** Invenção da World Wide Web, a rede mundial de computadores.

**1991:** Dissolução da União Soviética.

**1997:** Primeiro mamífero clonado.

**1999:** A população mundial chega a 6 bilhões de pessoas.

**2003:** Projeto Genoma Humano concluído.

**2011:** A população mundial chega a 7 bilhões de pessoas.

**2012:** O Grande Colisor de Hádrons demonstra a existência do bóson de Higgs.

# O MODERNISMO NAS ARTES

Modernismo é um termo usado para designar uma série de movimentos artísticos internacionais que surgiram nos primeiros anos do século 20 com o objetivo de desafiar formas e valores tradicionais.

O modernismo baseou-se em parte nas novas ciências sociais, principalmente em *A interpretação dos sonhos*, de Sigmund Freud (1900). As ideias de Freud revolucionaram conceitos do comportamento humano e incitaram escritores, compositores e outros a se aprofundarem em estados psicológicos.

**"A natureza interna da mente inconsciente é tão desconhecida para nós quanto a realidade do mundo externo, e é tão imperfeitamente relatada a nós por meio dos dados da consciência quanto o é o mundo externo através de nossos órgãos dos sentidos."**

Sigmund Freud, *Psicologia do sonho* (1921)

Na segunda metade do século 19, escritores, desde o francês Baudelaire até o americano Walt Whitman, começaram a experimentar a linguagem e a narrativa, criando formas de expressão mais ambíguas, autoconscientes e irônicas. A literatura modernista podia ser exigente, desafiando o leitor com intricados níveis de alusões, muitas vezes à mitologia. Também desenvolveram novos formatos, em especial o fluxo de consciência, que apresenta o mundo através de pensamentos e impressões de personagens a cada momento, e não através da voz "objetiva" do autor ou do narrador. Essa técnica permeia o inovador romance épico *Ulysses* (1922), de James Joyce (1882-1941), no qual a vida na moderna Dublin ecoa episódios da *Odisseia* de Homero.

Na poesia, formas tradicionais de estrofe, métrica e esquema de rimas foram substituídas por versos livres, que, não tendo estrutura previsível, continuamente derrubavam as expectativas do leitor. Um dos poemas mais influentes desse período, *A terra devastada* (1922), de T. S. Eliot, usa o verso livre para juntar vozes muito diferentes e ideias fragmentadas e, como *Ulysses*, contrapõe o mito e a herança literária às realidades cruéis e alienações da vida moderna após a devastação da Primeira Guerra Mundial. A alienação também foi explorada por Franz Kafka, um duplo forasteiro como judeu de língua alemã em Praga, capital da nova Tchecoslováquia. Kafka empregou um estilo narrativo aparentemente realista para descrever a vida moderna como algo semelhante a um pesadelo, no qual todo esforço humano está condenado ao fracasso nas mãos de uma burocracia sem rosto que administra leis que ninguém consegue entender.

### HOMEM E MÁQUINA

"Um carro rugindo que parece correr sobre uma metralha é mais bonito que a Vitória de Samotrácia." Assim escreveu Filippo Marinetti, o porta-voz do futurismo, movimento modernista que surgiu na Itália antes da Primeira Guerra Mundial. Muitos artistas modernistas abraçaram a estética da máquina, que também se tornou uma característica da arquitetura. Le Corbusier descreveu uma casa como "uma máquina para se viver", e a arquitetura modernista descartou a abundante decoração encontrada em muitos edifícios do século 19 em favor do mantra de que "a forma segue a função".

A música também abraçou o experimento. A tonalidade tradicional, baseada em escalas ocidentais familiares, foi substituída pela "atonalidade", na qual nenhuma clave era dominante. Arnold Schoenberg, em Viena, desenvolveu o serialismo, uma nova convenção estrutural na qual, por exemplo, cada frase deve empregar todos os 12 tons e semitons encontrados na oitava. A música de Igor Stravinsky para o balé de Diaghilev *O ritual da primavera* causou um tumulto em sua primeira apresentação, em 1913. A nova música que teve o maior apelo junto ao público foi o jazz, nascido das tradições musicais dos afro-americanos. Embora suas origens fossem distantes daquelas da música clássica, passou a ter uma grande influência sobre ela.

Da mesma forma, as artes visuais cada vez mais se baseavam nas artes dos povos de todo o mundo; por exemplo, Pablo Picasso apresentava máscaras africanas em várias obras pintadas antes da Primeira Guerra Mundial. A "alta arte" ocidental não possuía mais um status superior. Picasso também voltou os olhos ao mundo físico através do cubismo. Os pintores cubistas descartaram a perspectiva tradicional e tentaram retratar uma pessoa ou objeto de vários pontos de vista de uma só vez, e construíram seus objetos a partir de uma série de formas geométricas mais simples, como cubos. O papel-chave dos sonhos e do inconsciente enfatizado por Freud foi a base do surgimento, na década de 1920, do surrealismo, no qual pintores como Salvador Dali e René Magritte usaram técnicas meticulosamente realistas para retratar objetos e cenários distantes daqueles encontrados no mundo cotidiano. O surrealismo também influenciou o cinema e a literatura; nesta última, muitos tentaram criar obras abrindo mão do controle consciente e empregando a "escrita automática".

Para a maior parte do público em geral, as obras dos modernistas foram por muito tempo consideradas incompreensíveis, até mesmo risíveis. Na União Soviética, depois de alguns anos em que os experimentos modernistas foram encorajados, Joseph Stalin decretou que o modernismo, em todas as suas formas, era um exemplo da decadência ocidental e do formalismo burguês, alheio ao povo trabalhador. O modernismo seria substituído pelo "realismo socialista". Da mesma forma, os nazistas condenaram a arte modernista como "degenerada" e "não alemã". Embora muitos outros lugares ocidentais estivessem igualmente desconfiados, no final do século 20 muitos aspectos do modernismo passaram a ser considerados comuns e a ter uma influência generalizada na cultura popular.

## RUMO À IGUALDADE DE GÊNERO

Algumas evidências sugerem a existência de sociedades matriarcais em períodos antigos da história humana, por exemplo, na civilização da Idade do Bronze estabelecida em Creta. Além disso, as chamadas figuras de Vênus encontradas na Europa, entre 35 mil e 11 mil anos atrás, claramente concedem um status elevado às mulheres, e alguns antropólogos argumentam que as sociedades pré-históricas de caçadores-coletores eram relativamente igualitárias.

No entanto, durante a maior parte da história escrita, o patriarcado (o domínio dos homens na família e na sociedade) prevaleceu. A partir do final do século 19, porém, a posição das mulheres começou a mudar em algumas partes do mundo. Houve um avanço crucial quando as mulheres ganharam o direito de votar: a Nova Zelândia foi a primeira, em 1893; as mulheres na Suíça tiveram que esperar até 1971; na Arábia Saudita, elas votaram pela primeira vez – nas eleições para o conselho municipal – em 2015. Os preconceitos étnicos, de classe e políticos também estavam em curso. Por exemplo, em 1919, quando as mulheres de origem europeia obtiveram direito de voto no Quênia, as africanas não o obtiveram. Na Bolívia, até 1952, os critérios sociais incluíam uma restrição do direito a voto para as mulheres alfabetizadas.

Embora as mulheres tenham trabalhado duro ao longo do tempo nos campos e, mais tarde, nas fábricas, seu trabalho era tradicionalmente diferente daquele dos homens. No final do século 19, mais mulheres começaram a trabalhar em escritórios, mas algumas profissões (como a de médico) eram

*Vênus de Brassempouy, esculpida em marfim de mamute,* c. *20000 a.C.*

frequentemente proibidas para elas. A Primeira Guerra Mundial trouxe mudanças significativas. A Grã-Bretanha foi um dos países que mobilizaram toda a força de trabalho. As mulheres trabalhavam, por exemplo, em fábricas de munições, trabalho outrora pertencente aos homens, que naquele período tinham sido recrutados para lutar. Nas duas guerras mundiais, esse fenômeno foi muito menos acentuado na Alemanha, onde o papel das mulheres observava principalmente o lema *Kinder, Kuche, Kirche* ("filhos, cozinha, igreja"). Alguns historiadores sugerem que o fato de a Alemanha não ter conseguido mobilizar toda a força de trabalho possível pode ter contribuído para as duas derrotas do país nas duas grandes guerras do século 20.

## "Ninguém nasce mulher: torna-se mulher."

Simone de Beauvoir, *O segundo sexo* (1949). A ideia de que identidade de gênero (em oposição à fisiologia) é uma construção social que veio a desempenhar um papel vital no pensamento feminista e, depois, no pensamento transgênero

Outras mudanças mais amplas na sociedade, incluindo a industrialização, a urbanização, o declínio da reverência, a secularização e o aumento da alfabetização, afetaram muito mulheres e homens. A expansão da educação pública levou a um aumento acentuado da alfabetização feminina e, com ela, a um leque mais amplo de opções, desde a escolha da carreira até a mobilidade social.

Um fator entre os muitos que dificultavam o avanço das mulheres era o controle parcial que exerciam sobre seus corpos. O parto tinha se tornado menos perigoso, mas não era totalmente seguro. O aconselhamento sobre contracepção e planejamento familiar era limitado, muitas vezes por lei. Em muitos países, as universidades continuavam a ser um universo predominantemente masculino, assim como muitas profissões. Os salários médios para as mulheres permaneceram mais baixos do que os dos homens, e a igualdade de oportunidades foi negada às mulheres, ou pelo menos elas não as encontravam. Algumas das mudanças mais importantes ocorreram no final do século 20, com certos avanços científicos que afetaram tanto a escolha sexual quanto a segurança. As pílulas e os dispositivos anticoncepcionais deram maior independência às mulheres, enquanto antibióticos protegiam homens e mulheres dos piores efeitos de algumas doenças venéreas. Alguns países concederam às mulheres direitos iguais, embora as atitudes nem sempre correspondessem às leis. No Reino Unido, por exemplo, apesar do *Equal Pay Act* [Lei de Pagamento Igualitário] de 1970, o salário médio pago às mulheres permanece menor que o dos homens.

**"'Vamos pegar nossos livros e nossas canetas', eu disse. 'Eles são nossas armas mais poderosas. Uma criança, uma professora, um livro e uma caneta podem mudar o mundo.'"**

Malala Yousafzai, defensora paquistanesa da educação feminina e ganhadora do Prêmio Nobel, que sobreviveu a uma tentativa de assassinato em 2012, aos 15 anos

Atitudes em relação ao comportamento sexual e à igualdade de gênero diferiram entre as culturas. Por exemplo, a África subsaariana tem visto uma crescente homofobia entre cristãos e muçulmanos. A religião preservou certas atitudes sexistas. Ao contrário de algumas igrejas protestantes, a Igreja Católica se recusou a ordenar mulheres sacerdotisas, enquanto os movimentos islâmicos fundamentalistas se opõem à igualdade.

A falta de acesso feminino à educação básica continua a afligir o mundo em desenvolvimento. Nos últimos anos, da Nigéria ao Paquistão, os grupos fundamentalistas têm usado, cada vez mais, meios violentos para reprimir a educação das mulheres e para reimpor o papel tradicional de gênero nos países.

## REVOLUÇÕES NA CIÊNCIA

No início do século 20, muitos anos de certeza na ciência foram derrubados por duas novas teorias: a da relatividade e a quântica. Desde a época de Newton, os cientistas acreditavam que o universo e tudo o que ele continha poderia ser descrito em termos mecanicistas, obedientes à lei da gravitação e às três leis do movimento. Todos os eventos – ou pelo menos aqueles envolvendo objetos e forças – podiam ser considerados predeterminados e, portanto, previsíveis.

No entanto, embora as leis de Newton continuassem a valer para a maioria dos propósitos práticos, elas deixaram de se mostrar absolutas ou universais. De acordo com a teoria da relatividade de Einstein, nem o tempo nem a massa permanecem constantes quando estão a velocidades que se aproximam à da luz. Tempo e espaço pertencem ao mesmo *continuum*. Tanto o espaço como a luz podem ser curvados pela gravidade.

Na escala subatômica, a teoria quântica demonstrou que, mais uma vez, as leis de Newton não se aplicam. Mostrou-se que a luz e outras formas de radiação eletromagnética não são ondas nem partículas, mas sim ondas e partículas *simultaneamente*. Outras certezas também desmoronaram. De acordo com a mecânica newtoniana, a posição e o *momentum* de qualquer objeto podem, em teoria, ser medidos com precisão ao mesmo tempo.

A mecânica quântica mostrou que, na escala subatômica, não é possível medir simultaneamente a posição e o *momentum* de uma partícula, pois a própria observação altera o resultado.

Essas teorias contraintuitivas – que rompem nossas visões de espaço, tempo e o próprio conceito de causa e efeito – podem parecer vir do mundo de *Alice no País das Maravilhas*. No entanto, muitos desses aspectos foram comprovados por observação e experimento. A teoria quântica é responsável por uma série de fenômenos, desde como o olho detecta a luz até o funcionamento dos semicondutores, uma tecnologia fundamental nos computadores modernos. E a famosa equação de Einstein, $E = mc^2$ (onde c é a velocidade da luz), mostra que a massa (m) pode ser convertida em energia (E) e é, portanto, fundamental tanto para a energia nuclear quanto para as armas nucleares.

O século 20 também vivenciou transformações revolucionárias em outros campos, desde o transporte, a geração de energia e a medicina até a agricultura, a bioengenharia e a computação. Os cientistas forneceram uma explicação da estrutura molecular do DNA – e, portanto, sobre como as características genéticas são herdadas – e fizeram um avanço significativo na compreensão do funcionamento do cérebro. Como resultado de tais descobertas, o status da ciência aumentou vertiginosamente. Na década de 1950, os cientistas se tornaram os arautos e os garantidores do progresso, como foram os engenheiros no século 19.

**"O poder desencadeado pelo átomo mudou tudo, menos nosso modo de pensar, e assim somos levados a uma catástrofe ímpar."**

Albert Einstein, em um telegrama enviado a
destacados americanos (24 de maio de 1946)

*Uma horda de repórteres cerca o professor Albert Einstein no convés do S.S. Belgenland quando ele chega a Nova York (1930)*

## O COMBATE ÀS DOENÇAS

O século 20 testemunhou melhorias sem precedentes na ciência e nas práticas médicas, e todas afetaram a vida de bilhões de pessoas. Doenças que antes eram fatais e debilitantes sucumbiram a uma série de novas descobertas.

A descoberta da insulina, em 1922, deu uma nova chance de vida a muitos jovens diabéticos. Seis anos depois, Alexander Fleming descobriu acidentalmente que um fungo chamado penicilina conseguia destruir bactérias, embora tenha demorado alguns anos para desenvolver uma maneira de produzi-lo e usá--lo contra infecções bacterianas.

A penicilina anunciou a revolução dos antibióticos, que começou na década de 1940 e permitiu que os médicos tratassem doenças como pneumonia, septicemia e meningite. Inicialmente, os antibióticos não tiveram impacto sobre a tuberculose, uma das doenças mais mortíferas, já que o bacilo da tuberculose rapidamente desenvolve resistência a medicamentos individuais. No entanto, na década de 1950, descobriu-se que a tuberculose podia ser tratada com sucesso com uma combinação de antibióticos administrados durante um longo período. Nas últimas décadas, no entanto, houve um aumento nas cepas de tuberculose que são resistentes até mesmo a uma combinação de antibióticos. Outras bactérias, como a *E. coli*, também desenvolveram resistência a antibióticos. A resistência aos medicamentos é uma ameaça crescente à saúde humana e pode transformar procedimentos cirúrgicos relativamente simples em operações muito mais perigosas, uma vez que qualquer infecção acarretada por um ferimento pode não ser tratável. Outras ameaças derivam do uso rotineiro de antibióticos na agricultura – por exemplo, nas grandes fazendas de suínos da China – a fim de manter os animais livres de doenças e aumentar seu peso. Nenhuma nova classe de antibióticos foi descoberta desde 1987.

Mas os antibióticos não são as únicas defesas contra doenças. Doenças comuns na infância, como sarampo, coqueluche e difteria, foram efetivamente controladas por programas de imunização como parte de uma tentativa generalizada de melhorar a saúde pública. A vacinação contra a varíola foi tão bem-sucedida que a Organização Mundial de Saúde declarou sua erradicação em 1979. Uma vacina contra a pólio começou a ser aplicada em 1956, e essa doença também poderá ser erradicada com o passar do tempo. Outros vírus, inclusive de gripe, HIV e ebola, mostraram-se mais difíceis de combater e continuam a desafiar a ciência médica, apesar de alguns progressos no uso de medicamentos antivirais.

Graças aos antibióticos, a um conhecimento mais amplo e à melhora dos anestésicos, operações sérias como as apendicectomias

226   O pequeno livro da grande história

se tornaram procedimentos triviais. Novas técnicas, como transfusões de sangue, implantes artificiais de quadril e joelho e o transplante de órgãos humanos, tornaram-se normais. O primeiro transplante de coração humano foi realizado em 1967. A manipulação de genes desenvolveu-se a partir da década de 1970 e levou à perspectiva de desenvolvimento de uma terapia genética para humanos.

As doenças mentais afetam um número crescente de pessoas, mas seu diagnóstico e tratamento mudaram com o maior reconhecimento do papel dos processos fisiológicos e neurológicos. O desenvolvimento de medicamentos seguros e eficazes no final do século 20 ajudou no tratamento de psicoses maiores e da depressão, assim como os vários métodos de psicoterapia, melhorando drasticamente a taxa de cura. No entanto, em grande parte do mundo, níveis baixos de atendimento institucional com relação à saúde mental faz com que as pessoas precisem contar com o apoio de seus familiares.

Além dos programas de vacinação, as medidas de saúde pública incluíram melhores programas de informação (mesmo sobre coisas simples como lavar as mãos regularmente com sabão), distribuição gratuita de preservativos e supressão de água estagnada para reduzir a proliferação de mosquitos. Debates sobre saúde pública englobaram questões controversas a respeito de responsabilidade pessoal, corporativa e governamental. Por exemplo, há muitas discussões sobre o papel que o Estado deve desempenhar – se é que deve desempenhar – ao lidar com os problemas causados pelo fumo, pelo abuso de álcool e de outras drogas e pelo aumento da obesidade, uma tendência exacerbada pelo aumento das condições econômicas e pela mudança nas normas sociais.

No século 20, a profissão médica também tomou rumos muito diferentes. A cirurgia plástica, desenvolvida após a Primeira Guerra Mundial para tratar as vítimas da guerra, passou a ser usada de maneira mais genérica como procedimento eletivo e cosmético. Mais recentemente, a prescrição de drogas que melhoram o desempenho ficou notória nos esportes – como futebol e atletismo –, um setor que movimenta bilhões de dólares em todo o mundo.

## O CAMINHO PARA A GUERRA MUNDIAL

Poucas pessoas em 1900 imaginavam que uma grande guerra estava por vir, que duraria anos e devastaria a velha ordem mundial. Havia, é claro, uma tensão entre as grandes potências, e uma corrida armamentista internacional estava em andamento, mas essas tensões não eram novas e, no passado, não tinham levado a grandes guerras.

De forma geral, a Europa estava em paz desde o fim das Guerras Napoleônicas de 1815. Depois disso, os confrontos que ocorreram entre os principais países – Áustria e Prússia em 1866, França e Prússia em 1870-1871 – duraram poucas semanas ou meses.

No início do século 20, surgiu um novo clima de agressão beligerante entre as elites dominantes. Nesse momento, o conflito entre as nações era frequentemente visto em termos darwinianos, uma questão de "sobrevivência do mais apto".

Acreditava-se, de modo generalizado, que o Estado tinha direito sobre a vida de seus cidadãos, conforme incorporados na prática do recrutamento (introduzido, pela primeira

228 O pequeno livro da grande história

vez, em escala maciça na França, cem anos antes). Em muitos países europeus, jovens adultos do sexo masculino eram obrigados a servir o exército, geralmente por dois anos, seguidos por um serviço anual de várias semanas na reserva. Esse sistema criou condições para o surgimento dos enormes exércitos que foram implantados quando eclodiu a Primeira Guerra Mundial, em 1914. Um hábito de obediência militar colaborou com o clima febril de guerra patriótica para que não houvesse dúvidas sobre ir à guerra, como objeções religiosas ou crença na solidariedade internacional entre os trabalhadores. A industrialização e o ritmo mais acelerado do desenvolvimento tecnológico poderiam produzir arsenais monumentais de armas modernas, inclusive metralhadoras, aviões e submarinos para equipar essas forças. Os gastos navais e militares das principais potências europeias duplicaram nas últimas duas décadas do século 19, e dobraram novamente na primeira década do século 20.

Em 1914, as principais potências europeias fizeram uma série de alianças militares. Criadas como forças dissuasivas para manter a paz e preservar o equilíbrio de poder, elas na verdade aumentaram o risco de guerra, pois uma ameaça a uma representava uma ameaça a todas, e os membros mais agressivos conseguiram dar o tom. Em 1914, quando a crise aumentou nos Bálcãs, a Alemanha e a França não conseguiram conter seus principais aliados, a Áustria e a Rússia.

Um perigo adicional era que o planejamento militar não fosse confiado aos líderes civis, mas ao estado-maior de cada país: homens que achavam que o primeiro ataque provavelmente seria decisivo. No período que antecedeu a Primeira Guerra Mundial, seu planejamento girou em torno da tomada da iniciativa, a fim de ditar a dinâmica dos eventos.

**"Queremos oito [navios] e não vamos esperar."**
**[We want eight, and we won't wait.]**
Esse slogan surgiu na Grã-Bretanha, em 1909, no período que antecedeu a Primeira Guerra Mundial, numa época em que as grandes potências competiam para construir navios de guerra mais rápidos e mais fortemente armados, como o britânico *Dreadnought*, lançado em 1906

## MASSACRE INDUSTRIALIZADO

A Primeira Guerra Mundial (1914-1918) foi a guerra mais sangrenta que já existiu, em parte porque envolvia as três principais potências econômicas do mundo à época (Alemanha, Reino Unido e Estados Unidos), bem como os principais sistemas imperiais, com toda a força de trabalho que controlavam. O poder destrutivo dos armamentos, fabricados em escala sem precedentes, também foi crucial. Outro fator importante foi a incapacidade dos combatentes de negociarem um fim pacífico para o conflito, uma incapacidade repetida na Segunda Guerra Mundial. Como consequência, o terrível nível de destruição, em vez de levar a esforços para negociar, contribuiu para a decisão de dedicar ainda mais esforços à luta.

A guerra contrapôs uma coalizão da Alemanha e da Áustria (as Potências Centrais) de um lado, e França, Bélgica, Grã-Bretanha, Sérvia, Rússia (os Aliados) e o Japão, do outro. Por sua vez, cada lado recrutou novos parceiros, embora as Potências Centrais só tenham conquistado a Turquia e a Bulgária, enquanto os Aliados incluíram Itália, Portugal, Romênia e, em caráter decisivo, os Estados Unidos (a partir de abril de 1917).

A causa imediata do conflito foi a agressão austríaca à Sérvia. Em 28 de junho de 1914, um nacionalista bósnio, apoiado pela sociedade secreta sérvia Mão Negra, assassinou o arquiduque Francisco Ferdinando, herdeiro do trono austríaco, em Sarajevo, capital da Bósnia governada pela Áustria. A Áustria recusou as manifestações sérvias de reparação e, em vez disso, foi à guerra, pretendendo esmagar o crescente nacionalismo dentro de seu império.

Nesse momento, a Rússia agiu para mobilizar seus exércitos e rejeitou um ultimato alemão para recuá-los. A Alemanha declarou guerra à Rússia e depois à França, aliada da Rússia. A decisão partiu do alto-comando alemão, que temia o cerco pela aliança da França e da Rússia. O estado-maior alemão preparou um plano para tirar rapidamente a França da guerra, ultrapassando as fortalezas francesas ao longo da fronteira alemã e invadindo a França através da vulnerável Bélgica. Essa ação lançou a Grã-Bretanha na guerra, como garantidora do tratado de neutralidade belga.

O ano inicial da guerra não teve vitórias decisivas, mas os alemães terminaram 1914 com grandes ganhos territoriais na Bélgica e na França. Assim, os Aliados ocidentais foram forçados a atacar, tanto para recuperar terreno como para reduzir as tensões na Rússia, que perdeu muito nas mãos da Alemanha em 1914 e 1915.

Em setembro de 1914, os alemães se colocaram em posições defensivas, os Aliados fizeram o mesmo, e nasceu a Frente Ocidental. Suas múltiplas linhas de trincheiras chegavam da fronteira franco-suíça a noroeste até o Mar do Norte. Generais franceses e britânicos sonhavam em fazer um avanço decisivo com ataques frontais, mas a tecnologia militar da época, sobretudo metralhadoras e artilharia colocadas em fortes sistemas de trincheiras e abrigos, favorecia fortemente o lado defensor. As baixas imensas que resultaram não foram acompanhadas de ganhos territoriais significativos. No final da guerra, no entanto, novas táticas, como o uso de artilharia precisa integrada a ataques de infantaria, mostraram-se mais eficazes, o que ajudou os Aliados a alcançarem a vitória em 1918.

**"Ficamos muito surpresos ao ver [os soldados ingleses] caminhando, nunca tínhamos visto isso antes. Os policiais estavam na frente. Eu notei um deles andando calmamente, carregando um cassetete. Quando começamos a disparar, só precisávamos carregar e recarregar. Eles caíram às centenas. Nem era preciso mirar, só atiramos neles."**

Soldado metralhador alemão relembra o primeiro dia da Batalha do Somme (1º de julho de 1916)

Nesse meio-tempo, a guerra havia derramado sangue em uma escala inédita. Algumas das batalhas, principalmente Verdun e Somme, em 1916, tiveram resultados devastadores (somaram mais de 2 milhões de baixas). Embora tenham tirado a Rússia da guerra em 1917-1918, os alemães foram derrubados e vencidos pelos aliados ocidentais.

A guerra levou ao desenvolvimento de enormes complexos industriais militares, sobretudo para a fabricação de armas e granadas de alto poder explosivo. O controle dos mares também foi essencial. A Alemanha travou uma longa e bem-sucedida campanha submarina contra os navios mercantes dos Aliados. Ao mesmo tempo, as marinhas aliadas, particularmente a britânica, impuseram um forte bloqueio à Alemanha e a privaram de recursos. Os dois lados usaram gases venenosos um contra o outro, embora isso não tenha sido militarmente decisivo.

Essa guerra parecia muito distante das ideias anteriores de batalha como uma questão de heroísmo individual e coletivo. Em vez disso, incorporou a noção de que os seres humanos eram secundários frente ao maquinário mortal disponível. A guerra também trouxe o primeiro bombardeio aéreo significativo de alvos civis, o que levou ao medo de que guerras futuras provocassem a destruição de cidades por bombardeiros. Tudo isso contribuiu para um certo sentimento antiguerra subsequente. No entanto, na esteira dos eventos e nos anos 1920, muitas pessoas aparentemente aceitaram a ideia de que a guerra tinha sido um fardo necessário, uma questão de dever e sacrifício inevitáveis.

**"Os estadistas ficaram impressionados com a magnitude dos eventos. Os generais também. Acreditavam que a massa era o segredo da vitória. A massa que invocaram estava além de seu controle. Todos tateavam, mais ou menos impotentes."**
A. J. P. Taylor, *A Primeira Guerra Mundial* (1963)

## VERSALHES E SEUS RESULTADOS

A Primeira Guerra Mundial terminou com uma série de tratados de paz. O mais conhecido é o Tratado de Versalhes, assinado com a Alemanha em 1919. Ao impor esses tratados, os vitoriosos Aliados quiseram punir as potências derrotadas e garantir um mundo pós-guerra estável.

A falha mais óbvia do Tratado de Versalhes foi ele não ter impedido a eclosão da guerra seguinte, duas décadas depois. Já em 1919, o economista John Maynard Keynes, que participou da conferência de paz, previu que a perversidade do tratado levaria a Alemanha a um colapso financeiro e a um caos ainda maior. Igualmente cético foi o marechal Ferdinand Foch, o supremo comandante francês das forças Aliadas na guerra, que se queixou em maio de 1919: "Isso não é paz. É um armistício de 20 anos".

O ritmo dos eventos pressionou os pacificadores. A guerra terminou em 1918 com a queda dos governos austríaco e alemão e a derrota dos turcos. Nacionalistas na Europa Oriental e no Império Turco em colapso exigiram novos Estados. Os pacificadores reagiram separando a Hungria da Áustria (seu outrora grande império encolheu mais ou menos ao seu tamanho atual) e reconhecendo a Polônia e a Tchecoslováquia como Estados-nação independentes. A Romênia se expandiu. A Sérvia tornou-se a base do novo Estado da Iugoslávia.

A Alemanha não perdeu território na mesma escala austríaca, mas perdeu terras para a Polônia e foi forçada a devolver as conquistas feitas na França, em 1871. Também teve de se desmobilizar, se desarmar e pagar indenizações: reparação pelo dano que suas forças armadas causaram. Isso prejudicou a economia alemã e irritou seu povo, em benefício de extremistas como Adolf Hitler. Os nazistas exploraram esse cenário para desacreditar a República de Weimar, o governo democrático formado na Alemanha em 1919 para substituir o sistema imperial.

A destruição do Império Austro-Húngaro deixou ressentimentos cozinhando em fogo brando. Na Hungria, a raiva persiste até hoje em áreas com maiorias húngaras que foram transferidas para a Tchecoslováquia, a Romênia e a Iugoslávia (atuais Eslováquia, Romênia e Croácia). A Turquia perdeu muitas propriedades em 1920, em particular as províncias árabes concedidas à França (Síria e Líbano) ou à Grã-Bretanha (Iraque, Palestina e Transjordânia). Quando os Aliados fatiaram o Oriente Médio em Estados-nação artificiais, delimitados por linhas retas arbitrárias, criaram pelo menos três problemas de longo prazo: frustraram as ambições nacionalistas árabes, ignoraram as divisões sectárias (sobretudo entre muçulmanos xiitas e sunitas) e ignoraram os direitos dos povos não árabes locais, como os curdos.

Instigado por Woodrow Wilson, então presidente dos Estados Unidos, o acordo de Versalhes criou um novo órgão internacional para supervisionar o sistema global e manter a paz, uma "Liga das Nações". Mas os Estados Unidos eram uma terra predominantemente ocupada por europeus que haviam fugido de perseguição ou da guerra em seus próprios países. Havia muito tempo que eram avessos a "confusões estrangeiras", e se voltaram a seu habitual isolamento: o Senado americano recusou-se a apoiar a Liga, e os Estados Unidos não se uniram a ela. Além disso, havia a exclusão da Rússia comunista e da Alemanha derrotada, e o alcance global da Liga foi reduzido desde o início (veja a p. 267).

## REVOLUÇÕES

A derrubada violenta dos sistemas políticos existentes foi uma característica importante da história global na primeira metade do século 20. Muitos países foram afetados, principalmente China e Rússia.

A maioria das revoluções refletia a visão de que os sistemas monárquicos eram obsoletos e impediam as mudanças que dariam subsídios a um Estado moderno para lidar com o mundo

O mundo moderno 235

moderno, ou seja, com um sistema internacional brutalmente competitivo, com demandas de reforma interna e com a ameaça de desordem social. No Japão, na década de 1860, havia sido possível conciliar a legitimidade imperial com a modernização radical, mas em outros lugares, no início do século 20, as crises eram mais agudas. Não por acaso, em vários países – entre eles China, Portugal e Turquia –, figuras militares tiveram que liderar o pedido de mudança, já que foram os fracassos na defesa que desgastaram e quebraram sistemas antigos. Na China, a dinastia manchu perdeu prestígio depois que forças estrangeiras intervieram para acabar com o Levante dos Boxers em 1900. Isso levou à queda do imperador chinês em 1911-1912, após mais de 2 mil anos de governo imperial. Uma nova república ergueu-se, mas as décadas subsequentes presenciaram um colapso da unidade nacional à medida que as províncias se separavam para formar Estados militarizados.

A Primeira Guerra Mundial derrubou as dinastias imperiais austríaca, alemã e turca. Também desencadeou a Revolução Russa. As repetidas derrotas para a Alemanha fizeram crescer ainda mais as tensões sociais, econômicas e políticas que a guerra impôs à Rússia, e elas levaram ao descrédito do governo, especialmente do czar Nicolau II, que tinha assumido responsabilidade pessoal pelos esforços de guerra. No início de 1917, um governo republicano moderado o derrubou, mas prometeu continuar a guerra. Seu fracasso foi, por sua vez, explorado pelo pequeno mas determinado grupo de bolcheviques de Vladimir Lênin, o núcleo do futuro Partido Comunista Soviético. Eles tomaram o poder na Revolução de Outubro e impuseram um sistema totalitário.

Lênin destruiu seus adversários da esquerda e travou uma guerra civil que derrotou o Exército Branco, de direita, apesar do apoio internacional que incluía forças britânicas, francesas, americanas, canadenses e japonesas. Os bolcheviques detinham os principais centros de produção industrial, e sua base em Moscou controlava o sistema ferroviário de modo que pudessem despachar seus recursos para onde fosse mais necessário.

**"A substituição do Estado burguês pelo proletariado é impossível sem uma revolução violenta."**
Lênin (1917)

Ainda exaustas depois da "Grande Guerra" e sem objetivos coordenados, as forças intervenientes se retiraram. Além disso, a ideia do Exército Branco de "uma Rússia grande e indivisa" isolou os vários movimentos nacionalistas que queriam independência do Império Russo. No final, esses movimentos fracassaram na Ucrânia, no Cáucaso e na Ásia Central, mas tiveram êxito na Finlândia, na Estônia, na Letônia, na Lituânia e na Polônia. Sem esses últimos territórios, a nova União das Repúblicas Socialistas Soviéticas (URSS ou União Soviética), estabelecida por Lênin em 1922, foi efetivamente uma recriação do antigo império czarista.

As reformas radicais dos bolcheviques incluíram a imposição do controle estatal da agricultura e da indústria. O extermínio dos cúlaques, classe de camponeses prósperos, deslocou mais de 5 milhões de famílias para campos de trabalho ou áreas distantes. Lênin não tinha interesse em democracia, que ele via como uma afetação burguesa. Os bolcheviques estavam comprometidos com a mudança, especialmente a rápida industrialização, que viam como um meio de reforçar seu poder.

O mundo moderno  237

Duas características-chave da União Soviética eram a doutrinação e a polícia secreta. Aqueles vistos como dissidentes ou contrarrevolucionários eram rotineiramente presos e executados ou enviados para o gulag, uma vasta rede de campos de concentração. Milhões trabalharam como escravos, e muitos morreram. Esse nível de paranoia também levou aos julgamentos e expurgos praticados por Stalin, nos quais membros do partido, líderes bolcheviques e até altos funcionários da polícia secreta eram forçados a confessar crimes contra o Estado e, como consequência, eram punidos ou mortos.

## O COLAPSO ECONÔMICO MUNDIAL

Em 1637, o preço dos bulbos de tulipas na Holanda subiu loucamente – até o ponto de casas serem trocadas por um único bulbo – e, depois, caiu de repente. Essa "tulipomania" provavelmente foi a primeira bolha especulativa da era moderna.

À medida que os investimentos bancários e de capital se expandiam, surgiam muitas dessas bolhas e estouros de bolhas, inclusive os que sucederam ao colapso da Companhia do Mississippi e da South Sea Company, em 1720. Como o dinheiro usado para comprar empreendimentos especulativos muitas vezes era emprestado, quando a bolha arrebentava, os mutuários faliam, os credores perdiam dinheiro, os bancos quebravam e economias inteiras sofriam retrações.

No século 19, o pânico de 1873, causado em parte por desastrosos investimentos em ferrovias, desencadeou uma crise econômica na Europa e nos Estados Unidos que durou pelo menos até 1879, e, segundo alguns, até 1896. Essa recessão, agora conhecida como a Longa Depressão, era chamada de Grande

Depressão até que a crise desastrosa dos anos 1930 reivindicou para si esse título. A quebra da Bolsa de Valores de Nova York e a subsequente recessão de 1929 levaram diretamente à Grande Depressão global dos anos 1930. Esse foi um período de declínio da produção e do comércio, de negócios fracassados, de colapso das finanças públicas e de aumento acentuado do desemprego. Esses aspectos faziam parte de uma crise fundamental no sistema econômico mundial e também alimentaram a mudança da democracia para o totalitarismo, presenciado de forma ampla na década de 1930. Uma das causas foi o dano imenso que a Primeira Guerra Mundial infligiu ao sistema econômico pré-guerra. Ela fez dos Estados Unidos uma das principais nações credoras e deixou as principais potências envolvidas com pesadas dívidas. Em 1929, problemas de escala relativamente pequena no sistema de empréstimos aumentaram até se transformarem rapidamente em uma crise de confiança nos valores dos ativos. Essa década presenciara altos níveis de especulação, por exemplo, em ações, cujos preços dispararam. Quando a confiança de repente entrou em colapso, os preços caíram de forma bem rápida. Empréstimos foram resgatados, e houve uma corrida aos bancos mais fracos, o que, por sua vez, minou a confiança até mesmo nos bancos mais fortes, e assim a crise piorou. Como o crédito disponível para investimento e comércio caiu, a atividade econômica diminuiu. Os produtores primários (aqueles que produzem alimentos e matérias-primas, como Austrália e Brasil) viram seus mercados encolherem no mundo desenvolvido. Ao mesmo tempo, esses produtores se tornaram menos capazes de comprar produtos manufaturados de países industrializados, cujas exportações foram consequentemente afetadas.

**"Até hoje persistem os debates sobre o que causou a Grande Depressão. A economia não é muito boa em explicar oscilações na atividade econômica."**

Eugene Fama, em entrevista à revista
*The New Yorker* (13 de janeiro de 2010)

Novos efeitos colaterais continuaram aparecendo. Em todo o mundo, houve um achatamento dos salários e um aumento do desemprego, que subiu para quase 24% nos Estados Unidos em 1932. As tensões econômicas atingiram com mais força os setores mais fracos. Na Grã-Bretanha, por exemplo, a mineração e a indústria pesada foram duramente afetadas. No entanto, alguns setores continuaram a crescer. Além de carros, mais rádios e máquinas de lavar foram produzidos, e houve uma grande expansão na indústria cinematográfica. Houve também um crescimento industrial significativo na União Soviética e na Alemanha de Hitler, em parte porque os governos concentraram recursos no desenvolvimento da indústria pesada e de um forte complexo militar-industrial. No entanto, esse crescimento ocorreu à custa de uma inadequada alocação de recursos econômicos, e seu investimento excessivo na fabricação de armas teve consequências prejudiciais a longo prazo.

As quebras impuseram problemas aos políticos, sobretudo para os que tinham instintos de livre mercado. Alguns governos, inicialmente, tentaram cortar gastos e aumentar taxas de juros para proteger suas moedas. Medidas protecionistas e impostos também foram reintroduzidos, como havia sido feito durante a Longa Depressão. Em contraste, o New Deal, plano de recuperação introduzido nos Estados Unidos a partir de 1933, em parte implicava usar os gastos do governo para estimular o crescimento, e foi defendido por economistas como John Maynard Keynes. Também foram postas em prática medidas para regular os bancos de forma mais eficaz.

A recuperação industrial continuou bastante fraca na maioria dos países, inclusive nos Estados Unidos, até que a Segunda Guerra Mundial impulsionou tanto a indústria quanto o emprego.

Em 2008, uma mistura semelhante de especulação e bancos enfraquecidos levou a uma nova crise financeira global. As reações foram tão variadas quanto na Grande Depressão. Alguns países impuseram políticas de austeridade, muitas vezes à custa do bem-estar e dos gastos dos governos locais; outros defenderam medidas mais próximas do New Deal, ou outras formas de expandir a oferta monetária. Não se sabe se o mundo vai lidar bem com futuras crises financeiras; isso vai depender de como esses problemas serão tratados nas próximas décadas.

## TOTALITARISMO

A década de 1930 presenciou o surgimento de uma série de regimes totalitários em diferentes partes do mundo, quando os movimentos políticos antidemocráticos conquistaram o poder e passaram a governar de forma impiedosamente autoritária.

Vários países já tinham esses regimes, inclusive a Rússia sob o regime bolchevique e a Itália, depois que o líder fascista Benito Mussolini tomou o poder em 1922. Na década de 1930, mais países vivenciaram reações violentas às pressões da depressão global. O apoio a ideologias extremistas também desempenhou um papel nesse processo, especialmente na Alemanha, onde, em 1933, os nacional-socialistas (nazistas), sob a batuta

O mundo moderno 241

de Adolf Hitler, chegaram ao poder. Ele ofereceu a ordem pela qual muitos ansiavam, e seu ódio declarado e sua maneira de transformar grupos sociais e étnicos em bodes expiatórios o ajudaram a aglutinar um grande número de seguidores. Hitler jogou com a raiva generalizada da Alemanha contra o punitivo acordo de Versalhes e com o mito da "facada nas costas" – a alegação de que seus políticos tinham traído as Forças Armadas alemãs. Os nazistas obscureceram o fato de que os políticos que pediram a paz em 1918 foram obrigados a fazê-lo por causa do colapso econômico nacional e das derrotas militares na Frente Ocidental.

**"A ampla massa de uma nação será mais facilmente vítima de uma grande mentira do que de uma pequena."**

Adolf Hitler, *Minha luta* (1925)

No Japão, a promessa democrática dos anos 1920 foi substituída pelo militarismo autoritário nos anos 1930. Regimes autoritários também prevaleceram na América Latina e na Europa Oriental, onde apenas a Tchecoslováquia continuou sendo uma democracia. Na Espanha, o governo democrático esquerdista da república foi derrubado na guerra civil de 1936-1939 por um grupo de generais de direita, liderado por Francesco Franco. O assassinato de civis – cerca de 150 mil na Espanha durante a guerra e 50 mil depois – foi uma tática deliberada que ambos os lados empregaram. Tanto a Itália quanto a Alemanha subsidiaram Franco com armamentos e tropas, enquanto, em menor escala, a União Soviética ajudou os republicanos. A falta de intervenção das democracias europeias enviou um sinal não intencional às ambições expansionistas de Hitler.

O governo autoritário não era algo novo. O totalitarismo era. Ele se tornaria uma característica definidora do século 20, já que governos fascistas e comunistas se propunham a governar não apenas o corpo, mas também a mente de seus cidadãos. Usavam os meios de comunicação de massa (principalmente rádio e cinema) para espalhar propaganda ruidosa, cujas mensagens eram apoiadas pela polícia secreta e por redes de informantes. Punições brutais, prisões e assassinatos eram usados para manter a população amedrontada. Para a extrema direita em particular, com sua noção de raças superiores e inferiores, o destino nacional era militar. Como resultado, Hitler, Mussolini e os nacionalistas japoneses estavam prontos para arriscar, ou mesmo iniciar, a guerra, embora nenhum deles previsse a extensão da guerra mundial que estava por vir.

Na esteira da quebra da Bolsa de Valores de Nova York, os Estados Unidos impuseram pesados impostos ao Japão, que já se sentia isolado em um sistema global manipulado, de acordo com o seu ponto de vista, pelo Ocidente. Para a liderança japonesa, a expansão territorial era a única maneira de proteger sua economia e adquirir os recursos naturais tão necessários. Em 1931, o Japão invadiu a Manchúria, no nordeste da China (veja a p. 267). Em 1937, teve início uma guerra de conquista em larga escala contra o resto da China, que causou danos gigantescos e milhões de baixas, muitas delas civis. Embora os japoneses tenham conquistado muitas cidades importantes, no final de 1938 descobriram que não podiam subjugar os chineses nem continuar avançando. Seu sentimento de frustração afetou a sua resposta à situação internacional em 1939-1941 e os convenceu de que as rotas de abastecimento para a China deveriam ser interrompidas.

Na Europa, já havia alguns anos que Hitler vinha exigindo concessões territoriais com o objetivo de proteger as populações de língua alemã em países não alemães, o que culminou, em 1º de setembro de 1939, com a invasão da Polônia. A Grã-Bretanha e a França estavam se curvando às exigências de Hitler em prol da paz – a política de "conciliação". Mas naquele momento, em apoio à Polônia, declararam guerra à Alemanha, o que rapidamente se transformou em uma guerra global, já que tanto a Grã-Bretanha quanto a França mobilizaram seus vastos impérios ultramarinos.

## A GUERRA TOTAL

Até hoje, a Segunda Guerra Mundial é o exemplo mais extremo da chamada "guerra total", na qual recursos e infraestrutura civis são totalmente mobilizados como parte do esforço de guerra, e também são tratados pelo inimigo como alvos militares legítimos. Talvez pela primeira vez na história as mortes de civis superaram muito as mortes militares, e, no total, cerca de 60 milhões de pessoas perderam a vida, além de muitos milhões de vidas perdidas por fome e doença.

Hitler ansiava por uma "Grande Alemanha", unindo as muitas áreas da Europa Central que abrigavam populações étnicas alemãs. Ele pretendia ganhar o *Lebensraum* (espaço vital) para os alemães no oeste da Rússia e conquistar outras áreas ao sul visando aos recursos econômicos, como o petróleo. No começo, teve enorme êxito, conquistando grande parte da Europa entre 1939 e 1941. No entanto, apesar de ter repelido as forças britânicas do continente europeu e também conquistado muito das partes europeias da União Soviética em 1941-1942, ele não conseguiu encerrar a guerra.

O novo governo britânico, liderado por Winston Churchill, não estava interessado em um acordo de paz, então o conflito continuou até que os atos da União Soviética e dos Estados Unidos pudessem desempenhar um papel decisivo. Em princípio, o regime soviético não reagiu às sérias derrotas no campo de batalha após a invasão alemã de 1941 nem propôs termos de paz, como fizera em 1918, em parte porque Hitler havia deixado claro que seu objetivo era escravizar ou aniquilar todas as populações não "arianas" a leste, a maioria das quais eram eslavas, consideradas pelos nazistas como *Untermenschen* ("sub-humanos").

No Oriente, o Japão, aliado da Alemanha, havia conquistado grandes vitórias às custas dos Impérios Britânico, Francês, Holandês e Americano no Sudeste Asiático e no Pacífico em 1941--1942. Como os alemães, o país nunca conseguiu parar e capitalizar seus ganhos. O ataque-surpresa à frota americana do Pacífico, em Pearl Harbor, em 7 de dezembro de 1941, que levou os Estados Unidos à guerra, descartou a possibilidade de uma guerra limitada. Os Estados Unidos e seus aliados exigiram nada menos que a rendição incondicional da Alemanha e do Japão.

Os recursos industriais e de mão de obra superiores dos Aliados se provaram decisivos. Os Estados Unidos eram, de longe, a maior economia do mundo, enquanto na União Soviética a produção industrial, particularmente a de armas, foi realocada com segurança para o leste, além dos Montes Urais. Além disso, Stalin conseguiu reunir milhões de soldados de infantaria para lançar uma série de contra-ataques. Em 1945, os soviéticos tinham ido para o oeste, para a própria Alemanha. No Dia D, 6 de junho de 1944, forças anglo-americanas e canadenses realizaram a maior invasão marítima de todos os tempos, aterrissaram nas praias da Normandia, na França, e avançaram para o leste em direção à Alemanha. Enquanto isso, bombardeiros aliados atacaram cidades alemãs, independentemente de sua importância militar, deixando centenas de milhares de civis mortos.

O mundo moderno    245

Do outro lado do mundo, os americanos mandaram os japoneses de volta ao Pacífico, enquanto os britânicos bloquearam a tentativa japonesa de invadir a Índia. Em 1945, quando as forças soviéticas lutavam para entrar em Berlim, Hitler suicidou-se. A Alemanha rendeu-se em maio daquele ano. Os japoneses encenaram uma feroz resistência no Pacífico e poderiam ter lutado mais ainda se os Aliados tivessem invadido suas ilhas. No entanto, a situação mudou completamente após 6 e 9 de agosto, quando os americanos lançaram duas bombas atômicas no Japão – uma na cidade de Hiroshima e outra em Nagasaki, com o número de mortes em cada explosão chegando a 35 mil e 70 mil, respectivamente. O Japão rendeu-se seis dias depois.

O desenvolvimento da bomba atômica nos Estados Unidos custou bilhões de dólares e se baseou em imensos recursos científicos, tecnológicos, industriais e organizacionais. Foi um exemplo de como a guerra total significava mobilizar sociedades inteiras, não apenas homens em idade de lutar, à medida que os governos aumentavam seu poder e direcionavam as economias como nunca antes. O recrutamento foi estendido, e as mulheres foram convocadas para a força de trabalho em números sem precedentes, com efeitos sentidos muito depois do fim da guerra. Os governos também tiveram que manter a coesão social e moral, empregando métodos como o da propaganda e da vigilância policial.

De muitas maneiras, a Segunda Guerra Mundial transformou o mundo. A escala do conflito foi muito maior do que em relação à Primeira Guerra Mundial, assim como os danos às vidas civis. Milhões de refugiados foram abandonados tentando encontrar abrigo e um novo lar no rescaldo da guerra. Em termos de geopolítica, os Estados Unidos e a União Soviética tornaram-se as duas superpotências mundiais do pós-guerra, enquanto as potências imperiais europeias ficaram muito enfraquecidas, perdendo a maior parte de seus domínios no exterior nas duas ou três décadas seguintes.

**"Eu lhes pergunto: vocês querem a guerra total? Se necessário, vocês querem uma guerra mais total e radical do que qualquer uma que possamos imaginar? (...) Agora, povo, levante e deixe irromper a tempestade."**
Josef Goebbels, ministro da propaganda nazista, em fevereiro de 1943, depois que a maré se voltou contra a Alemanha

Talvez o legado mais duradouro seja que o conceito de "guerra total" tornou-se normal. As guerras e guerras civis travadas em grande parte do mundo desde 1945 testemunharam muitos ataques indiscriminados a civis comprometidos como instrumentos de política, o uso generalizado de estupro como meio de punição ou repressão e o alistamento e doutrinação de crianças para o combate.

## GENOCÍDIO

O holocausto da Segunda Guerra Mundial, no qual os nazistas organizaram meticulosamente o extermínio de dois terços da população judaica da Europa em "campos de morte" especialmente construídos para tal fim, foi o genocídio de maior escala da história.

Além do assassinato de cerca de 6 milhões de judeus, os nazistas também mataram quase 400 mil ciganos, além de grandes

O mundo moderno 247

números (embora desconhecidos) de eslavos, pessoas com deficiência, homossexuais e opositores políticos. Cerca de 3 milhões de prisioneiros de guerra soviéticos também morreram de fome, doença ou por negligência.

Houve outros genocídios antes e depois do holocausto. Mas o genocídio – o extermínio em larga escala de populações por motivos raciais, étnicos, políticos, culturais ou religiosos – está particularmente associado ao século 20. Nos mundos antigo e medieval, certamente não era incomum que toda a população de uma cidade sitiada enfrentasse a espada se a cidade não se rendesse. No entanto, a tentativa de erradicar de forma sistemática um grupo inteiro de pessoas, em geral por motivos ideológicos ou raciais, é um fenômeno relativamente recente. Exemplos incluem os massacres armênios realizados pelos turcos durante a Primeira Guerra Mundial; o massacre de bengalis em 1971 pelas forças paquistanesas ocidentais onde era então o Paquistão Oriental, enquanto este lutava pela independência como Bangladesh; a "limpeza étnica" dos muçulmanos bósnios pelos sérvios bósnios nos anos 1990; e o genocídio ruandês de 1994, no qual talvez até 1 milhão de pessoas da minoria tútsi tenha sido massacrado pela maioria hutu.

Antes do genocídio em Ruanda, os extremistas hutus começaram a se referir aos tútsis como "baratas". Essa descrição das vítimas-alvo como vermes é um fenômeno comum em genocídios. Por exemplo, os nazistas frequentemente descreviam os judeus como ratos e todas as suas vítimas como *Untermenschen* ("sub--humanos"). Parece que as pessoas só conseguem ser persuadidas a participar de assassinatos em grande escala – ou pelo menos perdoá-los – quando começam a pensar nas vítimas como completamente estranhas e "alheias", como se na verdade não fossem nem mesmo humanas.

**"Qualquer um que tenha o poder de fazer alguém acreditar em absurdos terá o poder de fazer cometer atrocidades."**

Voltaire, *Perguntas sobre os milagres* (1765)

## A ERA NUCLEAR

As bombas atômicas lançadas sobre Hiroshima e Nagasaki inauguraram uma nova era na qual cidades inteiras poderiam ser destruídas em um instante, e a humanidade poderia vir a se destruir. No fim das contas, embora os Estados Unidos detivessem o monopólio das armas nucleares de 1945 até 1949, eles não as usaram novamente.

Durante a Segunda Guerra Mundial, temendo que os nazistas pudessem estar desenvolvendo essas armas, os Estados Unidos embarcaram em um programa próprio. O Projeto Manhattan contratou uma equipe internacional de especialistas e produziu as bombas atômicas usadas contra o Japão.

Nos primeiros anos da Guerra Fria (veja a p. 253), a força nuclear dos Estados Unidos permitiu que o país se desmobilizasse rapidamente após 1945 e agisse livremente em todo o mundo. Esse período de confiança terminou em 1949, quando ficou claro que a União Soviética também havia conseguido desenvolver armas atômicas, uma conquista que refletia não só os avanços soviéticos em ciência e tecnologia, mas também a eficácia de suas redes de espionagem no Ocidente.

O êxito soviético desconcertou os americanos e encorajou-os a desenvolver uma arma nuclear muito mais poderosa: a bomba de hidrogênio (ou bomba H). Eles testaram o primeiro dispositivo em 1952, no atol Eniwetok, no Pacífico, e imagens da bola de fogo, com 5 quilômetros de largura e 17 quilômetros de altura, surpreenderam e aterrorizaram o mundo. No ano seguinte, os soviéticos testaram sua própria bomba H.

Outras potências – primeiro a Grã-Bretanha, depois a França e a China – desenvolveram suas bombas atômicas e, em seguida, bombas H. No entanto, as principais potências ainda eram os Estados Unidos e a União Soviética, que construíram arsenais gigantescos. A princípio, as armas nucleares tinham a forma de bombas projetadas para serem lançadas de aeronaves, mas, no final da década de 1950, ambos os lados haviam desenvolvido mísseis de longo alcance para carregar dispositivos nucleares lançados ou disparados de submarinos. Esses mísseis moviam-se muito mais rápido que os aviões e seriam muito mais difíceis de rastrear ou interceptar.

As duas potências acumularam ousados conjuntos de armas de longo alcance. Essa escalada foi inspirada na ideia de que apenas um arsenal enorme poderia impedir o ataque do outro lado. A teoria da destruição mutuamente assegurada (*mutually assured destruction* ou "M.A.D.") sugeria que, se ambos os lados possuíssem arsenais nucleares avassaladores, o primeiro ataque de um eliminaria os dois. Os planejadores identificaram alvos que resultariam na morte de centenas de milhões. Civis acostumaram-se a exercícios de emergência e procedimentos que os defenderiam contra a explosão e a radiação. Chegaram até mesmo a ensinar as crianças a se abrigarem embaixo das carteiras da escola.

Se esses arsenais nucleares de fato impediram ou não a guerra em larga escala é uma questão em aberto. Em 1955, o presidente americano Dwight D. Eisenhower alertou sua contraparte soviética do risco de uma guerra como essa acabar com a vida humana no hemisfério norte. Eisenhower abandonou a política de "reversão" do poder soviético na Europa Oriental precisamente por temer a devastação nuclear. Em vez disso, as superpotências travaram guerras indiretas de menor escala – mas extremamente dispendiosas – com os aliados uns dos outros, como na Coreia e no Vietnã, mas refrearam o alcance completo de suas forças. Eisenhower, no entanto, ameaçou usar armas nucleares para acabar com a Guerra da Coreia (1950- -1953) depois que as tropas chinesas intervieram. O uso delas também pareceu iminente durante o impasse Estados Unidos- -União Soviética na Crise dos Mísseis de Cuba, em 1962, depois que os soviéticos lançaram mísseis contra Cuba, perto do continente americano. No final, os soviéticos recuaram com seus mísseis.

**"Eu me tornei a morte, o destruidor de mundos."**
J. Robert Oppenheimer, o cientista encarregado de desenvolver as primeiras bombas atômicas, ao testemunhar a primeira explosão de teste no deserto do Novo México, em 1945. Ele estava citando o antigo texto hindu *Bhagavad Gita*

Na década de 1970, o interesse em acordos de limitação nuclear desenvolveu-se como parte da *détente* (a melhoria cautelosa das relações entre os Estados Unidos e a União Soviética). Após os acordos iniciais, as relações esfriaram entre as duas superpotências, mas elas passaram a acordos novos e mais abrangentes a partir do final dos anos 1980, e isso ajudou a dar fim à Guerra Fria (veja a p. 256).

Agora, o foco mudou para os temores sobre a proliferação nuclear: o perigo de que outros países, inclusive países "traiçoeiros" e agressivos, ou mesmo grupos terroristas, ganhem capacidade nuclear. Além dos Estados Unidos e da Rússia (como

O mundo moderno 251

inicialmente), a lista de nações com capacidade nuclear inclui agora China, França, Grã-Bretanha, Índia, Paquistão, Coreia do Norte e, supostamente, Israel. O futuro da proliferação é imprevisível, e há também a perspectiva preocupante do uso de armas bacteriológicas e químicas, ou de uma "bomba suja" de baixa tecnologia, combinando explosivos convencionais e material radioativo.

A era nuclear também viu o desenvolvimento da energia nuclear como uma ferramenta pacífica, usada para gerar energia e vista inicialmente como uma alternativa moderna e menos poluente que o carvão. No entanto, uma série de acidentes,

*Em 1952, os Estados Unidos realizaram a primeira explosão de teste de uma bomba de hidrogênio em um atol remoto do Pacífico.*

particularmente uma explosão em 1986 no reator de Chernobyl, na Ucrânia (então parte da União Soviética), levou a preocupações sobre os perigos possíveis de vazamentos de radiação. Tais temores foram revividos pelo terremoto que danificou a usina nuclear de Fukushima, no Japão, em 2011. O dilema continua sendo o fato de a energia nuclear oferecer uma perspectiva ambiental relativamente benigna se puder ser protegida. O quanto esse "se" é problemático continua a ser objeto de controvérsia.

## A GUERRA FRIA

De 1945 a 1989, a política de poder internacional foi definida pelo impasse entre um bloco comunista liderado pela União Soviética e um bloco anticomunista liderado pelos Estados Unidos. Esse confronto foi militar, político, ideológico, cultural e econômico.

A Guerra Fria atravessou o mundo e chegou até mesmo ao espaço, com a corrida para conseguir que o primeiro homem pousasse na Lua. Foi motivada por ideologias e visões incompatíveis sobre o melhor caminho para que a humanidade floresça. Os comentaristas comunistas apresentavam uma imagem da igualdade liderada pelos soviéticos como padrão de progresso, enquanto vozes opostas argumentavam que o comunismo era inerentemente totalitário, e o capitalismo era o verdadeiro caminho para a liberdade. Os dois lados eram paranoicos: os americanos temiam um efeito dominó que levaria o comunismo a cada vez mais países, enquanto o controle de Stalin sobre a Europa Oriental, que era em parte um renascimento do ideal czarista da Rússia Maior, também refletia o desejo de criar uma zona de amortecimento militar para proteger a "pátria" de mais invasões como a dos nazistas, que mataram cerca de 20 milhões de cidadãos soviéticos.

O fim da Segunda Guerra Mundial, na qual o Ocidente e a União Soviética atuaram juntos para derrotar a Alemanha nazista, dividiu amplamente a Europa em áreas que haviam sido liberadas pelos exércitos soviéticos e pelos Aliados ocidentais, respectivamente. Essa divisão ficou conhecida como Cortina de Ferro e assumiu a forma de uma linha fortemente militarizada que dividiu a Europa Ocidental e Oriental por mais de quatro décadas. Em 1945, a Alemanha e sua capital, Berlim, foram divididas em zonas de ocupação militar. Os Aliados ocidentais (Grã-Bretanha, França e Estados Unidos) controlavam o lado oeste e os soviéticos controlavam o lado leste. A Alemanha Ocidental e a Oriental tornaram-se países separados em 1949, enquanto a divisão de Berlim foi reforçada em 1961 com a construção do Muro de Berlim.

Na Conferência de Ialta, em fevereiro de 1945, os Aliados ocidentais tinham efetivamente entregado a Europa Oriental (exceto a Grécia) à União Soviética como uma esfera de influência. Em outros lugares, os comunistas tentaram, mas não conseguiram, tomar o poder, como no Irã, na Grécia, na Malásia e nas Filipinas. O expansionismo soviético levou, em 1949, à fundação da Organização do Tratado do Atlântico Norte (Otan), uma aliança de defesa de vários países da América do Norte e da Europa Ocidental destinada a combater novos avanços soviéticos na Europa. A União Soviética reagiu com o Pacto de Varsóvia, de 1955, que aliou a União Soviética à Albânia, à Bulgária, à Tchecoslováquia, à Alemanha Oriental, à Hungria, à Polônia e à Romênia.

Na China, os comunistas, sob a liderança de Mao Tsé--Tung, venceram a guerra civil de 1946-1949. Os japoneses

254 O pequeno livro da grande história

ocuparam a Coreia, e o acordo do pós-guerra dividiu a península. A Guerra da Coreia de 1950-1953 começou quando a Coreia do Norte comunista invadiu a do Sul, aliada dos Estados Unidos. Um amplo compromisso militar das Nações Unidas, liderado pelos Estados Unidos, afastou a Coreia do Norte e seus aliados chineses, e terminou com um armistício que nunca se transformou em paz. Nesse clima carregado, os gastos militares aumentaram muito na América do Norte e na Europa Ocidental no início da década de 1950.

**"Toda arma produzida, todo navio de guerra lançado, todo foguete disparado significa, em última análise, um roubo daqueles que têm fome e não são alimentados, daqueles que estão com frio e não estão vestidos. Este mundo de armas não está desperdiçando só dinheiro. Está desperdiçando o suor de seus trabalhadores, o gênio de seus cientistas, a esperança de seus filhos."**

Presidente americano Dwight D. Eisenhower
(16 de abril de 1953)

A Guerra Fria testemunhou muitos outros confrontos e conflitos, desde a Guerra do Vietnã e a corrida armamentista nuclear até as guerras no Oriente Médio, na África subsaariana e na América Central. Essas guerras regionais foram, pelo menos parcialmente, produtos da Guerra Fria, embora também houvesse mais questões locais em jogo. No Vietnã, os Estados Unidos intervieram em uma longa guerra por procuração, mas não conseguiram impedir a vitória dos comunistas. As consequências da derrota foram atenuadas por um realinhamento diplomático no início dos anos 1970, que levou à cooperação entre os Estados Unidos e a China e marcou

O mundo moderno   255

um novo enfraquecimento do poder soviético, após a ruptura ideológica entre a União Soviética e a China no início dos anos 1960.

A tensão aumentou novamente entre os Estados Unidos e a União Soviética após a intervenção militar soviética no Afeganistão, em 1979, e a supressão de um movimento de reforma popular na Polônia, em 1981. O presidente Ronald Reagan autorizou um aumento gigantesco dos gastos americanos em projetos como a bomba de nêutrons e o sistema de defesa por satélite "Star Wars" ["Guerra nas Estrelas"].

A partir de 1985, no entanto, as tensões diminuíram diante da ascensão do novo líder soviético, Mikhail Gorbachev. Gorbachev viu que a União Soviética não poderia igualar seus gastos militares com os de seu rival e que a economia soviética estava ficando sobrecarregada. Porém, suas políticas de *glasnost* (abertura) e *perestroika* (reestruturação) acabaram levando à queda dos regimes comunistas na Europa Oriental em 1989 e, finalmente, ao colapso da própria União Soviética, em 1991. Assim que Gorbachev deixou claro que a União Soviética não interviria militarmente nos assuntos dos países do leste, os regimes comunistas não resistiram à pressão popular pela mudança. Grandes multidões manifestaram-se clamando por mudanças, e, em novembro de 1989, a derrubada do Muro de Berlim permitiu que os alemães orientais inundassem a zona ocidental. Esse sinal de que o regime da Alemanha Oriental estava cambaleando trouxe outros movimentos populares para as ruas da Europa Oriental. As transições para os governos não comunistas foram em grande parte pacíficas, exceto na Romênia, onde o regime resistiu violentamente à mudança, mas não teve êxito. Já na China, o governo comunista manteve o controle. Um movimento pró-democracia em massa foi suprimido com muito derramamento de sangue no início de 1989. Mas a Guerra Fria chegou ao fim.

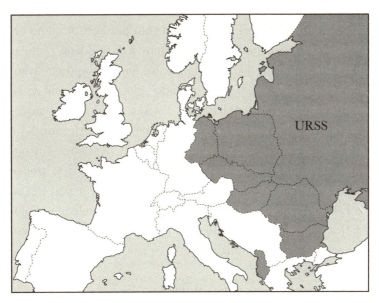

*A União Soviética e seus aliados comunistas na Europa, 1950*

## A VIDA APÓS A GUERRA FRIA

A queda da União Soviética, em 1991, inspirou muitas conversas sobre uma nova ordem mundial, liderada pelos Estados Unidos e reforçada não apenas militarmente, mas pela expansão global do modelo americano de liberalismo econômico e seu compromisso com o livre mercado, a desregulamentação das finanças e a privatização de ativos estatais.

No entanto, os Estados Unidos enfrentaram forte oposição nos primeiros anos do século 21. No mundo islâmico, os americanos e seus aliados entraram em confronto com vários oponentes. Fundamentalistas religiosos frequentemente adotaram o terrorismo como estratégia, como se viu nos drásticos ataques a Nova York e Washington em 11 de setembro de 2001, que usaram aeronaves sequestradas com passageiros como armas. Os fundamentalistas exploraram a hostilidade popular ao que chamavam de ocidentalização, que eles apresentavam como uma forma de poder "cruzado" globalizado hostil ao islamismo. A reação imediata dos Estados Unidos aos ataques de 11 de setembro foi o início das guerras no Afeganistão e no Iraque e, depois, o apoio aos levantes populares em outras partes do Oriente Médio. Nenhuma dessas táticas trouxe a paz, e a reação tanto dentro quanto fora da região forçou os Estados Unidos a reavaliarem sua resposta militar e diplomática diante de um mundo de "instabilidade assimétrica", em que seus principais inimigos eram pequenos grupos armados, e não superpotências.

Ao mesmo tempo, outras grandes potências estavam ficando mais assertivas. A economia chinesa, baseada sobretudo na manufatura, se expandia rapidamente. A China, oficialmente comunista, havia adotado algumas características específicas do capitalismo, embora não fosse regida pelo controle democrático, pois permanecia um Estado autoritário de partido único. Enquanto isso, na Rússia, os levantes do fim do regime comunista começaram a diminuir. Essas mudanças de poder enfraqueceram a capacidade de os Estados Unidos enfrentarem as crescentes ambições territoriais da China relativas ao Mar da China Oriental ou o desejo renovado da Rússia de dominar países que antes faziam parte da União Soviética.

As economias de outras nações também estavam evoluindo. Por exemplo, a taxa de crescimento da Índia superou a chinesa em 2015, com uma abordagem econômica e política menos liberal economicamente e mais corporativista que a americana.

Não se pode focar apenas a tensão entre os Estados Unidos e seus possíveis rivais, pois corre-se o risco de subestimar a importância de outras origens de conflito em todo o mundo. Um fator comum entre esses conflitos foi o uso da violência para garantir resultados políticos. Países de todo o Oriente Médio, da Europa e da África vivenciaram guerras civis e conflitos internos. Só na República Democrática do Congo, as guerras civis custaram mais de 5 milhões de vidas desde os anos 1990. Esse conflito combinou amargas divergências étnicas com intervenções de potências africanas vizinhas, bem como intensa concorrência pelo controle de valiosos recursos naturais. A partir dessas perspectivas, o mundo do século 21 infelizmente parece como o mundo do século 20, em que o conflito militar e a instabilidade são os modos de vida para grande parte da população mundial.

## BRICS

O final dos anos 2000 e o início de 2010 trouxeram a perspectiva de uma nova hierarquia na economia mundial, à medida que vários países começaram a desempenhar papéis mais proeminentes. Os mais significativos são os países do chamado "Brics" (Brasil, Rússia, Índia, China, África do Sul) e, depois desses, os países do "Mint" (México, Indonésia, Nigéria, Turquia). Os Estados Unidos e a Europa pareciam estar em crise, enquanto esses outros países prosperavam. Em meados da década de 2010, no entanto, o crescimento da China começou a desacelerar, enquanto a Rússia sofreu uma grande perda de receitas, causada em parte pela queda do preço do petróleo e em parte pelas sanções que lhe foram impostas após suas intervenções nos Estados antigamente soviéticos. Tais acontecimentos lançam dúvidas sobre o futuro de muitas economias e países, incluindo os sistemas do Oriente Médio que dependem do petróleo.

# A REVOLUÇÃO DA INFORMAÇÃO

A distribuição e o grande volume de informações expandiram-se de forma maciça nos últimos 500 anos. Cada nova tecnologia – desde os primeiros dias da impressão (veja a p. 175) até os livros produzidos em massa, passando pela telegrafia, pelo telefone, pelo rádio, pela televisão, pelos satélites de comunicação e pelos computadores – teve enormes repercussões.

O século 21 deu início a uma nova revolução da informação, uma vez que a internet ampliou o impacto dos computadores e passou a transportar volumes de informação outrora impensáveis a qualquer pessoa que possuísse um telefone celular ou outro dispositivo portátil.

Os métodos de computação estão em uso desde antes da Segunda Guerra Mundial, mas a necessidade de quebrar os códigos inimigos (particularmente o código alemão Enigma) durante a guerra deu um impulso especial à teoria computacional e às máquinas computacionais. Os primeiros dispositivos de computação tinham tarefas específicas para executar, e foi só em 1946 que os americanos construíram o primeiro computador de uso geral. Foi financiado pelo Exército dos Estados Unidos, e as necessidades militares levaram ao financiamento de muitos avanços na tecnologia computacional desde então.

No início, os computadores eram grandes e caros. As maiores mudanças ocorreram quando inovações, como o microchip de silício, tornaram os computadores e dispositivos computadorizados pequenos e baratos o suficiente para conquistar um mercado de massa.

A partir do final da década de 1970, os computadores tornaram-se amplamente disponíveis como ferramenta de escritório e, depois, doméstica. A internet, que teve sua origem numa pesquisa da década de 1960 sobre redes de comunicação em computadores robustos, deu um passo à frente nos anos 1980 com o desenvolvimento do conjunto de protocolos de internet (o modelo de rede que permite aos computadores comunicarem informações). A invenção da World Wide Web, em 1989, abriu a internet para muito mais pessoas, além de permitir o crescimento do e-mail, o que para muitos usuários substituiu completamente o envio de cartas pelo correio.

Melhorias na computação em rede permitiram que máquinas interligadas funcionassem como uma máquina única, muito mais potente, eliminando as despesas de um supercomputador. Desenvolvida na década de 1990, essa técnica antecipou o posterior método de "computação em nuvem", que possibilitou a interligação de um grande número de máquinas. A "computação em nuvem" baseou-se no poder de processamento existente na "nuvem" criada pelo uso geral de computadores e não exige a sua presença física. Essa prática provocou melhorias nos pequenos computadores: a miniaturização foi crucial na popularização de novos bens de consumo, como telefones celulares, laptops e reprodutores de mídia portáteis.

A revolução da informação baseia-se em fatores culturais e comerciais, bem como em avanços tecnológicos. A demanda por esses produtos deriva de maior alfabetização e riqueza, bem como de menores custos de produção. Os níveis mundiais de alfabetização, baixos em 1900, aumentaram constantemente desde então. A maior riqueza média per capita também facilitou a aquisição de novos dispositivos e de um mundo de dados que eles contêm. Esse aumento na riqueza foi particularmente visível na China e na Índia, mas também foi visto em outras áreas onde o uso de novas tecnologias cresceu, como a África Oriental.

O mundo moderno 261

**"Ciberespaço é onde ocorre uma ligação telefônica de longa distância. Ciberespaço é onde o banco mantém seu dinheiro. Onde seus prontuários médicos são armazenados. Todas essas coisas estão por aí em algum lugar. Não há realmente nenhum motivo para se pensar em sua localização geográfica. A informação é extrageográfica."**
William Gibson, escritor americano de ficção científica, em entrevista em 1995. Gibson usou o termo "ciberespaço" pela primeira vez em um conto de 1982, para denotar "a alucinação consensual em massa" nas redes de computadores

Além da enxurrada de informações trazida pelo simples toque de um botão, tem havido aumentos exponenciais na capacidade computacional, na velocidade e na capacidade de armazenamento de dados. Mais de 2 bilhões de pessoas em todo o mundo têm acesso à internet. A cada minuto, usuários do YouTube enviam cerca de 50 horas de vídeo, enquanto usuários do Facebook compartilham cerca de 700 mil mensagens de conteúdo. Futuros avanços podem expandir a "internet das coisas", à medida que cada vez mais dispositivos são conectados e operados via internet, desde carros até monitores cardíacos e eletrodomésticos. Uma proporção crescente da economia está dedicada ao desenvolvimento e à comercialização de bens e serviços relacionados a computadores que, há uma década, ninguém jamais imaginaria que desejaria ou precisaria.

### CONTROLANDO A INTERNET

A disseminação de tecnologias da informação atraiu a atenção para uma série de questões sobre acesso e controle abertos, sobretudo quando a internet se tornou um meio mais político. Comunidades virtuais foram criadas sem considerar distâncias, fronteiras nacionais ou costumes sociais, e a internet se tornou um ponto focal para uma série de interações humanas, de encontros amorosos a agitação política. Os países que querem suprimir essas novas liberdades tendem a se concentrar na vigilância e na censura. Ao mesmo tempo, há uma preocupação genuína com a fraqueza dos Estados diante de ameaças terroristas e similares, cujos primeiros sinais podem ser detectados através do monitoramento de e-mails e postagens nas mídias sociais.

O conflito entre proteger a segurança do público e a privacidade do indivíduo claramente continuará a existir no futuro. Os governos já estão buscando acesso a informações criptografadas, enquanto empresas de tecnologia oferecem privacidade a quem a exige, e os usuários comuns enfrentam dilemas sobre a melhor forma de reagir a esses desafios.

## AS PROMESSAS DA BIOCIÊNCIA

A humanidade vem remodelando outras espécies de seres vivos ao redor do mundo há milhares de anos. Usamos a criação seletiva para criar variedades de plantas e animais que possuam características que desejamos, sejam maçãs suculentas ou ovelhas mais gordas. No século 19, o monge austríaco Gregor Mendel (1822-1884) estabeleceu as regras básicas da hereditariedade por meio de suas experiências com plantas de ervilha, e isso levou a uma compreensão mais clara da base científica da criação seletiva.

Assim que o trabalho de Mendel ficou mais conhecido, ele transformou a agricultura do século 20, levando ao que foi chamado de "revolução verde". Culturas melhoradas – combinadas com fertilizantes e pesticidas químicos produzidos em massa, mecanização e maior uso de irrigação – aumentaram o rendimento médio dos grãos. Na Ásia, o continente mais populoso, o preço do arroz caiu em média 4% ao ano, de 1969 a 2007, com o desenvolvimento de novas linhagens. Mesmo assim, a desnutrição ainda é generalizada no mundo em desenvolvimento, embora muitas vezes a causa seja a má distribuição de recursos, e não a simples incapacidade de fornecer alimentos suficientes.

Existem limites em relação ao que a ciência agrícola pode alcançar. Nos anos 1950 e 1960, a União Soviética tentou adaptar as estepes para o cultivo de algodão e trigo. Nesse proceso, seus enormes programas de irrigação desviaram a água dos rios que alimentavam o Mar de Aral, reduzindo o volume do quarto maior lago do mundo a apenas 10% de seu alcance máximo e causando estragos nos ecossistemas da região. Em muitos lugares, a disseminação de monoculturas (onde vastas áreas são dedicadas a uma única cultura em prol da eficiência) levou a uma queda na biodiversidade e incentivou certas pragas a florescerem. Os fertilizantes químicos e pesticidas afetaram cada vez mais as safras consumidas, bem como o abastecimento de água, a cadeia alimentar e a atmosfera.

A modificação genética das culturas também traz problemas. Muitos cientistas acreditam que alterar geneticamente as culturas para lhes dar, digamos, maior resistência a doenças ou reduzir sua necessidade de pesticidas tem o potencial de aumentar a produção de alimentos e acabar com a fome. Mas, embora tenham sido amplamente mitigadas as preocupações sobre os efeitos potenciais na saúde humana do consumo de culturas

264 O pequeno livro da grande história

geneticamente modificadas, há temores de que modificações genéticas possam pular entre espécies de plantas, com consequências imprevisíveis. A pesquisa e a produção de transgênicos são, em grande parte, feitas por grandes corporações, e há o temor de que elas visem o lucro com seus produtos patenteados sem considerar o bem-estar mais geral da humanidade. A engenharia genética aplicada à saúde humana também é uma questão de pesquisa e debate. Temos uma capacidade cada vez maior de mapear o código genético de indivíduos e usar técnicas que alteram a constituição genética de um organismo. Em 2015, cientistas chineses alteraram o DNA de embriões humanos para modificar o gene responsável pela talassemia, uma doença sanguínea fatal. A recente ciência da epigenética estuda mudanças hereditárias (às vezes com origens ambientais) que afetam a maneira como os genes funcionam – sua "expressão" –, mas não modificam o DNA em si. Os pesquisadores continuam descobrindo o papel dos fatores epigenéticos em todos os tipos de transtornos humanos e doenças fatais. Isso pode levar a um avanço, por exemplo, no combate a alguns tipos de câncer.

**"A manipulação genética de espécies vegetais ou animais permite às empresas, ao impor patentes industriais, tornarem-se proprietárias de todas as plantas e animais modificados subsequentemente produzidos (...) Uma empresa pode se tornar proprietária de uma espécie inteira. É a lógica da indústria aplicada à vida."**

José Bové, político francês do Partido Verde, no livro *The world is not for sale* [*O mundo não está à venda*] (2002)

A clonagem produz um animal que é geneticamente idêntico a um de seus pais. Avanços na tecnologia de clonagem no início do século 21 trouxeram novas possibilidades e dilemas éticos. Em 2015, a China tinha planos de criar uma fábrica de clonagem para cultivar grandes rebanhos de gado bovino e leiteiro. Ao mesmo tempo, o Parlamento Europeu proibiu a clonagem de animais para alimentação. A clonagem humana é ainda mais controversa. A clonagem reprodutiva criaria um ser humano inteiro a partir de células clonadas, o que é totalmente proibido em muitos países. A clonagem terapêutica, que reproduz células individuais, tem aplicações médicas que podem salvar vidas, mas é contestada por aqueles que se opõem ao uso de células-tronco de embriões humanos com base na ética ou na religião.

A nanotecnologia (o prefixo "nano-" significa um bilionésimo) é outro campo que pode transformar a tecnologia e a medicina do futuro. A criação de máquinas funcionais tão pequenas quanto uma molécula ou mesmo um átomo ainda é uma perspectiva amplamente teórica, embora seja objeto de pesquisa intensa. Já é possível criar transistores com o diâmetro de apenas algumas centenas de átomos, e houve avanços na criação e na manipulação de materiais que poderiam ser usados em nanoescala. À medida que a nanotecnologia avança, seu leque de possíveis aplicações inclui o diagnóstico de doenças e o reparo de danos às células.

Uma perspectiva futura impressionante é o uso de implantes artificiais para restaurar ou mesmo melhorar o corpo humano. Já usamos dispositivos externos, como aparelhos auditivos, e internos ou integrais, como marca-passos artificiais, próteses de membros e implantes cocleares. Houve progresso na criação de interfaces cérebro-computador, dispositivos que podem mapear, aumentar ou reparar funções sensoriais. Pensadores "trans-humanistas" argumentam que seremos capazes de nos transformar em seres com habilidades e funções tão avançadas que nos tornaremos "seres pós-humanos".

## INTERNACIONALISMO, GLOBALIZAÇÃO E O FUTURO DO ESTADO-NAÇÃO

O século 20 viu várias tentativas de se estabelecer um sistema efetivo de ordem internacional para diminuir os riscos da guerra e resolver outros problemas internacionais. No século anterior, a Cruz Vermelha e a primeira Convenção de Genebra já representavam algum progresso na direção de um acordo de conduta em tempo de guerra, mas a Liga das Nações após a Primeira Guerra Mundial (veja a p. 230) foi a primeira grande tentativa de estabelecer uma organização pan-nacional com a missão de prevenir a guerra e lidar com questões não resolvidas em tempo de paz.

Fundada em 1919, a Liga alcançou vários sucessos logo no início – por exemplo, lidou com a crise humanitária causada pelos combates na Turquia em 1922-1923. Também procurou atuar em questões morais: definiu a escravidão em 1926 e estabeleceu que ser membro da Liga estava condicionado à abolição. Mas sua resposta à invasão japonesa da Manchúria em 1931 e à invasão italiana da Abissínia (Etiópia) em 1935 revelou-se ineficaz. A Liga recebeu pouca cooperação global. As nações conseguiram desrespeitar suas sanções e seus pedidos de arbitragem. Um resultado sério foi o fracasso das negociações de desarmamento nas décadas de 1920 e 1930. As potências europeias continuaram a reconstruir seus arsenais, o que, por sua vez, corroeu a fé internacional na capacidade da Liga de impedir futuros conflitos.

"Uma das minhas lembranças mais antigas é caminhar por uma estrada lamacenta nas montanhas. Estava chovendo. Atrás de mim, minha aldeia estava em chamas. Quando havia escola, ela ficava embaixo de uma árvore. Então, as Nações Unidas vieram. Eles alimentaram a mim, a minha família, a minha comunidade."

Ban Ki-Moon, secretário-geral da ONU (2011)

A Segunda Guerra Mundial marcou o fracasso final da Liga, e, em 1943, os Estados Unidos, a União Soviética, a Grã-Bretanha e a China (nacionalista) lançaram as bases do que viria a ser a Organização das Nações Unidas. No entanto, a ONU muitas vezes provou ser um fórum para as crescentes tensões da Guerra Fria, não a solução. Outras novas instituições incluíram o Banco Mundial, o Fundo Monetário Internacional (FMI) e o Acordo Geral sobre Comércio e Tarifas (Gatt). Eles ajudaram a fortalecer o sistema financeiro global e aumentar o comércio no mundo. Entre as agências da ONU estão o Alto Comissariado das Nações Unidas para os Refugiados (Acnur), a Organização Mundial da Saúde (OMS) – que ajuda a coordenar esforços internacionais para combater doenças perigosas – e a organização cultural da ONU (Unesco), criada para proteger a herança cultural do mundo.

Uma conquista sólida da ONU é que ela tornou normal e regular a prática de os governos do mundo se reunirem para discutir suas preocupações e queixas; portanto, defende o conceito de direito internacional. Mas a composição do Conselho de Segurança da ONU dá a um dos cinco membros permanentes (China, Rússia, França, Reino Unido e Estados Unidos) poder de veto sobre as resoluções. Isso pode ser visto como antidemocrático e, muitas vezes, levou à inação em relação a crises em que os membros permanentes têm interesses especiais.

A ONU, por meio de sua Corte Internacional de Justiça em Haia, foi bem-sucedida no julgamento de criminosos de guerra como Radovan Karadžić, o líder sérvio da Bósnia. Outros êxitos incluem a proteção da Unesco ao frágil ecossistema das Ilhas Galápagos. A ONU também, em numerosas ocasiões, agiu para diminuir as consequências da guerra e da fome. Alguns de seus notáveis fracassos ocorreram quando suas forças de manutenção da paz não conseguiram impedir o genocídio em Ruanda, em 1994, o massacre de homens muçulmanos bósnios pelas forças sérvias da Bósnia em Srebrenica, em 1995, e outras atrocidades semelhantes.

Alguns veem o governo internacional por meio da ONU como o futuro, mas a realidade é que grandes países, como China, Rússia e Estados Unidos, continuam a seguir seus interesses particulares e têm favorecido políticas internacionalistas apenas quando lhes convêm. Isso significa que muitas questões e conflitos internacionais ainda são tratados por meio da cooperação entre Estados-nação separadamente.

No entanto, a soberania dos Estados-nação enfrenta desafios significativos. O poder dos governos nacionais é restrito por fatores além de suas fronteiras. Blocos internacionais como a União Europeia originaram-se como áreas de livre comércio, mas se transformaram em organizações a cujas leis e regulamentos seus membros devem obedecer. A maioria dos Estados assinou acordos internacionais que obrigam seus próprios governos a segui-los.

A globalização econômica, que coloca grandes empresas fora do contexto nacional, também desgasta o poder do Estado-nação. Elas podem evitar o pagamento de impostos em países onde obtêm grande parte de sua receita. E podem se recusar a investir (por exemplo, construindo fábricas) ou podem abandonar países quando acreditam que as políticas de governos democraticamente eleitos vão diminuir seus lucros. A cultura também se globalizou, devido à crescente facilidade de comunicação, ao alcance dos meios de comunicação de massa (cinema, TV e música popular, por exemplo) e à forma como as mídias sociais constroem comunidades transnacionais de interesse comum. Se a instituição do Estado-nação – uma forma relativamente recente de organização social humana – sobreviverá a longo prazo é uma questão em aberto.

**"O desafio central que enfrentamos hoje é garantir que a globalização se torne uma força positiva para todas as pessoas do mundo, em vez de deixar bilhões de pessoas na miséria."**
Kofi Annan, secretário-geral da ONU (abril de 2000)

### DIREITOS HUMANOS UNIVERSAIS?

O conceito de direitos humanos remonta pelo menos ao Iluminismo (veja a p. 184). A noção de que os cidadãos individuais têm direitos que eles apenas submetem às regras do governo em prol do bem geral está presente na ideia do contrato social (veja a p. 191). Esses pensamentos inspiraram tanto a Revolução Americana quanto a Francesa, e, nas duas, os revolucionários elaboraram declarações de direitos dos cidadãos.

Em 1948, as Nações Unidas adotaram a Declaração Universal dos Direitos Humanos e passaram a produzir outras declarações de direitos. Em 1953, o Conselho da

270   O pequeno livro da grande história

Europa, muito mais abrangente que a União Europeia, lançou a Convenção Europeia de Direitos Humanos, e os cidadãos de todos os 47 Estados-membros podem recorrer ao Tribunal Europeu de Direitos Humanos. Nesses documentos, os direitos normalmente protegem os indivíduos contra a interferência do governo e garantem liberdade de expressão, julgamento justo, privacidade, vida familiar e igualdade. Outros direitos, como liberdade da fome e o de educação, podem exigir uma ação positiva dos governos. Alguns críticos, às vezes conhecidos como "relativistas culturais", atacaram a ideia de direitos humanos universais como um exemplo do neoimperialismo, no qual democratas e liberais ocidentais impõem seus valores ao resto do mundo e ignoram as tradições e os costumes locais. Segundo os opositores desse ponto de vista, todos os humanos têm que ser tratados da mesma forma. Por exemplo, eles podem enfatizar que negar ou impedir a igualdade entre os sexos, como muitas sociedades fazem em todo o mundo, simplesmente protege uma estrutura de poder patriarcal e não é mais defensável que a escravidão.

## POPULAÇÃO

O aumento gigantesco e aparentemente inexorável da população mundial ao longo do último século vem testando a complexa relação entre recursos e demandas.

Essa tendência tem sido mais acentuada nas últimas décadas. A população mundial está projetada para atingir 8,1 bilhões em 2025 e 9,7 bilhões em 2050. Fatores que causam essa taxa de crescimento sem precedentes incluem menores taxas de mortalidade no nascimento e durante a infância e maior expectativa de vida. Esses, por sua vez, são o reflexo de melhores condições de vida e cuidados com a saúde. E o crescimento populacional é exponencial: se um casal tem mais de dois filhos, e cada um deles tem também mais de dois filhos, as populações aumentarão em ritmo crescente.

A disseminação de métodos contraceptivos eficazes desde meados do século 20 permitiu que os casais planejassem suas famílias. Normalmente, em países com melhor educação e padrões de vida mais altos, os casais optam por menos filhos, e as populações tendem a se manter estáveis ou mesmo a declinar. Nos países mais pobres, onde as pessoas têm menos chance de estudar e talvez esperem que seus filhos as apoiem na velhice, as populações geralmente aumentam.

Houve algumas tentativas de impor controle: a Índia fez uma campanha de esterilização forçada em 1975-1977, e a

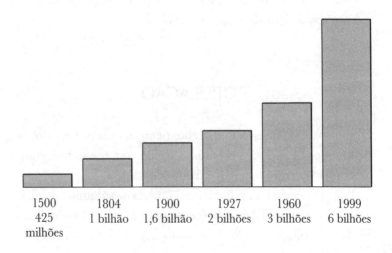

| 1500 | 1804 | 1900 | 1927 | 1960 | 1999 |
| --- | --- | --- | --- | --- | --- |
| 425 milhões | 1 bilhão | 1,6 bilhão | 2 bilhões | 3 bilhões | 6 bilhões |

China restringiu famílias a uma criança, até que descartou essa política em 2015. Uma questão fundamental no mundo em desenvolvimento é a educação das mulheres: quando podem, as mulheres tendem a se casar mais tarde e a ter filhos mais tarde.

Nos países onde as taxas de natalidade estão caindo ou estáticas, há preocupações de que não haverá força de trabalho suficientemente grande para sustentar uma população que está envelhecendo. Essa tem sido uma questão importante no Japão, por exemplo. Em alguns países próximos do CPZ (crescimento populacional zero) – por exemplo, Hungria e Itália –, a população aumentou apenas ou, em grande parte, devido à imigração.

Economistas do passado costumavam prever que o crescimento populacional desenfreado levaria à escassez de alimentos e a uma inevitável fome generalizada. Mas muitos argumentam que é mais provável que a fome resulte de desequilíbrios econômicos estruturais em todo o mundo do que do cultivo de alimento em poucas quantidades. No entanto, resta o fato de que, quando as populações ficam mais ricas – como no Ocidente nos últimos dois séculos e, mais recentemente, na China –, elas usam cada vez mais recursos, o que pode ser na forma de combustíveis fósseis para gerar mais eletricidade e abastecer mais carros, contribuindo para o aquecimento global, ou na forma de maior consumo de carne, que é uma maneira dispendiosa de produzir calorias a partir da terra. Nos últimos tempos, a maioria dos governos e economistas viu o crescimento econômico interminável como a meta da humanidade, mas, no futuro, talvez sejamos forçados a buscar formas mais sustentáveis de administrar nosso uso da terra e dos recursos naturais.

# MIGRAÇÃO

As taxas de migração aumentaram no século 20 em resposta a fatores de atração e repulsão. Os fatores de atração vieram na forma de viagens aéreas fáceis e melhores rotas terrestres e marítimas; os fatores de repulsão, na forma de conflitos armados e perseguições políticas, étnicas ou religiosas, de pobreza e também de desastres naturais, como secas e enchentes.

Os padrões de migração ao longo do último século foram variados e complexos. Os fluxos de migrantes entre países com frequência atraíram maior atenção, sobretudo quando identidades nacionais estavam envolvidas. Mas grande parte da migração ocorreu dentro dos países, principalmente do campo para a cidade, à medida que a taxa de industrialização aumentava. Para muitos rapazes, o serviço militar, seja em guerra ou no recrutamento em tempos de paz, rompia a ligação com a aldeia. A migração extensa dentro dos Estados Unidos refletiu tanto a oportunidade econômica quanto os padrões de aposentadoria. Houve grandes mudanças populacionais, com pessoas saindo das zonas do Cinturão da Ferrugem no Nordeste e Centro-Oeste americanos (onde a indústria pesada estava em declínio) e indo para o Cinturão do Sol no Oeste e no Sudoeste, assim como para a Flórida e a Carolina do Norte.

As economias variaram amplamente quanto à forma como os migrantes eram tratados. Os enormes campos de refugiados vistos em partes do Oriente Médio e no Leste da África contrastam com os Estados Unidos, por exemplo, que atraíram grande número de migrantes econômicos da América Latina. Houve fluxos semelhantes de trabalhadores turcos para a Alemanha Ocidental e de portugueses para a França a partir da década de 1950. Em 1973, 12% da força de trabalho da Alemanha

Ocidental era estrangeira. O número de estrangeiros supera o da força de trabalho local nos países ricos mas não populosos do Golfo Pérsico.

## REFUGIADOS

A Convenção das Nações Unidas sobre Refugiados, de 1951, define um refugiado como alguém forçado a fugir de seu país por causa de perseguição, guerra ou violência, ou que sofre um receio fundamentado de perseguição por motivos de raça, religião, nacionalidade, opinião política ou filiação a determinado grupo social. As guerras ao longo dos séculos 20 e 21 levaram à existência de grandes fluxos de refugiados. A Segunda Guerra Mundial sozinha deu origem a cerca de 60 milhões. Em 2004, estimou-se que havia 37,5 milhões de refugiados em todo o mundo. Até o final de 2014, o número subiu para 60 milhões, dos quais quase dois terços se deslocaram internamente. A maioria dos países aderiu à Convenção dos Refugiados e, portanto, teoricamente, reconhece suas obrigações de conceder asilo e cuidar dos refugiados que acabam no interior de suas fronteiras. Ao mesmo tempo, muitos países dedicam esforços consideráveis para impedir que os refugiados cheguem às suas praias.

Esses trabalhadores migrantes geralmente não se fixam de forma permanente; os alemães, por exemplo, se referiam a eles como *Gastarbeiter* ("trabalhadores convidados"). Isso contrasta com os migrantes que fogem de perseguição, que não podem voltar para casa. Exemplos incluem os huguenotes – protestantes franceses expulsos da França pelo católico Luís XIV –, que se estabeleceram na Inglaterra no final do século 17, e os judeus, que fugiram da Alemanha nazista nos anos 1930.

Como os fatores ambientais e os conflitos militares continuam a estimular fluxos de migração, os Estados-nação em todo o mundo enfrentarão cada vez mais desafios políticos e econômicos na absorção de diferentes grupos populacionais e culturas. Ao enfrentar esses desafios, também somos lembrados de que todos compartilhamos de uma humanidade comum e que todos vivemos no mesmo planeta – o qual, por acaso, foi dividido com linhas muitas vezes arbitrárias chamadas fronteiras.

## AVANÇOS ECONÔMICOS

Tanto a produção quanto o consumo ocidentais dispararam após a devastação causada pela Segunda Guerra Mundial. O chamado *long boom*, que durou de 1945 a 1973, foi um período de avanço industrial e econômico e de alto índice de emprego. A economia americana produziu grandes quantidades de bens duráveis acessíveis. Tornou-se uma sociedade de riqueza em massa, e Hollywood e a televisão espalharam imagens positivas da vida americana. A Alemanha Ocidental, o Japão e a Coreia do Sul também tiveram um crescimento econômico elevado, baseado em fortes exportações. A evolução tecnológica teve um impacto global muito mais rápido que no passado, por exemplo, no desenvolvimento de fibras sintéticas como náilon e poliéster. O crescimento da indústria mudou não apenas o mundo desenvolvido, mas também o mundo em desenvolvimento, onde a produção aumentou e se diversificou.

O crescimento econômico espalhou riqueza e poder de compra. À medida que mais e mais pessoas deixavam as áreas em

276   O pequeno livro da grande história

que haviam crescido e encontravam novos empregos, novas casas e maior independência financeira, tornavam-se "consumidores", para quem compras e moda podiam ser vistos como passatempos casuais. Uma sociedade de descarte que jogava fora mercadorias antes que elas se desgastassem. O *long boom* também promoveu programas sociais ambiciosos, que se tornaram possíveis graças ao aumento dos níveis de renda, que deu aos governos maiores receitas fiscais.

Períodos mais conturbados vieram, com recessões graves em meados dos anos 1970, no início da década de 1980, no início dos anos 1990 e a partir do final da década de 2000 até meados dos anos 2010. Na década de 1960, índices variáveis de inflação em todo o mundo tinham provocado tensões na economia internacional, e isso levou ao colapso do sistema Bretton Woods de taxas de câmbio fixas, estabelecido em 1944. Em 1971, os Estados Unidos tiveram seu primeiro déficit comercial do século. A crise política no Oriente Médio levou a um aumento drástico do preço do petróleo em 1973-1974 e contribuiu para a "estagflação", uma mistura de estagnação e inflação, que intensificou a incerteza e o mal-estar.

No entanto, a maioria das sociedades pacíficas ainda desfrutava de um aumento de produtividade a longo prazo, e o mundo ficou mais rico, ao menos quando medido em termos de acesso a bens e serviços. O crescimento econômico global foi impulsionado pela inovação, especialmente pela criação de novas áreas de demanda, como a de computadores pessoais. Ao mesmo tempo, as economias deram mais ênfase aos serviços, em favor de setores que variam de assistência médica a compras. O fato de que era preciso uma porcentagem menor da população global para produzir gêneros de necessidade, como comida e roupas, significava que um número maior da força de trabalho estava disponível para outras tarefas. Quanto maior a riqueza média, mais dinheiro era gasto em serviços, e isso alimentava o crescente poder do Estado para fornecer seus próprios serviços. Houve grandes mudanças de ênfase tanto no setor de produtos quanto no de serviços. Na produção industrial, a parcela de bens eletrônicos aumentou, enquanto os setores mais tradicionais da indústria pesada e dos têxteis diminuíram, ao menos no Ocidente.

Houve também grandes mudanças geográficas na indústria. Em 1950, as principais áreas industriais eram a Europa Ocidental, os Estados Unidos e a Rússia europeia, mas, a partir da década de 1960, a produção industrial aumentou acentuadamente no leste da Ásia, primeiro no Japão e depois, na década de 1980, na China. A China transformou-se no segundo maior produtor industrial do mundo nos anos 2000 e o maior em 2010, embora mais dependente das exportações do que dos mercados domésticos; em 2005, o déficit comercial americano com a China era de 202 bilhões de dólares. Os problemas que atingiram a indústria americana – que compete com os chineses e outros fabricantes – refletiram-se no rendimento médio das famílias americanas, que mais ou menos estagnaram em termos reais de 1989 a 2014. Em termos relativos, houve uma diminuição no número de produtores europeus com altos salários, exceto em áreas específicas como a de máquinas-ferramentas e a de produtos farmacêuticos, embora, com seus recursos acumulados, habilidades e riqueza, a Europa continuasse sendo uma importante zona econômica.

Duas questões se destacam entre os desafios econômicos futuros. Como o mundo enquadrará a meta de crescimento econômico com recursos naturais limitados e fatores ambientais? E como os países em desenvolvimento equilibrarão suas economias à medida que as expectativas de riqueza e consumo aumentam entre suas populações? Desde a crise financeira internacional que começou em 2008, desencadeada, pelo menos em parte, por empréstimos bancários irresponsáveis e pela criação de instrumentos financeiros cada vez mais complexos, uma tarefa urgente dos governos é regular e policiar o setor financeiro global a fim de diminuir o impacto de crises financeiras futuras.

**"Nesse novo mercado (...) bilhões podem entrar ou sair de uma economia em segundos. Essa força do dinheiro tornou-se tão poderosa que alguns observadores agora veem o "dinheiro quente" se tornando uma espécie de governo mundial sombrio, que está desgastando irremediavelmente o conceito de poderes soberanos de um Estado-nação."**

*Business Week* (20 de março de 1995)

## PROBLEMAS AMBIENTAIS

A política ambiental ganhou mais relevo a partir dos anos 1960. Movimentos e partidos políticos "verdes" foram fundados em muitos países, e muitos partidos políticos existentes adotaram políticas pró-ambientais. Cada vez mais pessoas concordavam que as questões ambientais exigiam uma ação global.

Alguns dos problemas ambientais que ganharam atenção no final do século 20 tiveram suas origens milênios antes. O desmatamento na Europa, por exemplo, havia começado com a chegada da agricultura no período Neolítico (veja a p. 91). À medida que os europeus se instalavam em outras partes do mundo, o crescimento populacional levava a impactos ambientais semelhantes, como o desmatamento de grandes extensões de floresta tropical para a criação de gado ou a produção de óleo de soja ou de coco. Em outros lugares, a floresta foi destruída para que represas pudessem ser construídas com o objetivo de gerar energia hidrelétrica. Além de grandes reservatórios de biodiversidade, as florestas tropicais são enormes sumidouros de carbono, que reduzem a quantidade de dióxido de carbono (o gás mais abundante de efeito estufa) na atmosfera. O acúmulo desse gás tem aumentado desde a Revolução Industrial, que gerou um maior uso de combustíveis fósseis como carvão e petróleo, cuja queima libera dióxido de carbono na atmosfera.

Muitas vezes, o dano que as atividades humanas causam ao meio ambiente não se limita a um único país ou região. Os poluentes são transportados ao redor do mundo por correntes de vento e oceanos. O efeito estufa é global: gases como o dióxido de carbono se acumulam na atmosfera e agem como as vidraças de uma estufa, impedindo que o calor escape do planeta. Quando as calotas de gelo começam a derreter, há menos gelo para refletir o calor do Sol, e o planeta absorve mais calor ainda, em um ciclo de retroalimentação. À medida que o pergelissolo derrete nas grandes tundras do Norte, cada vez mais metano (outro gás de efeito estufa) é liberado na atmosfera. Além disso, o derretimento do gelo polar eleva o nível do mar e ameaça inundar áreas baixas densamente povoadas em todo o mundo. O aquecimento global também leva a mudanças destrutivas no clima, desde a intensificação das secas (e, portanto, a desertificação) em certas áreas até o aumento das tempestades e de inundações devastadoras em outras.

A preocupação com o aquecimento global levou, em 1992, à ECO-92, no Rio de Janeiro, encontro que criou a Convenção-

-Quadro sobre a Mudança do Clima, que, por sua vez, levou, em 1997, ao Protocolo de Kyoto, por meio do qual os principais países industriais se comprometeram a reduzir de forma significativa suas emissões de gases de efeito estufa. Mas foi difícil chegar a um acordo sobre como aplicar o protocolo. Entre os principais poluidores estavam os países recentemente industrializados, como a China e a Índia, que sentiam que deveriam suportar uma carga de redução muito mais leve do que países que já haviam se industrializado, como aqueles da Europa e da América do Norte). Em 2001, os Estados Unidos, cujas emissões haviam aumentado acentuadamente nos anos 1990, rejeitaram o Tratado de Kyoto. No entanto, em 2015, chegou-se a um acordo em uma conferência internacional em Paris para que novas medidas sejam tomadas no sentido de limitar o aquecimento global.

Outras formas de poluição do ar também foram problemáticas. A chuva ácida danifica árvores, rios e lagos. É causada por emissões de dióxido de enxofre e dióxido de nitrogênio de usinas termoelétricas que usam o carvão para liberar energia e de outros processos industriais. Esses produtos químicos combinam-se com a umidade na atmosfera e formam ácidos diluídos (sulfúrico e nítrico), que caem na forma de chuva. No final do século 20, os lagos e florestas da Escandinávia foram seriamente danificados pela chuva ácida causada, em grande parte, pela atividade industrial mais ao sul, na Alemanha e em outros lugares. O reconhecimento do problema levou, por exemplo, à instalação de filtros para reduzir as emissões perigosas das usinas.

A gasolina sem chumbo e os conversores catalíticos para escapamentos de automóveis também diminuíram os níveis de chuva ácida. Mas, à medida que carros e caminhões proliferam em todo o mundo, suas emissões causam mais ameaças aos corações e pulmões humanos. Algumas cidades, como Paris e

Nova Déli, tentaram reduzir esse tipo de poluição ao proibir os motoristas de dirigir em determinados dias. Outras ameaças atmosféricas à saúde humana provêm de minúsculas partículas produzidas, por exemplo, por usinas termoelétricas movidas a carvão, por escapamentos de diesel, poeira de construções e queima de resíduos agrícolas. Somente na Europa, estima-se que, em 2015, mais de 400 mil pessoas morreram prematuramente devido à poluição atmosférica urbana.

A sociedade de consumo também produz quantidades cada vez maiores de lixo, grande parte dele não biodegradável e uma parte de lixo tóxico. A proliferação de minúsculas partículas de plástico (muitas vezes de garrafas) nos oceanos provou ser devastadora para muitas formas de vida marinha. Vazamentos de petróleo de plataformas de perfuração ou de navios petroleiros danificados também causaram desastres. Os corpos de água

*Aterro sanitário em Jacarta*

doce e seus ecossistemas associados também foram afetados pela atividade humana, desde a infraestrutura inadequada para lidar com o lixo humano até práticas agrícolas, como o despejo de fertilizantes artificiais nos rios. Uma parte do lixo humano, na forma de desperdício de comida, permitiu que animais como ratos, raposas e até mesmo ursos polares prosperassem, sobrevivendo alegremente graças ao conteúdo de nossas lixeiras.

**"Somente no período representado pelo século atual há uma espécie que adquiriu um poder significativo para alterar a natureza do mundo."**
Rachel Carson, *Primavera silenciosa* (1962), o primeiro livro a destacar o impacto de pesticidas químicos no mundo natural

Muitas espécies não humanas viram seu ambiente transformado pela atividade humana, e isso, junto com a caça, resultou em um alto índice de extinções nos últimos séculos. Ao mesmo tempo, algumas espécies não humanas têm prosperado com a nossa intervenção, principalmente as espécies "forasteiras" que os humanos espalharam pelo mundo, seja por utilidade ou por ornamento, sem prever as consequências. Sapos-cururus, coelhos, rododendros, a videira kudzu, esquilos cinzentos – estes e muitos outros desequilibraram seus ecossistemas hospedeiros.

O papel dos seres humanos na ampla história de nosso planeta destaca-se pelo fato de cada vez mais cientistas sugerirem que, no contexto do tempo profundo, estamos em uma nova era geológica. Deram a essa época o nome de Antropoceno (do grego *antropo-*, "humano", e *-ceno*, "novo"), uma era na qual as atividades humanas estão afetando de forma global os ecossistemas e a geologia do planeta. Alguns remontam essa época ao início da agricultura, há muitos milhares de anos; alguns sugerem que começou com a

Revolução Industrial, cerca de 200 anos atrás; enquanto outros propõem um ponto de partida muito mais recente: a primeira explosão-teste de uma bomba atômica, em 16 de julho de 1945.

## O FUTURO DA HUMANIDADE

É impossível os humanos não se perguntarem o que o futuro reserva, seja para eles próprios ou para os filhos de seus filhos. As religiões em todo o mundo têm respostas variadas. O hinduísmo vê a existência se estendendo indefinidamente ao longo de enormes ciclos de tempo, nos quais a alma dos indivíduos reencarna de forma infinita. Outras crenças, como o cristianismo, preveem um fim apocalíptico para a vida humana na Terra em um período ou tempo definido (mas que não se sabe quando ocorrerá), seguido por uma eternidade na qual os bons são levados ao céu e os maus lançados no inferno.

Hoje, no entanto, muitas pessoas também têm a chance de olhar as previsões e os modelos de cientistas para vislumbrar o provável futuro de nossa espécie e de nosso planeta. O debate sobre o aquecimento do clima e seu provável impacto na vida na Terra ajudou a trazer foco à nossa mente. Em novembro de 2015, a Organização Meteorológica Mundial indicou que o ano seria o mais quente já registrado, tendo como principal causa as emissões feitas pelo homem. A temperatura média global em fevereiro de 2016 foi 1,35 °C maior que a média do mesmo mês entre 1951-1980. Parte do aumento em 2015 pode ter sido causado pelo El Niño, um fenômeno climático natural e móvel caracterizado pelo aquecimento anormal das águas superficiais do Oceano Pacífico; de fato, o El Niño naquele ano foi um dos mais fortes já registrados.

Os muitos interesses conflitantes de países e populações em todo o mundo dificultam a obtenção de acordos internacionais, não apenas sobre as mudanças climáticas, mas também sobre outras questões importantes. O aumento dos níveis populacionais criou pressões ambientais em muitas regiões. A concorrência por recursos como o petróleo já levou a extensos conflitos. Embora a queima de combustíveis fósseis contribua para o aquecimento global, o petróleo ainda sustenta grandes setores da economia global e também o modo de vida de milhões de pessoas. A menos que seja feito um esforço maior no desenvolvimento de fontes novas e mais sustentáveis de energia, o derradeiro esgotamento das reservas de petróleo pode ter um impacto extremamente prejudicial na maneira como muitos de nós vivemos.

No futuro, outros recursos naturais, como a água doce, provavelmente levarão a conflitos. No Oriente Médio, por exemplo, os Rios Tigre e Eufrates são fontes vitais de água para o Iraque e a Síria, mas a quantidade que canalizam tem sido limitada pela construção de represas para irrigação e hidroeletricidade na Turquia. Os países envolvidos ainda precisam chegar a um acordo sobre o compartilhamento da água. Dentro dos países, também, o aumento do consumo de água esgotou os aquíferos naturais. Na Índia, a explosão do cultivo de arroz em Punjab, na década de 1960, resultou em uma grave diminuição do lençol freático. As extrações do lençol freático pela indústria manufatureira são um problema crescente tanto na Índia quanto em outros lugares. Na década de 1990, na Austrália, o uso de irrigação para algodão e arroz na bacia de Murray-Darling levou a um movimento de sal para a superfície e a grandes perdas de terra cultivável. Algo semelhante ocorrera milênios antes na antiga Mesopotâmia.

O mundo moderno 285

**"Tudo o que sei sobre o futuro é que ele é o que você faz dele."**

Walter Mosley, escritor americano (1998)

A menos que os humanos cooperem mais efetivamente em escala global, a concorrência e o conflito por recursos decrescentes provavelmente levarão ao aumento da desordem. Se o aquecimento global permanecer descontrolado, muitas partes do mundo acabarão inabitáveis, por exemplo, devido a inundações ou à desertificação. Isso levaria a grandes fluxos de refugiados. Talvez seja melhor lidar com as causas antes que tenhamos que lidar com as consequências.

Se o aquecimento global continuar, existe a possibilidade de a produtividade agrícola entrar em colapso, e a escassez de alimentos resultante poderá significar o fim da vida humana no planeta. No entanto, existem outras maneiras menos previsíveis pelas quais a espécie humana poderá perecer. Alguns dos cenários mais extremos incluem a guerra nuclear em larga escala, que pode acabar com muitos em um instante. Se alguma forma de vida conseguisse sobreviver às explosões e à radiação, poderia não ser capaz de sobreviver ao inverno nuclear que se seguiria: com tantos detritos lançados na atmosfera, a luz do Sol poderia ficar bloqueada por anos, matando a vida vegetal que fica na base da maioria das cadeias alimentares. Um inverno nuclear semelhante poderia ser causado pelo impacto de um grande meteoro ou um cometa, ou pela erupção de um supervulcão, como a Caldeira de Yellowstone, nos Estados Unidos.

No extremo mais bizarro do espectro, a ficção científica frequentemente tem imaginado nosso mundo sendo invadido por criaturas alienígenas hostis. No entanto, apesar da nossa capacidade muito melhorada de observar outros planetas e da descoberta de água em outras partes de nosso sistema solar, isso continua sendo uma perspectiva bastante remota. Existe, porém, a possibilidade de um inimigo mais próximo: uma pandemia de tal gravidade que exterminaria a espécie humana. Alguns culpados por esse possível extermínio incluem novas cepas da gripe, o vírus ebola, o retorno da Peste Negra, uma variação do vírus HIV, uma severa tuberculose resistente a medicamentos, um vazamento de estoques de guerra biológica ou, talvez, outra doença da qual ainda nem ouvimos falar.

Muitas espécies de animais já foram extintas, e é inteiramente possível que seja a vez de nossa espécie enfrentar a extinção no futuro. Mesmo se sobrevivermos tanto tempo, em 1 bilhão de anos o Sol ficará tão quente que a água na Terra não permanecerá líquida. Como resultado, toda a vida na Terra será extinta.

Muito tempo depois, cerca de 5 bilhões de anos a partir de agora, o Sol – como outras estrelas de seu tamanho – crescerá enormemente e se tornará o que os astrônomos chamam de gigante vermelha. Essa expansão tragará todos os planetas do sistema solar, incluindo a Terra.

**"A Terra sentiu a ferida, e a Natureza de seu trono/ Por todas as suas obras suspirou em sinal de aflição,/ Pois tudo estava perdido."**
John Milton, *Paraíso perdido*, Canto IX (1667)

Estamos nos primeiros anos das viagens espaciais, e não se sabe ao certo se poderemos, alguma vez, viajar entre sistemas solares. No entanto, quando o Sol começar a ficar significativamente mais quente e se expandir, essa talvez seja a única maneira (se já não tivermos nos tornado extintos) de a vida humana continuar existindo.

# O DESTINO DO UNIVERSO

Como o universo vai acabar? Uma possibilidade é que sofrerá uma implosão, quando tempo, luz e espaço entrarem em colapso. De acordo com essa teoria, a expansão do universo, que começou com o Big Bang, ficará sem forças, e o universo começará a se contrair novamente. Esse processo foi chamado de Big Crunch, e ele, por sua vez, poderá levar a outro Big Bang, talvez apenas o mais recente em um ciclo inimaginavelmente longo. Por outro lado, se não houver matéria suficiente no universo para que a gravidade produza um Big Crunch, foi levantada a hipótese de que a entropia pode levar à "morte térmica do universo", com toda a energia dissipada e o cosmos deixado para sempre frio e sem vida.

Mais recentemente, em resposta a uma série de observações de efeitos gravitacionais, cosmólogos propuseram que mais de cinco sextos da massa do universo podem consistir em algo que eles chamam de "matéria escura"; trata-se de uma matéria que tem massa, mas que não pode ser observada usando a tecnologia atual. Isso tornaria a massa do universo muito maior do que se pensava até agora. Também tornaria o Big Crunch o cenário mais provável.

Contra isso, observações de supernovas distantes indicam não só que as partes mais distantes do universo estão se afastando de nós (como a teoria do Big Bang esperaria), mas também que a taxa de aceleração está aumentando. Anteriormente, os físicos esperavam que o *momentum* da expansão original diminuísse. Nada explica essa crescente aceleração, e os cientistas postularam uma misteriosa "energia escura" agindo contra a gravidade, o que pode levar o universo a se expandir indefinidamente. Isso, por sua vez, levou à sugestão de uma outra maneira possível pela qual o universo poderia terminar: em um "Big Rip", no qual todos os objetos no universo, independentemente do tamanho, acabariam se desintegrando em partículas elementares e radiação.

Existem algumas dificuldades filosóficas óbvias quando se contempla o fim do universo. Em primeiro lugar, por mais cuidadosa que seja a modelagem matemática, nenhum dos cenários atuais é verificável. Depende das observações atuais, que já foram revisadas e serão revisadas novamente. Em segundo lugar, o próprio ato de pensar sobre o universo é difícil para a mente humana. O universo é "tudo o que existe", e é quase impossível para nós imaginar de fato que ele não exista. É concebível que toda busca de um começo e um fim para o universo seja uma metáfora enganosa baseada em nossa própria experiência de ver todas as criaturas nascendo, vivendo por um longo tempo e depois morrendo. É até possível que existam muitos universos paralelos, dos quais o nosso seja apenas um. Mas seria impossível para um ser consciente neste universo ter qualquer conhecimento direto de qualquer um desses outros mundos alternativos.

Uma das vantagens de estudar a grande história, desde o Big Bang, em vez de apenas a história humana, é que ela nos dá uma visão humilde de como nossa existência é acidental e passageira. Cada um de nós existe por uma pequena fração do tempo que os humanos viveram neste planeta. E a espécie humana existe por apenas uma pequena fração do tempo da vida de nosso sistema solar. Por sua vez, nosso sistema solar existe por apenas uma fração do tempo da vida do universo e só surgiu por causa de um conjunto particular de forças e matéria combinadas de uma certa maneira em um período caótico anterior em nossa galáxia.

É mesmo uma conquista sabermos tanto sobre o universo e a história de nosso planeta, mas chega uma hora em que não temos escolha a não ser aceitar que nunca conheceremos a história completa do universo onde vivemos.

# CRÉDITOS DAS IMAGENS

**p. 12:** Ilustração de David Woodroffe

**p. 19:** Mapa de David Woodroffe

**p. 42:** Ilustrações de David Woodroffe

**p. 46:** Ilustração de David Woodroffe

**p. 66:** Mapa de David Woodroffe

**p. 83:** © Heritage Image Partnership Ltd./Alamy

**p. 99:** DeAgostini/Getty Images

**p. 104:** Lennart Larsen/Museu Nacional da Dinamarca

**p. 107:** © Martin McCarthy/iStock

**p. 116:** Mapa de David Woodroffe

**p. 120:** Mapa de David Woodroffe

**p. 124:** Universal History Archive/UIG via Getty Images

**p. 126:** DeAgostini/Getty Images

**p. 144:** Ilustração de *Myths of the Hindus & Buddhists*, 1914

**p. 164:** © Adwo/fotolia

**p. 166:** Mapa de David Woodroffe

**p. 183:** Mapa de David Woodroffe

**p. 205:** Coleção dos Irmãos Wright/ Prints & Photographs Division/ Library of Congress (EUA)/ LC-DIG-ppprs-00626

**p. 208:** Mapa de David Woodroffe

**p. 220:** © The Natural History Museum/Alamy

**p. 225:** George Rinhart/Corbis via Getty Images

**p. 252:** The Official CTBTO Photostream

**p. 257:** Mapa de David Woodroffe

**p. 282:** Jonathan McIntosh/CC BY 2.0/commons. wikipedia.org

# ÍNDICE REMISSIVO

Números de páginas em itálico referem-se a mapas e ilustrações

11 de setembro, ataques terroristas
257-258

**A**

Abissínia (Etiópia) 267
abrigos, primeiros 69, 85-87
aço 108
Acordo Geral sobre Comércio e
Tarifas (Gatt) 268
Afeganistão 256, 258
África do Sul 259
agricultura 63-64, 75, 91-92, 101,
103, 114, 117, 139, 161,
264-265, 279-280, 285
arável 92, 96, 161, 188-189,
264-265
de subsistência 189, 190-191
água 16, 17, 23
consumo de 285
vapor de água 18, 24
Akbar 173
Albânia 254
Alemanha 199, 207, 219, 221,
230-231, 232, 233, 240, 241,
242, 245, 254, 274, 276
Alemanha Oriental e Ocidental
254, 256
Alexandre, o Grande 138, 140
Alexandria 154
alfabetização 132-134, 141,

175-177, 197, 220, 261
alfabetos 132, 176
algas 25, 29
alimentos
conservação de 95
excedentes de 91, 111, 114, 117
aminoácidos 23, 24, 27, 35
anemia falciforme 63
anfíbios 43, 44, 45
Angkor 118
Aníbal 99
animais
de tração 93, 94, 96-99, 123
consciência 60
cultura animal 60
domesticação 94-95, 96-99, 101
extinções 47-49, 68, 283, 287
gado 93-94, 121-123, 190,
206, 226
homeotérmicos 47, 50
pecilotérmicos 47
reprodução 30-31
vocalizações 61
anos-luz 14
antibióticos 222, 225
Antropoceno 283
aquecimento global 48, 273,
280-281, 285-286
Aquino, Tomás de 170
árabes, estudiosos 155, 159, 177

291

árabes, expansão *166*
Arábia Saudita 220
*Archaeopteryx* 47
Aristarco de Samos 154, 177
Aristóteles 135, 152, 154, 179
armas
    bacteriológicas e químicas 233,
        252, 287
    nucleares 249-250, 251, 286
    primitivas 74-75
armênios, massacre 248
Arquimedes 154
arquitetura 170, 217
arte 81, 83-85, 170, 171, 218
artrópodes 40
Asoka, o Grande 138, 141
astecas 140
asteroides 49
astronomia 153
atmosfera 18, 24, 28, 48
átomos 13
Aurangzeb 173
Austrália 18, 65, 239, 285
aviação 205, *205*

**B**
Babilônia 119
Bacon, Francis 179
bactérias 25, 29, 32, 225
    cianobactérias 28
Banco Mundial 268
bancos/sistemas bancários 128, 130
Bangladesh 248
Beauvoir, Simone de 221
Bélgica 207, 230, 231
*Beowulf* 143

Bíblia 31, 143, 150, 171-172, 176,
    191, 198
Big Bang 11, *12*, 13, 288
Big Crunch 288
Big Rip 288-289
bigas 97, 100
biociência 79, 263-267
bipedalismo 53, 57
Birmânia (Mianmar) 207
bisão 101
Bismarck, Otto von 200
blasfêmia 136, 185
bois e touros 93, 94, 96, 100
bolcheviques 236, 237, 238
Bolívia 220
bomba
    atômica 246, 249, 284
    de hidrogênio 249, *252*
    de nêutrons 256
bonobos 52, 53
borracha 206
Bósnia 269
Boyle, Robert 179
Brasil 239, 259
Bretton Woods, sistema 277
budismo 148, 151, 173
búfalo-d'água 94, 96
Bulgária 200, 230, 254
buracos negros 15
bússola 123, 180

**C**
caçadores-coletores 69-71, 72,
    73-76, 79, 80, 82, 87, 91, 96,
    101, 161
cachorros 95

292   O pequeno livro da grande história

cadeias alimentares 25-26, 48
calendários 153
camada de ozônio 27, 41
camelídeos 98
caminho dourado 151
canais 123, 187
capitalismo 130, 194-195, 211, 212, 253, 258
carboidratos 23
carbono 15, 23
  emissões de 281
  sumidouros de 280
Carlos Magno, 158
carne, consumo de 71, 122, 189, 190, 273
carnívoros 25-26, 46
carvão e coque 26, 187, 281
cavalos 93, 96, 97, 100
Caxton, William 176
celtas 109
células 16, 22, 23, 27, 29, 40
  eucarióticas 28
  procarióticas 27
centros rituais 106, 153
cerâmica 89-91
cérebro 50, 52, 55, 68, 71, 81
cerveja 90
chá, cultivo de 206
Chang'an (Xian) 119
Chernobyl, explosão no reator de 253
Chichen Itza 118
chimpanzés 52, 53, 60, 62, 73
China 101, 103, 105, 106, 115, 117, 119, 125, 128, 136, 137, 139, 140, 164, 180, 186, 191, 197, 207, 212, 235, 236, 243, 250, 252, 254, 255, 256, 258, 259, 261, 268, 273, 278, 281
  invenções chinesas 115, 128, 175, 177, 180
Churchill, Winston 244
chuva ácida 48, 281
cianobactérias 28
ciberespaço 262
ciclo das rochas 21
cidades e vilas, crescimento de 86, 117-121
ciência 152-155, 223-224
Círculo de Brodgar 107
cirurgia 226-227
cirurgia plástica 228
clãs, sistemas de 79-80, 161
clonagem 266
cobre 105
Código de Draco 134
código Enigma 260
Colombo, Cristóvão 181
colonialismo 182, *183*, 194, 206, *208*
combustíveis fósseis 26, 273, 280, 285
comerciantes 114, 128, 186
comércio e rotas de comércio 91, 98, 102, 114-117, *116*, 122, 124, 139, 155, 180, 194, 202
comportamento sexual 53-54, 222
comportamentos instintivos 62
computação em nuvem 261
computadores 260-263
comunismo 211-212, 236, 243, 253, 254, 255, 256, 258
conchas (como dinheiro) 125, 127

Índice remissivo  293

confucionismo 139, 151, 173

Congo, *ver* República Democrática do Congo

consciência 60, 216

Constantinopla (Istambul) 117, 140, 165

consumismo 276-277

contracepção 221, 272

contrato social 191-193, 270

Copérnico, Nicolau 178

cordilheiras 21

   cordilheiras oceânicas 21, 41

Coreia do Norte 252

Coreia do Sul 276

corrida armamentista 249-250, 255

corrida espacial 253

Cortina de Ferro 254

cosmologia 13, 177-178

cozinhar 58, 69, 71, 73, 89

Crescente Fértil 92

crescimento econômico 130, 258, 276, 277, 278

criação seletiva 263

Crick, Francis 34

Crise dos Mísseis de Cuba 251

cristianismo 11, 143, 150, 158, 163, 170, 173, 284

Croácia 91

cruzadas 163

Cuba 206

   Crise dos Mísseis de Cuba 251

cubismo 218

cultura 60, 61-64, 270

   micênica 106

   minoana 106

cunhagem *124*, 126, *126*, 127

# D

Dali, Salvador 218

Darwin, Charles 32-33, 77

Declaração da Independência 185, 193

Declaração de Direitos 185

Declaração dos Direitos do Homem e do Cidadão 185

decompositores 26

Deere, John 190

deísmo 184

Demócrito 149, 154

deriva continental 18, *19*

desertificação 68, 280

desmatamento 279-280

desnutrição 190, 264

destruição mutuamente assegurada (M.A.D.) 250

detritívoros 26, 69

Dez Mandamentos 150

Dias, Bartolomeu 181

Diderot, Denis 184

dinheiro 123-131

dinossauros 45-47, *46*, 48

dióxido de carbono 18, 24, 48

direitos humanos 271

ditaduras 212

dívida e remissão da dívida 129, 130, 131, 132

divisões do tempo 153

DNA 23, 24, 27, 28, 33, 34-35, 52, 53, 59, 224, 265

doença mental 227

doenças e pandemias 115, 119, 155-157, 182, 225-228, 287

drogas (que melhoram o desempenho) 228
dualismo 149
Dvorak, Antonin 199

# E

ebola, vírus 226, 287
economia
  agrícola 161-162
  de escambo 123-124
  *ver também* globalização econômica, crescimento econômico, liberalismo econômico, protecionismo econômico, recessões econômicas
educação 151, 170, 221, 222, 272
efeito estufa, gases de 18, 280
egípcios, antigos 106, 114, 127, 141-142, 153, 191
Einstein, Albert 223,224, *225*
Eisenhower, Dwight D. 250, 251
elefantes 98
Eliot, T.S. 217
e-mail 261
Empédocles 154
*Eneida* 145
energia
  a vapor 122, 187, 204
  escura 288
  geotermal 27
  nuclear 27, 224, 251-253
  trajeto da 24-27
Engels, Friedrich 211
enzimas 23

épicos 143-145
epigenética 265
*Epopeia de Gilgamesh* 134-135, 143
eras do gelo 49, 65, 67-69, 132
Eratóstenes 154
escravidão 129, 138, 161-162, 182, 238, 267
escrita cuneiforme 133
Espanha 174, 181, 206, 242
espólios funerários 56, 81
esponjas 30, 32, 40
Estados Unidos 162, 188, 194, 195, 201, 230, 235, 239, 240, 241, 243, 245, 246, 249-251, 253, 255, 256, 257, 268, 274, 277, 278
Estados-nação 197, 200, 202, 269, 276
estanho 105
Estônia 200, 237
estratificação social 80, 107, 109, 133, 160
estrelas 11, 13, 14-15
  de nêutrons 15
estruturas familiares 78
Euclides 154
evolução 27-33, 35, 38-45, 49, 59
Exploração do Novo Mundo 181-182, *183*
explosão cambriana 40-41
extinções 20, 47-49, 68, 283, 287
  em massa 20, 47-49

# F

Facebook 262
fascismo 241, 243

Índice remissivo   295

felicidade 151, 152
fendas hidrotermais 25
ferramentas, criação e uso de 53,
57, 60, 62, 70-71, 73, 84, 87,
103, 105 108
ferro 15, 17, 187
ferrovias 190, 203, 238
feudalismo 160, 211
Filipinas 206, 209
filosofia 149-152, 153-154,
170, 184
Finlândia 200, 237
fitoplâncton 25
Fleming, Alexander 225
Foch, marechal Ferdinand 234
fogo 58, 69, 71, 72-73
Folhelho de Burgess 42
fortes em colinas 110
fósseis 31, 48, 57
fotossíntese 23, 25, 28, 44, 48
França 131, 189, 197, 199, 207,
210, 231, 235, 244, 250, 252,
268, 270
Francisco Ferdinando, arquiduque
231
Franco, Francesco 214, 215
Freud, Sigmund 192, 194
Fukushima, desastre de central
elétrica 223
funcionários públicos seniores
180
Fundo Monetário Internacional
268
funerárias, práticas 81, *99*
fusão nuclear 14
futurismo 193

# G

galáxias 14
Galeno 179
Galileo Galilei 178
Gama, Vasco da 181
genética 23, 29, 30, 33-35
culturas geneticamente
modificadas 264-265
engenharia genética 265
Genghis Khan 164, *164*
genocídio 202, 247-249, 269
geometria 153
geopolítica 207, 246
*glasnost* e *perestroika* 256
glicose 23, 25, 28
globalização 269, 270
glúons 13
Gonduana 18
Gorbachev, Mikhail 256
Grã-Bretanha 105, 106, 130, 162,
174, 184, 185, 186-187, 192,
197, 199, 212, 221, 222, 230,
235, 240, 244, 250, 252, 268
Grande Depressão 239
Grande Exposição de 1851 203
gravidade 13, 14, 16, 178, 223
Grécia 109, 142, 154-155,
177, 200
gripe espanhola, epidemia 157
guerra
antiga 97, 100, 109
Guerra Civil Americana 162
Guerra Civil Espanhola 242
Guerra Civil Inglesa 192,
211
Guerra da Coreia 251, 255

Guerra da Independência
Americana 192, 270
Guerra de Troia 109
Guerra do Peloponeso 147
Guerra do Vietnã 251, 255
Guerra dos Sete Anos 194
Guerra dos Trinta Anos 174
Guerra Fria 249-251, 253-257,
268
Guerras Napoleônicas 228
total 244, 247
guerreiros de elite 106
guildas profissionais 209
gulag 238
Gutenberg, Johannes 176

**H**
Habsburgo, dinastia 197, 198
Hamurabi, Código de 135
Hangzhou 119
hélio 13, 14
Henrique de Portugal 181
herbívoros 25, 26, 46
hereditariedade 33-34, 224
Heródoto 119, 146
hidroeletricidade 280, 285
hidrogênio 13, 14, 15, 23
hierarquias de poder 80, 106, 133,
160, 196
hinduísmo 11,142, 143, 148, 150-
151, 284
Hiroshima 246
Hitler, Adolf 234, 242, 243-246
HIV/Aids 226, 287
Hobbes, Thomas 192
Holanda 130, 238

holocausto 247-248
Homem de Porsmose *104*
Homem-Leão de Hohlenstein-Stadel
*83*, 84
Homero 109, 143, 217
*Homo erectus* 58, 70-71, 73, 84
*Homo habilis* 57, 70
*Homo heidelbergensis* 58, 74
*Homo sapiens* 55, 58, 64, 74
homofobia 222
homossexualidade 248
Hubble, Edwin 11
huguenotes 275
humanismo 170-171, 176
humanos
futuro da humanidade 284-287
linha entre humano e
não humano 59-61
primeiros humanos 51, 52-54,
55, 57-59, 69, 69-71, 72,
73-75, 87-90
Hume, David 184
Hungria 158, 198, 234, 254, 273
hunos 140

**I**
Ibn Battuta 117
ictiossauros 46
Idade da Pedra 103-105
Idade das Trevas europeia 177
Idade do Bronze 105-106, 107
Idade do Ferro 107, 108, 109
idealismo 149
Igreja Católica Romana *ver* Roma
igualdade de gênero 219-223, 271
*Ilíada* 109, 145, 146

Índice remissivo 297

Iluminismo 174, 184-185, 270
imperialismo, ocidental 206-208
impérios 136-141, 157, 158, 159, 182, 206-209
Império Austro-Húngaro 199, 209, 234
Império Babilônico 137
Império Bizantino 157, 159, 163
Império Britânico 206, 207
Império Macedônio 137
Império Máuria 138, 140-141
Império Mogol 173
Império Neoassírio 137
Império Persa 137, 140, 159
Império Romano 137-138, 139-140, 155
imprensa, invenção da 175-177
imunização 226
incas 140
Índia 18, 22, 138, 140, 142, 173, 186, 191, 207, 209, 252, 258, 259, 261, 272, 281, 285
Indonésia 259
indústria petrolífera 277, 285
industrialização 197, 202, 209, 221, 229, 237, 274, 278
inflação 277
insulina 225
internacionalismo 267-270
internet 260-263
invertebrados 30, 43
Irã 90, 142
Iraque 235, 258, 285
Irlanda 107, 198
    viajantes irlandeses 102
Islã 115, 130, 143, 150, 159, 163,

165, 173, 222, 257
isolamento cultural 201
Israel 252
Itália 128, 199, 200, 207, 230, 241, 242, 273
Iugoslávia 202, 234

## J

Jaime I da Inglaterra
    (VI da Escócia) 192, 198
Japão 90, 207, 230, 236, 242, 243, 245-246, 278
jardinagem florestal 76, 92
jazz 218
Jericó 86
Jesus Cristo 151
Joyce, James 216
judaísmo 143, 150
    cosmovisão judaico-cristã 59, 191
judeus 174, 276
Júpiter 16
justiça restaurativa 135
justiça retributiva 135

## K

Kafka, Franz 217
Kepler, Johannes 178
Keynes, John Maynard 234, 241
Kublai Khan 129, 165

## L

lactose, intolerância à 63, 94
Laurásia 18
Le Corbusier 217
Lei das Doze Tábuas 135
leis do movimento 178

leis e sistemas legais 134-136, 198
Lênin, Vladimir 209, 210
Letônia 200
Levante dos Boxers 236
Levellers 186
lhamas 94, 98, 101
Líbano 235
liberalismo econômico 257
Liga das Nações 235, 267-268
limpeza étnica 202
linguagem 76-78
linhas do tempo 10, 38-39, 56,
112-113, 168-169, 214-215
lipídios 23
literatura 133
epopeias 143-145
modernista 216-217, 218
Lituânia 200, 237
Lívio 147
Locke, John 184, 192, 193
*long boom* 276
Lua 10
Luís XIV da França 174
Lutero, Martinho 171

**M**
macacos 32, 52, 85
Madagascar 18, 53
Maes Howe 107
magiares 158
magma 17, 21
Magna Carta 135
Magritte, René 218
maias 118
mamíferos 50-52, 68
mamíferos placentários 30, 50, 51

Manchúria 243, 267
Mao Tsé-Tung 254
Maomé 159
Mar de Aral 264
maré, força da 26-27
Marinetti, Filippo 217
marsupiais 50-51
Marte 16
Marx, Karl 211, 212
matemática 153, 155, 177
matéria escura 288
materialismo 149
medicina, avanços da 179, 222,
225-228
megafauna 68
meio ambiente
problemas ambientais 279-284
memes 62
Mendel, Gregor 263
Mercado Comum Europeu 196
mercado livre 171, 172, 173, 228,
238
mercados de câmbio 128
mercantilismo 194
Mercúrio 16
Mesopotâmia (Iraque) 98, 114,
117, 129, 133, 137
metalurgia 105, 107-108, 114
metano 18, 24
método científico 154
México 259
migrações 53, 64-67, 85, 205,
274-276
Mint 259
missão civilizadora 138, 207
modernismo 216-219

Índice remissivo 299

moeda de trigo 127
Mogadíscio 115
Mombasa 115
mongóis 102, 164
monoteísmo 143, 148
monotremados 50
More, Thomas 211
Muro de Berlim 254, 256
música 199, 218
Mussolini, Benito 241, 243

**N**
nacionalismo 197-202, 209, 234,
 235, 237
Nações Unidas 255, 268, 270, 275
Nagasaki 246
Namíbia 209
nanotecnologia 266
narrativas de criação 11, 59, 152
nazismo 174, 202, 219, 234, 241,
 247-248, 254
neandertais 58, 65, 68, 76, 81, 84,
 87
nebulosas 14, 15
neoimperialismo 271
Neolítico, período 103-105, 279
Netuno 16
New Deal 240
Newgrange 153
Newton, Isaac 178, 179, 184, 223
Nigéria 259
Nippur 118
níveis do mar 49, 280
nômades 101-103
 *ver também* caçadores-coletores
normandos 159, 163

nova ordem mundial 257
Nova Zelândia 67, 219

**O**
obsidiana 114
*Odisseia* 217
onívoros 26
organelas 28
Otan 254
Ötzi, o Homem do Gelo 88
Owen, Robert 210
oxigênio 15, 18, 28, 41, 48

**P**
Pacto de Varsóvia 254
Países do Brics 259
Paleolítico, período 86, 103, 132
Palestina 235
Pangeia 18
papel-moeda 127-129, 130
Paquistão 252
Paracelso 179
parentesco 78-80, 109, 161
pastoralistas 101-102, 161
patriarcado 219, 271
Pearl Harbor 245
pecuária 93, 94-95, 122, 190,
 206, 226
 *ver também* agricultura
peixe 30, 41, 43
penicilina 225
pensamento abstrato 84
Pentateuco 135
Penzias, Arno 11
Peste Negra 156-157, 160, 287
Petrarca 157, 170, 171

Picasso, Pablo 218
pinturas rupestres 82, 84
pirâmide de degraus de Djoser 106
Pitágoras 154
planetas 15-17
plantas
primitivas 44
reprodução 30, 44
Platão 130, 149, 151, 152
Pleistoceno 67
plesiossauros 46
Plutarco 147
poesia 143, 145, 217
poligamia 79
polinésios 67
politeísmo 141-142
Polo, Marco 102, 129
Polônia 198, 200, 234, 237, 244, 254, 256
poluição 281, 282
pólvora 179-180
população, crescimento 271-273, 272, 285
Portugal 117, 182, 206, 230, 236
pós-colonialismo 200
praga 117, 119, 156
primatas 52, 59
Primeira Guerra Mundial 200, 201, 209, 217, 221, 229-233, 239, 248
produtores e consumidores 25
Projeto Manhattan 249
proliferação nuclear 251
propriedade de terra 93, 160, 171, 188

protecionismo econômico 194, 196, 201, 240
proteínas 23, 35
Protocolo de Kyoto 281
protozoários 29
psicologia 216, 227
pterossauros 46
Ptolomeu 154, 177

**Q**
Qatal Hoyuk 86
quadrúpedes 43
quarks 13
quatro elementos, teoria dos 154, 179
quebra da Bolsa de Valores de Nova York 239, 243
Quênia 220

**R**
radiação solar 27, 41
*Ramayana* 143, *144*
Reagan, Ronald 256
realeza, natureza divina da 191
recessões econômicas 131, 238, 240, 277, 279
Reconquista 174
Reforma Protestante 156, 170, 171-172, 174, 176, 197
refugiados 202, 246, 274, 275
relativismo cultural 271
religião 80-82, 148
fundamentalismo religioso 222, 257
monoteísmo 143, 148
perseguição religiosa 172

Índice remissivo    301

politeísmo 141-142

tolerância religiosa 172-174

Renascença 170-171, 176

reprodução 28, 29-31, 44

assexuada 29

sexuada 29, 30

vegetativa 30

répteis 45

República Democrática do Congo 259

resíduos, descarte de 282, *282*, 283

revoltas camponesas 156

Revolução Agrícola 188-191

Revolução Científica 155, 177-179

revolução da informação 260-263

Revolução Francesa 185, 239

Revolução Industrial 130, 162, 186-188, 280, 284

revolução verde 264

revoluções 211, 212, 235-238, 270

*risorgimento* 200

RNA 23

Robespierre, Maximilien 193

rocha magmática 21

rocha metamórfica 21

rochas sedimentares 21

roda 99-101, 123

Roma 102

    Igreja Católica Romana 156, 158, 163, 170, 171, 172, 177-178, 222

    Império Romano 137-138, 139-140, 155

    romanos 110, 114, 129, 133, 135,

142, 145, 147, 157, 172

Romênia 200, 230, 234, 254, 256

Rota da Seda 115, 180

Rota do Incenso 115

roupas 58, 87-89

Rousseau, Jean-Jacques 192-193

Royal Society of London 179

Ruanda, genocídio 248, 269

Rússia/União Soviética 197, 198, 212, 219, 231, 232, 235, 238, 240, 241, 242, 244, 245, 246, 249-251, 253-254, 256, 257-258, 264, 268, 278

## S

sacerdócio 118, 172, 222

Saint-Simon, Henri de 210

sal 95

*samsara* (reencarnação) 148, 150-151, 284

Santa Liga 165

Sarajevo, assassinato em 231

Sargão 137

Saturno 16

saúde pública 188, 203, 226-227

Schoenberg, Arnold 218

secularização 221

Segunda Guerra Mundial 209, 241, 244, 246, 247, 249, 254, 260, 268, 275

seleção natural 32, 33, 35, 62

Sérvia 200, 230, 234

serviço militar 109, 136, 160, 228-229

serviço público 139

servidão 160

302   O pequeno livro da grande história

Shang, túmulos da dinastia 106
simonia 171
sindicatos 209, 210, 212
Síria 235, 285
sistema de defesa via satélite "Star
Wars" 256
sistema fabril 186, 210
sistema solar 15
sistemas de crédito 124, 129-132
sistemas de escrita 132-134
sistemas numéricos 153, 155
sistemas viários 123, 138
Smith, Adam 184, 194, 195
sobrevivência dos mais aptos 33,
228
socialismo 209, 212
sociedades matriarcais 219
sociedades tribais 80, 109, 161
Sócrates 151
Sol 14, 15, 21, 24, 25, 26, 27, 178,
287
South Sea Company, bolha da
238
Stalin, Joseph 219, 238, 245, 253
Stonehenge 106
Stravinsky, Igor 218
suburbanização 202
Suíça 220
sumérios 153
supernovas 15
surrealismo 218

**T**
Tácito 147
Tambora, Monte 20
taoismo 149, 173

Tchecoslováquia 200, 234, 242,
254
tecnologia de fundição 105, 108,
187
tecnologia, desenvolvimento da 64,
187, 189, 229, 260-263, 276
tecodontes 45
tectônica das placas 20, 21
telefone 204
telegrafia 204
templos 118, 119
teoria da relatividade 223
teoria do estado estacionário 11
teoria heliocêntrica 178
teoria quântica 223
Teotihuacán 119
Terra 15, 16, 17-20
terremotos 20
terrorismo 251, 257, 263
Timbuktu 115
totalitarismo 236, 239, 241-244,
253
trabalho assalariado 160, 186
trans-humanismo 267
Transjordânia 235
transplantes de órgãos 227
transporte 121-123, 204
fluvial 121, 122
tributação 130, 138, 123
trilobitas 40
trincheiras, guerra de 231-232
tuaregue 102
tuberculose 225, 287
Tucídides 147
tulipomania 238
Tull, Jethro 189

Índice remissivo 303

tumbas do Vale do Boyne 107
turcos otomanos 117, 157, 165, 180, 201
Turquia 126, 201, 230, 234, 236, 259, 267, 285

**U**

União Europeia 269
União Soviética, *ver* Rússia/União Soviética
universo
  expansão do 11, 13, 288
  fim do 288-289
  tamanho do 14
Urano 16
urbanização 86, 117-121, *120*, 138, 186, 197, 202-204, 221
Ur-Nammu, Código de 135
Uruk 118
usura 130

**V**

vacinas 226
vazamentos de óleo 282
Vênus (estatuetas/figuras de) 82, 219
Vênus (planeta) 16
Versalhes, Tratado de 233, 242
vertebrados 41, 50
Vesalius, Andreas 179
Via Láctea 14
viagens de exploração 180-182

vida 22-24, 27-31
vida boa, a 150-152
vida extraterrestre 17, 286-287
vikings 158, *166*
Virgílio 145
visigodos 140
Voltaire 184, 185, 249
voto, direito a 219-220
vulcões, erupções 20, 21, 48, 286

**W**

Watson, James 34
Watt, James 187
Wegener, Alfred 18
Wilson, Robert 11
Wilson, Woodrow 201, 235
World Wide Web 261

**X**

xamanismo 82

**Y**

Yousafzai, Malala 222
YouTube 262

**Z**

Zheng He 180
zona "Cachinhos Dourados" 16
zona habitável 16
zoroastrismo 142